2024年度广西高校中青年教师科研基础能力提升项目——限制行政不法犯罪化的路径研究（2024KY0196）

渎职罪研究

韩子昌 著

DUZHIZUI YANJIU

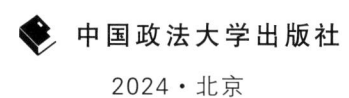

中国政法大学出版社
2024·北京

声　明　1. 版权所有，侵权必究。
　　　　　2. 如有缺页、倒装问题，由出版社负责退换。

图书在版编目（CIP）数据

渎职罪研究 / 韩子昌著. -- 北京 : 中国政法大学出版社, 2024. 9.
ISBN 978-7-5764-1818-7

Ⅰ. D924.393.4

中国国家版本馆 CIP 数据核字第 2024Y89Z20 号

出　版　者	中国政法大学出版社
地　　　址	北京市海淀区西土城路 25 号
邮寄地址	北京 100088 信箱 8034 分箱　邮编 100088
网　　　址	http://www.cuplpress.com（网络实名：中国政法大学出版社）
电　　　话	010-58908586(编辑部) 58908334(邮购部)
编辑邮箱	zhengfadch@126.com
承　　印	固安华明印业有限公司
开　　本	880mm×1230mm　1/32
印　　张	8.125
字　　数	220 千字
版　　次	2024 年 9 月第 1 版
印　　次	2024 年 9 月第 1 次印刷
定　　价	49.00 元

前　言

　　近年来，我国渎职犯罪案件总量不断增加，重特大渎职犯罪案件频发，给国家和人民利益造成巨大危害，引起了整个社会的广泛关注，加之监察体制改革对渎职罪的查处、适用与把握提出了新要求，研究渎职罪具有非常重要的现实意义；我国渎职罪存在主体范围狭窄、因果关系认定困难、主观罪过模糊、刑罚体系不协调、针对性预防机制构建缺失等一系列问题，研究渎职罪具有非常重要的理论价值。本罪的研究既要注重教义学的精细化与精密化，也要从刑事一体化的开放性视角解读渎职罪规范和相关概念，强调客观形势与问题导向，从教义学以外的视角观察和解决问题，实现本罪研究的理论逻辑与实践逻辑相衔接。在经验借鉴和理论基础层面，从"纵向"与"横向"两个维度探求我国渎职罪主要问题的解决经验及路径；从渎职罪的职务性行政犯特质、保护法益以及渎职事实行为的认知入手探究渎职罪本质，揭示渎职罪的真实含义；重构渎职罪"惩防并举"观念。在渎职罪的规范完善层面，主体问题应以"面对现实与有限扩张"为解决路径，因果关系问题应以"理论选择与缓和认定"为消解方式，主观罪过问题应以"抽象拟制与明确界定"为克服方法，消解渎职罪构成要件的争议，提升渎职罪构成要件的精确性。在渎职罪的刑罚完备层面，应以

"重典治乱与体系协调"为方向对渎职罪的刑罚进行体系化重构,以提升渎职罪刑罚的打击和预防犯罪机能。立足于"惩防并举"观念和刑事一体化思想,提出并构建履职保障制度和履职征信评价制度,作为与渎职罪规范相配合的犯罪预防体系。

目 录

前　言 ……………………………………………………… 001
绪　论 ……………………………………………………… 001
　一、选题背景及研究意义 ………………………………… 001
　二、文献综述 ……………………………………………… 008
　三、本书结构及研究方法 ………………………………… 021
　四、创新之处 ……………………………………………… 025
第一章　渎职罪的问题缘起 ……………………………… 027
　第一节　来源于立法与司法实践的旧问题 …………… 027
　　一、主体范围的争议问题 ……………………………… 028
　　二、因果关系认定的争议问题 ………………………… 031
　　三、主观罪过界定的争议问题 ………………………… 034
　　四、渎职罪刑罚的轻缓化导致其机能萎缩的问题 …… 037
　第二节　来源于监察体制改革的新问题 ……………… 040
　　一、监察体制改革对渎职罪理解、适用与把握的影响 … 041
　　二、监察体制改革对渎职罪研究提出的新要求 ……… 045
　　三、监察体制改革对渎职罪研究的现实意义 ………… 049

本章小结 ………………………………………………… 052

第二章　渎职罪问题解决的经验借鉴与理论基础 ……… 053
第一节　渎职罪的"历史"与"比较"经验 …………… 053
一、我国古代渎职罪刑律制度构建：历代相承、
　　逐步完备 ………………………………………… 054
二、我国古代渎职犯罪的预防策略：礼法结合、
　　德主刑辅 ………………………………………… 058
三、西方国家的渎职罪立法：各具特色、体系完备 …… 059
四、西方国家渎职罪的预防策略：法律与制度并举、
　　惩戒与预防结合 ………………………………… 062

第二节　渎职罪的职务性行政犯本质 …………………… 064
一、行政犯的含义 ……………………………………… 065
二、行政犯的特征 ……………………………………… 068
三、行政犯性质对渎职罪认定的影响 ………………… 072

第三节　行政犯视域下渎职罪法益的界定 ……………… 075
一、行政犯法益的学说及评析 ………………………… 076
二、渎职罪保护法益的明确 …………………………… 078
三、渎职罪法益的"外溢"价值 ……………………… 080

第四节　渎职行为的语义辨析 …………………………… 082
一、不同法域下渎职行为的语义 ……………………… 083
二、冲突的根源与影响 ………………………………… 086
三、冲突的协调与消解 ………………………………… 091

第五节　渎职罪"惩防并举"的观念重构 ……………… 097
一、以事实为起点：违背行政法的渎职事实行为 ……… 097

二、从事实到规范：渎职罪构成要件的该当性解释 …… 101

三、从规范到刑罚：渎职罪刑罚"惩防"机能的
新定位 …………………………………………… 105

四、与刑罚并行的举措：渎职罪预防机制的构建 ……… 111

本章小结 ……………………………………………… 114

第三章 渎职罪构成要件争议问题的厘清 ………… 115

第一节 渎职罪主体问题之消解：面对现实与有限扩张 … 115

一、渎职罪主体界定的实证依据 ………………… 116

二、渎职罪主体界定的理论依据 ………………… 121

三、"国家机关工作人员"范围的界定路径 ………… 124

第二节 渎职罪因果关系问题之解决：理论选择与缓和认定 … 134

一、渎职罪因果关系的特点与认定困难 ………… 135

二、渎职罪因果关系认定的理论障碍 …………… 136

三、因果关系的犯罪论归属、定性与选择 ………… 139

四、渎职罪因果关系的认定路径 ………………… 147

第三节 渎职罪主观罪过问题之克服：抽象拟制与明确界定 … 151

一、渎职罪主观罪过的学说及应然定位 ………… 152

二、以主观罪过界分滥用职权罪与玩忽职守罪的
可行性与合理性 ……………………………… 159

三、滥用职权罪与玩忽职守罪最新立法动向评析 …… 164

本章小结 ……………………………………………… 169

第四章 渎职罪刑罚的体系化重构 ………………… 171

第一节 体系化动议：树立"重典治乱"的刑罚态度 …… 172

一、有利于纠正司法实践中刑罚适用的轻缓化倾向 …… 172

二、有利于实现犯罪与刑罚相接洽的体系融贯性 ……… 175
三、具有"纵向"与"横向"的合理性 ……………… 177
四、具有实现渎职罪刑罚机能的必要性 …………… 178
第二节 体系化标靶：渎职罪刑罚的逻辑自洽性构建 … 182
一、构建融贯的渎职罪刑罚体系 ……………………… 182
二、滥用职权罪与玩忽职守罪刑罚的差别化构建 …… 187
三、司法工作人员收受贿赂类渎职罪的刑罚适用 …… 190
第三节 体系化补充：渎职罪刑罚种类的增益 ………… 193
一、贪利型犯罪——财产刑 …………………………… 194
二、职务型犯罪——资格刑 …………………………… 197
本章小结 ………………………………………………… 200

第五章 刑事一体化视域下渎职罪预防机制的构建 …… 201
第一节 故意渎职犯罪的预防：建立履职保障制度 …… 202
一、履职保障制度的提出与实证依据 ………………… 203
二、履职保障制度建立的哲学基础之一：
  欲求、动机与犯罪 ………………………………… 207
三、履职保障制度建立的哲学基础之二：
  经济因素的致罪机理 ……………………………… 209
四、履职保障制度建立的哲学基础之三：
  期待可能性的可谅解机理 ………………………… 211
五、履职保障制度的相关理论及域外观照 …………… 214
六、履职保障制度的设计与衔接机制 ………………… 217
第二节 过失渎职犯罪的预防：建立履职征信评价制度 … 221
一、征信评价制度在履职监测中的可适用性 ………… 222

二、履职征信评价制度的模型构建 ················· 226
三、履职征信评价制度的实践展开 ················· 232
本章小结 ··· 234

结　语 ·· 235

参考文献 ·· 239

绪　论

一、选题背景及研究意义

（一）选题背景

近年来，我国渎职犯罪案件总量居高不下，重特大渎职犯罪案件频发，暴露出渎职犯罪在打击、规制与预防方面存在诸多问题，加之国家监察体制改革等新情况、新情势给渎职罪的理解、适用与把握带来的新问题、新要求，给渎职罪的研究提出了现实的、迫切的且具体的要求。从社会层面来说，新的事物不断出现，制定法的真实含义也随之发生改变，新情况、新问题赋予渎职罪新的含义，因而渎职罪需要随之更新；从立法层面来说，由于渎职罪受刑事政策的影响大，面对的矛盾错综复杂，渎职罪的构成要件始终存在许多争议性问题，且部分问题至今尚未得到有效解决，消解渎职罪构成要件的争议、提升渎职罪规范的精确性就成为难以回避的问题；从刑罚层面来说，我国渎职罪刑罚体系存在逻辑冲突、刑罚幅度总体偏轻、司法适用轻缓化倾向以及刑罚种类单一等问题，削弱了刑罚打击与预防渎职犯罪的机能，因而渎职罪刑罚的合理配置也是需要进一步探究的问题；从研究的视角层面来说，刑法不是万能的并且有很强的局限性，我国渎职罪的针对性预防机制构建缺失，导致出现仅靠渎职罪规范"孤军奋战"无法有效预防渎职犯罪的现实窘境[1],因而在刑事一体化的视角下构建与渎职罪相配合衔接的预防机制也成为亟须探讨的问题。渎职罪作为类罪名,不能认为只要像总论一样贯彻了逻辑思维,就可以使刑法各论体系完美无缺,因为根据罪刑法定主义,作为各论对象的刑罚法规原则上都要以狭义的法律的形式来制定,同时要适应需要随时予以新设、改废,其间自然可能产生乖离,需要不断改变其内容。[2]据此,在刑事一体化强调客观情势与问题导向的视角下,从教义学以外的视角观察渎职罪的现实问题,既注重渎职罪规范教义学的精细化与精密化构建,也重视从一体化的视角阐释渎职罪的时代含义和延展概念,在联系发展中发现渎职罪的本质,进而有效实现渎职罪的打击与预防。

第一,当前渎职罪案件查处量仍然浩大,给渎职犯罪的打击造成了不小压力。从查处的案件数量来看:2013年,全国共立案侦查贪污贿赂、渎职侵权等职务犯罪案件37 551件51 306人,同比分别上升9.4%和8.4%。2014年,全国查办各类职务犯罪案件41 487件55 101人,人数同比上升7.4%。其中,国家机关工作人员渎职侵权犯罪13 864人,同比上升6.1%,涉及行政执法人员6067人,司法人员1771人。2015年,全国共立案侦查职务犯罪案件40 834件54 249人。其中,针对群众反映强烈的严重不作为、乱作为问题,查办国家机关工作人员渎职侵权犯罪13 040人。2016年,全国立案侦查职务犯罪47 650人。查办玩忽职守、滥用职权等渎职侵权犯罪11 916人,其中,

---

[1] 关于职务犯罪(包括渎职犯罪),国家监察体制改革后,监察委员会整合了相关部门的权力,强化了职务犯罪的查处、打击和预防力量,树立了"惩防并举、注重预防"的方针,职务犯罪将被大量查处并依法处理,职务犯罪率总体呈现下降态势,职务犯罪预防"软弱"的窘境得到有效缓解。

[2] [日]大塚仁:《刑法概说(总论)》(第3版),冯军译,中国人民大学出版社2003年版,第18页。

涉及职务犯罪的行政执法人员 8703 人、司法工作人员 2183 人。2017 年，全国立案侦查职务犯罪 254 419 人，较前五年上升 16.4%。其中，涉嫌职务犯罪的县处级国家工作人员 15 234 人、厅局级 2405 人。严肃查办不作为、乱作为的渎职侵权犯罪 62 066 人，依法查处"万吨小麦霉变""地铁问题电缆"等事件背后的渎职等犯罪。[1]2018 年监察体制改革对渎职罪查处、规制与预防产生了重大影响。2018 年，全国各级纪检监察机关严惩贪污贿赂、滥用职权等职务违法和职务犯罪。中央纪委国家监委立案审查调查中管干部 68 人，涉嫌犯罪移送司法机关 15 人；全国纪检监察机关共对 52.6 万名党员作出党纪处分，对 13.5 万名公职人员作出政务处分。[2]2019 年，全国纪检监察机关立案审查调查 61.9 万件，给予党纪政务处分 58.7 万人，涉嫌犯罪移送检察机关 2.1 万人。严肃查处以案谋私、滥用职权等问题。全国谈话函询纪检监察干部 9800 余人，组织处理 1.3 万人，处分 3500 余人，涉嫌犯罪移送检察机关 150 人。[3]2020 年，全国纪检监察机关共查处形式主义、官僚主义问题 7.9 万个，其中给予党纪政务处分 6.3 万人，查处享乐主义、奢靡之风问题 5.7 万个，其中给予党纪政务处分 5.7 万人，触犯刑律的 6.8 万人次，其中涉嫌职务犯罪、移送检察机关的 1.7 万人次。[4]监

---

[1] 数据来源于最高人民检察院 2014 年至 2018 年工作报告。
[2] 《赵乐际在十九届中央纪委三次全会上的工作报告》，载中央纪委国家监委官网：https://www.ccdi.gov.cn/xxgk/hyzl/201902/t20190221_188870.html，2024 年 4 月 20 日访问。
[3] 《赵乐际在十九届中央纪委四次全会上的工作报告》，载中央纪委国家监委官网：https://www.ccdi.gov.cn/xxgk/hyzl/202002/t20200224_212152.html，2024 年 4 月 20 日访问。
[4] 《赵乐际在十九届中央纪委五次全会上的工作报告》，载中央纪委国家监委官网：https://www.ccdi.gov.cn/xxgk/hyzl/202002/t20200224_212152.html，2024 年 4 月 20 日访问。

察体制改革以来,在党和国家高压反腐政策和有力反腐手段下,我国渎职犯罪在案件在查处总量以及涉案人数、金额方面都有所降低,但总体数量仍然巨大。刑法仍是打击犯罪的最有力手段,在监察体制改革的情势背景下需重新思考渎职犯罪的规制与预防模式,充分发挥渎职罪规范与监察体制改革的法律与制度配合的机制优势。

第二,渎职罪构成要件的争议由来已久,渎职罪立法规范的精密性有待提升。1997年《刑法》[1]将渎职罪予以专章规定,共计23个条文,33个罪名,对渎职罪的体系化构建具有特别意义。首先,罪名更加科学,滥用职权罪克服了以往将故意渎职犯罪行为牵强解释为玩忽职守罪的司法窘境;其次,立法体例更为合理,采取了一般规定与特别规定相结合的方式,最大限度地保障了渎职罪的包容性;最后,渎职罪的主体范围作出调整,由"国家工作人员"修改为"国家机关工作人员",主体范围进一步明确。但是,同时也带来了一系列争议性问题,集中表现为:关于渎职罪主体"国家机关工作人员",从目前我国的行政体制以及司法实践来看,这个主体范围仍旧过于狭窄,导致相当范围的人员无法被纳入渎职罪规制范围,进而不能有效、全面地打击渎职犯罪;滥用职权罪与玩忽职守罪被规定在一个条文,实行一个法定刑,没有明确主观罪过,导致两罪的主观罪过形式以及界分成为问题;渎职罪的刑罚体系存在矛盾,没有规定财产刑与资格刑,导致刑罚与犯罪没有完全匹配,一定程度上萎缩了本罪在打击与预防渎职犯罪层面的机能。上述渎职罪立法与刑罚的问题,直接影响了对渎职犯罪的打击和预防效果。对此必须在理论逻辑与实践逻辑的双重指引下予以解

---

[1]《刑法》即《中华人民共和国刑法》。为表述方便,本书中涉及我国法律,均使用简称,省去"中华人民共和国"字样,全书统一,后不赘述。

决，比如主体问题的解决既要符合犯罪论关于犯罪主体一般理论的要求，又要能够满足对渎职犯罪规制的现实需要，还要考虑到监察体制改革的监察对象覆盖，即与"所有行使公权力的公职人员"主体范围的差异、影响与协调。

第三，重特大渎职犯罪案件频发，给渎职罪的预防提出了严峻挑战。近年来，发生了一系列性质恶劣、影响重大的渎职犯罪案件。如①吉林问题疫苗案，造成65万余支不合格疫苗流入三省。这是一起疫苗生产者逐利枉法、违反国家药品标准和药品生产质量管理规范与地方政府和监管部门失职失察、个别工作人员严重渎职相结合的重大案件，既暴露出监管不到位的问题，也反映出疫苗生产流通使用方面存在的制度缺陷。②江苏响水化工厂爆炸案。响水县某化工有限公司长期违法贮存的硝化废料因持续积热升温导致自燃，引发硝化废料爆炸，造成78人死亡、76人重伤，640人住院治疗，直接经济损失198 635.07万元，涉案具有监督管理职责的15名国家公职人员分别被以玩忽职守罪、受贿罪判处刑罚。该案件的发生固然有化工公司的违法违规行为，但是安全生产、应急管理等多个监管部门如果能够切实履行监管职责，防患于未然，避免此次灾难也不是不可能。③青海违规开采露天矿案。青海某工程公司打着生态治理的旗号非法大面积开采露天矿，造成黄河上游源头、青海湖水源涵养地局部生态遭到严重破坏。该公司开采露天矿虽然屡次遭到行政处罚，但始终没有被取缔，因为有个别领导干部、政府相关管理职能部门公职人员的收受贿赂和渎职行为的包庇纵容。重特大渎职犯罪直接或间接造成国家和人民利益遭受重大损害，对于这类犯罪一方面应提高刑罚的威慑力，另一方面应依据刑事一体化理论构建针对性的预防机制。

第四，新情势、新问题不断出现，给渎职罪的研究提出了新要求。监察体制改革对渎职罪的理解、适用与把握产生了深远影响。我国监察体制改革将原本分散的预防腐败机构及其资源整合起来,为有效地防止腐败与公权力滥用奠定了制度基础。在监察体制改革的背景下研究渎职罪,一是应坚持惩防并举思维。监察机关秉承"惩防并举、注重预防"的工作方针,坚持惩前毖后、治病救人,严管厚爱结合,激励约束并重,综合考虑事实证据、思想态度和量纪执法标准,统筹运用党性教育、政策感召、纪法威慑,做到纪法情理融合。渎职罪研究应在刑事一体化的指引下,进行与监察体制改革相协调的预防机制构建。二是应坚持纪律与法律、法规相结合思维。监察委员会对国家职务犯罪进行查处、处理与"移送",涉及各项规范的衔接适用问题。中共中央办公厅、中共中央纪委办公厅印发的《纪检监察机关处理检举控告工作规则》《纪检监察机关处理主动投案问题的规定(试行)》等法规制度与以审判为中心的诉讼制度改革相衔接,完善办案程序、证据标准衔接机制,促进与司法机关、执法部门互相配合、互相制约。渎职罪研究应注重与上述规则、规定相结合。

(二)研究意义

加强渎职罪研究,既是打击渎职犯罪的现实要求,也是推动渎职罪规范教义学发展的理论需求,更是"刑事一体化"视角下构建与渎职罪相配合的预防机制,填补我国渎职罪针对性预防机制空白,有效控制我国渎职犯罪增量的情势迫求。

第一,有利于打击和预防渎职犯罪,维护国家和人民的利益。不断完备、理论精确和逻辑严密的刑罚体系,就像一把精确的尺子,可以用来满足国家和社会打击犯罪和保护法益的各种需求,满足人权保障和法治发展的各种需要。理论研究的根本目的在于解决实际问题,我国目前渎职犯罪形势较为严峻,通过对渎职犯罪现象与渎职罪本质的深入探讨，解决渎职罪构成要件的争议、完善渎职罪的刑罚、重构渎职罪预防机制，能够更好地实现刑法打击和预防犯罪机能，降低渎职犯罪率，有效防控重特大渎职犯罪风险。

第二，有利于解决渎职罪构成要件的争议问题，提高渎职罪立法的精密性。刑法本身的性质，要求刑法规范应当是最精确的法律科学，含糊的刑法无异于否定罪刑法定原则以及刑法本身的价值。然而，刑法精确性的实现不是自然而然产生的，而是需要在严谨的逻辑思维下不懈努力。本书从理论逻辑和实践逻辑两个维度尝试解决渎职罪构成要件上的主要争议问题，如国家机关工作人员的范围、因果关系的认定、滥用职权罪与玩忽职守罪的主观罪过等，力争实现渎职罪立法规范的精确性、精密性以及完备性的提升。

第三，有利于纾解司法适用疑难问题，维护公平正义。刑法学理论不仅表现为对刑事司法实践经验的总结和整理，更表现为对刑事司法实践经验的改造和提高。本书对渎职罪的研究，站在大量刑事司法判例基础之上，总结刑事司法实践经验，面对刑事司法实践困难，在司法实践与理论研究的相互流转中解决渎职罪构成要件的争议问题，解决司法认定在理论上的难题，实现司法正义，维护司法公平。

第四，有利于推进全面依法治国战略，建设法治政府。精确的甚至有时被批评为过于精细和繁琐的刑法学研究，就不纯粹是书斋性的，而是具有重大政治、经济和文化价值的。全面依法治国战略，要求把法治思维与法治方式贯穿到国家治理的全过程和各个方面。要把对法治的尊崇、对法律的敬畏转化成思维方式和行为方式，做到在法治之下，而不是在法治之外，更不是在法治之上想问题、做决策、办事情。[1]渎职罪以刑罚手段保障国家机关工作人员"法无授权不可为""法定职责必须为",引导和规范公权力的行使,为推进全面依法治国战略和建设法治政府提供坚强的法治保障。

第五,有利于实现渎职罪与监察体制改革协调适应,充分发挥监察体制改革的制度优势。渎职罪立法是刑法发挥正风肃纪反腐功能的重要手段,在社会主义法治国家建设中具有重要地位。监察体制改革不仅是理论创新,也是中国特色社会主义监察工作的实践创新。加强与监察体制改革相适应、协调的渎职罪研究,有助于提高纪检监察机关的独立性和权威性,增强了对渎职犯罪行为的震慑力,有助于推进监察客体"全覆盖",将监察客体"所有行使公权力的公职人员",即所有由公共财政负担工资、履行公共事务管理职能的国家工作人员都纳入监察范围;有助于党的纪律与国家法律的有效衔接,增强国家监督和党内监督的协调性,提升监察体系的严密性。[2]

二、文献综述

西方国家近现代意义上对政府及其工作人员权力的规制的研究,理论渊源是权力分立、权力制约和有限政府等政治理论,英美法系国家将渎职行为的刑法规制视为保障上述政治目的的重要手段,尤其是在政治哲学基础方面探讨得十分深入,渎职犯罪的预防(主要是制度体系方面)的研究和政治实践相当成熟。西方各国渎职罪立法体例与内容差异较大、体系性研究不

---

[1] 孟霁雨、王明睿:《黑龙江省法治化营商环境建设面临的问题与对策》,载《黑龙江省政法管理干部学院学报》2018年第6期。

[2] 参见韩子昌、于文沛:《优化营商环境视域下渎职行为的刑法规制研究》,载《学术交流》2021年第1期。

多，主要是针对司法判例或专项问题的立法完善和教义学阐释。由于社会制度和政治体制等原因，国外渎职罪与我国渎职罪在内涵上有较大差异，因而国外渎职罪立法与研究成果很难完全采取"拿来主义"在我国适用，但在一些共性理论方面仍颇具参考价值。关于我国渎职罪研究的总体状况，在立法完善层面，体系性研究即对渎职罪的研究主要是学术专著和硕博论文，研究数量总体偏少；专项性研究即对渎职罪的具体问题如主体、主观罪过、因果归责等或渎职罪的具体罪名如滥用职权罪、玩忽职守罪、徇私枉法罪等的研究，成果颇为丰富，期刊论文、学术专著、硕博论文均有涉及。基于刑事一体化的视角，在客观形势与问题导向下从教义学以外的视角来探究渎职罪的本质，阐释渎职罪规范的含义与概念的研究较少，缺乏在渎职罪规范与客观形势的相互关联穿透中解答改革背景等现实语境给渎职罪带来的深刻影响的探讨。

（一）国外渎职罪的研究现状

阿姆斯特丹自由大学国际刑事司法中心研究员 Marjolein Cupido 在 Causation in International Crimes Cases: (re) Conceptualizing the Causal Link Age[1]中以实证案例为基础研究了渎职罪因果关系认定问题。他在以法学理论与荷兰刑法为视角对国际刑法中因果关系概念进行了评价的基础之上，对经验因果关系与规范因果关系进行了区分，指出迄今为止过分强调经验因果关系，忽视规范因果关系是不幸的，应确立规范因果关系的几个要素，并特别强调应根据国际罪行（违背职务犯罪）的具体性质，来选择恰当的因果关系理论，为渎职罪"老大难"的特殊复杂因果关系的认定提供了新的思路。赵赤在《中美惩治职务

---

[1] Marjolein Cupido, "Causation in International Crimes Cases: (re) Conceptualizing the Causal Link Age", *Criminal Law Forum*, 2021, (32), pp. 1~50.

犯罪刑事法治的要素比较与启示借鉴》[1]中介绍了美国对白领阶层、学术领域职务犯罪的研究成果以及美国在惩治职务犯罪刑事法治进程中的先进理念，指出我国惩治职务犯罪的刑事政策在秉持"宽严相济"基本刑事政策的同时，要注重具体政策的凝练充实，强化刑事政策的现实性和可操作性，尤其是亟待补充预防性的法律政策，这也是我国遏制职务犯罪的关键。渎职罪受刑事政策影响大，因而研究渎职罪就不可忽视刑事政策因素。白洁在《从 OHIO STATE V. FRANCIS E. GAUL 一案检视美国渎职犯罪实体问题》[2]中通过 Cuyahoga 市财务主管对一个金融投资项目操作不当而被控玩忽职守渎职罪的案例，介绍了美国法律有效性所具备的原则（合法性、明确性、司法解释的严格限制）、渎职罪认定的职责性要求（职责义务、监督义务、安全保障义务）等，指出我国渎职罪认定也要具备这种"应为"与"当为"的职责性要求。渎职罪是职务性行政犯，是违背职责的犯罪，因而科学把握"应为"与"当为"的职责性要求对渎职罪的认定至关重要。刘海渤在《中意两国渎职罪刑事立法的比较研究》[3]中指出意大利渎职罪立法与我国渎职罪立法有一定的相似性，其立法的先进经验能为我国渎职罪立法的完善提供有益借鉴。比如，意大利刑法中的渎职罪立法体例布局合理，罪名详细完备，主体较为宽泛，突出整治贪污罪、索贿罪、不作为渎职罪，尤其重视惩治司法渎职犯罪，对渎职罪的处罚注重发挥财产刑和资格刑的威慑力等。法国学者 Troendle Fischer

---

[1] 赵赤：《中美惩治职务犯罪刑事法治的要素比较与启示借鉴》，载《常州大学学报（社会科学版）》2018 年第 5 期。

[2] 白洁：《从 OHIO STATE V. FRANCIS E. GAUL 一案检视美国渎职犯罪实体问题》，载《中国刑事法杂志》2018 年第 3 期。

[3] 刘海渤：《中意两国渎职罪刑事立法的比较研究》，载《中国刑事法杂志》2011 年第 10 期。

绪 论

在 *Strafgesetzbuch und Nbengesetze* [1]中探讨了渎职罪的职务性行政犯本质，指出法国刑法中渎职罪包含违法行使权力、超越职权和不履行职责三种行为类型，渎职罪的立法目标就是将国家权力的行使置于刑法的监控之下，消除违法和恣意行使权力带来的风险，维护国家权威和形象。斯坦福大学教授米切尔·波林斯盖以刑罚的威慑理论为依据，指出行为者的风险偏好不同会导致他们对监禁刑以及监禁刑未来预期的认知不同，进而刑罚措施对其所产生的犯罪预防效果也存在差异，[2]渎职罪刑罚对渎职犯罪有着重要的预防机能，通过对渎职犯罪人的心理状态与风险偏好的研究，可以为渎职罪刑罚的设置提供实证依据，实现刑罚的最大威慑效能。大多数渎职犯罪都具有贪利性特征，美国大量实证研究一致证实了刑罚的制裁率和制裁程度可以显著提高刑罚的威慑力，[3]尤其是涉及贪利犯罪，无论是美国[4]，还是德国[5]，刑罚的威慑都可以显著抑制犯罪。这些实证研究为渎职犯罪尤其是具有贪利动机渎职罪刑罚的"从重"态度以及财产刑的设置提供了客观参照。美国学者贝克尔依据功利主义理论提出了犯罪预防的经济学理念，在 *Crime and Punishment*：

---

[1] Troendle Fischer, "Strafgesetzbuch undNbengesetze", CH Beck, Muenchen, 2004, p.922.

[2] Polinsky A. M., & Shavell, S., "On the disutility and discounting of imprisonment and the theory deterrence", *Journal of Legal Studies*, 1999, 28 (1), pp.1~16.

[3] Corman, H., & Mocan, H. N., "A Time-Series Analysis of Crime, Deterrence, and Drug Abuse in New York City", *American Economic Review*, 2000, 90 (3), pp.584~604.

[4] Imrohorog lu, A., Merlo, A., & Rupert, P., "Understanding the Determinants of Crime", *Journal of Economics and Finance*, 2006, 30 (2), pp.270~284.

[5] Entorf, H., & Spengler, H., "Socio-economic and Demographic Factors of Crime in Germany: Evidence from Panel Data of the German States", *International Review of law and Economics*, 2000, 20, pp.75~106.

· 011 ·

An Economic Approach[1]中指出，犯罪人的犯罪行为实际上是事实犯罪行为可能获得的收益与放弃犯罪但没有收益之间的博弈，即"犯罪是一项有可能牵涉损失的行为"，这为渎职犯罪预防机制的构建，尤其是社会预防措施设置的合理性与可行性提供了理论基础，为具体制度的构建提供了指引。苏东民《俄罗斯职务犯罪研究》[2]中通过对俄罗斯惩治和预防职务犯罪的历史沿革、举措及机制的研究，为同样处于社会转型时期的我国的职务犯罪（渎职罪）的预防与惩戒提供了借鉴和参考。由于我国"四要件"犯罪论体系移植于苏俄，即便中俄刑法现今已经差异较大，但仍然有着千丝万缕的联系，俄罗斯职务犯罪（渎职罪）预防与惩戒的经验仍然对我国有着特别的可适用性。赵建伟在《职务犯罪应对措施国际比较研究》[3]中就渎职罪的预防，将英美法系（英国、美国、新加坡）与大陆法系（德国、意大利、日本、瑞士）的先进做法、可借鉴经验与不足之处分别加以讨论，提倡将国际组织关于职务犯罪预防的先进做法如《联合国反腐败公约》的经验引入我国，提出我国职务犯罪的预防应以推进经济与政治体制改革、完善管理制度和监督机制，尤其是渎职罪立法体系的完善为落脚点。我国目前关于渎职罪的预防机制，尤其是与渎职罪相配套的社会预防机制构建尚不完备，在刑事一体化思想的指引下构建针对性的预防机制成为当务之急。《联合国反腐败公约》在职务犯罪的预防与惩戒上有许多先进做法值得借鉴，如在职务犯罪的主体的规定上，"但就本公约第二章所载某些具体措施而言，'公职人员'可以指依照缔约国

---

[1] Beyth-Marom, R. et al., "Perceived consequences of risky behaviors: adults and adolescents", *Developmental Psychology*, 1993, 29 (3), pp. 549~563.

[2] 苏东民：《俄罗斯职务犯罪研究》，黑龙江大学2015年博士学位论文。

[3] 赵建伟：《职务犯罪应对措施国际比较研究》，大连海事大学2009年博士学位论文。

本国法律的定义和在该缔约国相关法律领域中的适用情况，履行公共职能或者提供公共服务的任何人员"对我国渎职罪主体"国家机关工作人员"范围的重新界定具有重要启示意义，即为了有效预防和抑制职务犯罪，这一犯罪主体范围的外延应当进行缓和规定。另外，关于国外渎职罪立法的研究，本书还参阅了徐久生、庄敬华译的《德国刑法典》，张明楷译的《日本刑法典》，黄道秀译的《俄罗斯联邦刑法典》，刘仁文等译的《美国模范刑法典及其评注》等，上述译著介绍了国外渎职罪立法的概况与体例并进行了详细注解，为本书渎职罪的比较研究提供了重要参照。

国外渎职罪的相关立法由于起步早，发展较为成熟、研究比较深入，各国立法特色鲜明，注重渎职罪的政治理论研究、重视刑罚对渎职犯罪的威慑效能、强调渎职罪预防机制的构建。如美国渎职罪预防侧重刑事政策的运用；意大利渎职罪立法体系完备，主观罪过明晰；国际组织与"国际公约"对于渎职罪预防与惩戒的措施独特。多方比较，全面考量，方知优劣，对国外渎职罪的立法、刑事政策、预防与惩戒措施等进行比较研究，可以为我国渎职罪的立法完善、刑罚完备和预防措施的重构等提供经验参照。

（二）我国渎职罪的研究现状

（1）渎职罪行政犯本质的研究。王志远、董文哲在《论行政犯的犯罪本质——基于行政犯入罪逻辑的思考》[1]中指出法秩序具有次序性，行政法秩序具有初次性，刑法秩序具有二次性或辅助性，只有出现行政法不足以规制且具有严重社会危害性的行政不法行为的场合才有必要动用刑罚手段（行政犯）予

---

[1] 王志远、董文哲：《论行政犯的犯罪本质——基于行政犯入罪逻辑的思考》，载《河北法学》2021年第2期。

以规制。并指出刑法不是规范社会管理秩序的工具,对于行政犯的认定应当坚守社会危害性的实质评价,不应过于强调行政法与刑法的界限。应当肯定的是,渎职罪的认定是从违背公务行为的行政违法到渎职罪构成要件符合性的判断过程,该文为从一般渎职事实行为到实质入罪评价提供了颇有价值的分析思路和判断标准。陈瑞华在《行政不法事实与犯罪事实的层次性理论 兼论行政不法行为向犯罪转化的事实认定问题》[1]中认为对于行政犯的认定应同时确定行政不法事实与"构成要件事实",指出上述两种事实处于不同位阶,无论是证明对象、取证方式、非法救济等都存在实质的差别。同时也探讨了从行政违法行为到行政犯认定的实质与程序路径,为从渎职行政违法行为到渎职罪的认定提供了实体与程序上的路径。刘艳红在《法定犯与罪刑法定原则的坚守》[2]中指出受公众非理性情绪以及实践中对法定犯双重违法性认定偏差的影响,法定犯认定中违背罪刑法定原则的情况有所增加,对此更应坚守罪刑法定原则。渎职罪构成要件的解释要依托于渎职事实行为以及行政法,且渎职罪认定受刑事政策影响大,因此,渎职罪认定坚持罪刑法定原则具有特殊的意义。孙国祥在《行政犯违法性判断的从属性和独立性研究》[3]中指出行政犯存在着行政不法与刑事不法类型的重叠或交叉,两者之间的界限模糊不清,因此在行政不法与行政犯的认定上存在疑难困惑。在行政不法与刑事不法法益相异的场合下,应直接依据相异法益来确定罪与非罪的界限,

---

[1] 陈瑞华:《行政不法事实与犯罪事实的层次性理论 兼论行政不法行为向犯罪转化的事实认定问题》,载《中外法学》2019年第1期。

[2] 刘艳红:《法定犯与罪刑法定原则的坚守》,载《中国刑事法杂志》2018年第6期。

[3] 孙国祥:《行政犯违法性判断的从属性和独立性研究》,载《法学家》2017年第1期。

即独立性判断；在法益相同的场合，应依据从属性即法益侵害的"量"来确定罪与非罪的界限。刘艳红在《行政犯罪分类理论反思与重构》[1]中指出由于行政犯罪的主体不同，决定了行政违法的性质和内容也不同，可按照主体标准将行政犯分为公权力主体行政犯、国家公职人员行政犯和管理相对人行政犯。这个分类，不仅符合行政犯自身的特征和规律，也有助于行政犯的认定和体系性研究，在这个分类之下，渎职罪属于典型的国家公职人员行政犯。

（2）渎职罪主体问题的研究。徐岱、李方超在《"国家工作人员"认定范围的再解释》[2]中围绕着最高人民法院、最高人民检察院《关于办理国家出资企业中职务犯罪案件具体应用法律若干问题的意见》对渎职罪主体"国家机关工作人员"的范围认定进行了阐释，指出刑法的解释应当符合刑法目的，基于文意对刑法进行解释，只有在能够反映职务犯罪的立法目的之时才能够指导司法机关对犯罪进行认定。对"国家机关工作人员"的认定应回归职务犯罪的根本，坚持对渎职罪主体认定的实质解释标准。吴健勇在《渎职犯罪主体刑事政策的审视与完善》[3]中指出渎职罪主体范围更迭频繁，这一变化折射出不同刑事政策模式下渎职罪定位的变化，从而延引出在未来社会形势发展状态下渎职罪必然是"又严又厉"的刑事政策倾向。渎职罪主体的界定应当具有稳定性，准确界定渎职罪主体范围对打击渎职犯罪和保障人权都具有重大意义。向准在《论渎职

---

[1] 刘艳红：《行政犯罪分类理论反思与重构》，载《法律科学（西北政法大学学报）》2008年第4期。

[2] 徐岱、李方超：《"国家工作人员"认定范围的再解释》，载《法学》2019年第5期。

[3] 吴健勇：《渎职犯罪主体刑事政策的审视与完善》，载《河北法学》2016年第3期。

罪的主体范围》[1]中指出渎职罪主体应结合我国立法及司法实践恰当界定，采取新公务员说将渎职罪的主体范围确定为国家机关工作人员和法律、法规及规章授权、委托及聘任从事公务的人员。甘肃省庆阳市人民检察院课题组在《渎职罪主体及依据冲突适用问题研究》[2]中指出1997年《刑法》对渎职罪的主体进行了限缩即规定为"国家机关工作人员"，导致因立法不明确而造成司法适用上的混乱，基于社会经济发展的需要，渎职罪的主体应回归"国家工作人员"这个范围。魏颖华、李莉在《论渎职罪主体的刑事司法判断》[3]中指出渎职罪的主体是"公职人员"，渎职行为侵害了国家管理秩序、危害国家执政能力，因此，对于渎职罪的主体必须跳出刑法语境，结合人事制度、国家机构设置和国家机关运作程序的实际情况具体分析、综合认定。

（3）渎职罪因果关系问题的研究。李忠诚在《渎职罪实体认定与程序适用问题研究》[4]中提出"结合说"来化解渎职罪因果关系认定的难题。劳东燕在《滥用职权罪客观要件的教义学解读——兼论故意·过失的混合犯罪类型》[5]中指出滥用职权罪中的"重大损失"后果地位类似于过失犯的构成要件结果是犯罪成立的要件而不是既遂的要件，根源在于渎职罪的特殊

---

[1] 向准：《论渎职罪的主体范围》，载《青海师范大学学报（哲学社会科学版）》2016年第4期。

[2] 甘肃省庆阳市人民检察院课题组：《渎职罪主体及依据冲突适用问题研究》，载《中国刑事法杂志》2014年第2期。

[3] 魏颖华、李莉：《论渎职罪主体的刑事司法判断》，载《中国刑事法杂志》2011年第8期。

[4] 参见李忠诚：《渎职罪实体认定与程序适用问题研究》，中国检察出版社2017年版。

[5] 劳东燕：《滥用职权罪客观要件的教义学解读——兼论故意·过失的混合犯罪类型》，载《法律科学（西北政法大学学报）》2019年第4期。

不法结构。滥用职权罪案件中，即便介入多种因素，只要能够肯定渎职行为的危险向现实转化了，行为人就可能要对结果负责任。同时提出"故意·过失"混合行为类型的概念，解决滥用职权罪的主观要素与客观要素不完全对应问题，并认为应在这个犯罪形式下认定渎职罪的因果关系。陈洪兵在《渎职罪理论与实务中的常见误读及其澄清》[1]中指出渎职罪在实务认定中存在的误读，如混淆违法与责任的差别、对重大损失与情节严重没有区别对待、将事实上的因果关系等同于刑法上的因果关系等。同时指出，渎职罪在结果只是渎职行为间接导致的场合，只要能够肯定行为对结果持（间接）故意或放任态度，就有承认因果关系的余地。

（4）渎职罪主观罪过问题的研究。刘仁文、王林林在《食品药品监管渎职罪立法评析及司法适用——以〈刑法修正案（十一）〉为视角》[2]中指出在食品监管渎职罪设立之时，理论界和实务界就曾围绕食品监管渎职罪的罪过形式以及是否区分食品监管滥用职权罪和食品监管玩忽职守罪产生巨大争议，进一步指出基于立法的科学性要求，应当按照主观罪过区分食品监管滥用职权罪和食品监管玩忽职守罪。李永升、胡冬阳在《渎职罪中徇私舞弊情节的重复评价问题研究——兼论尽量充分评价原则之提倡》[3]中指出徇私舞弊情节只作为加重量刑情节即可，即使在"徇私舞弊"行为另外构成数罪的场合下，也应采取择一重罪适用的立场来把握。在量刑方面，不应将徇私舞

---

〔1〕 陈洪兵：《渎职罪理论与实务中的常见误读及其澄清》，载《苏州大学学报（法学版）》2015年第4期。

〔2〕 刘仁文、王林林：《食品药品监管渎职罪立法评析及司法适用——以〈刑法修正案（十一）〉为视角》，载《法治研究》2021年第2期。

〔3〕 李永升、胡冬阳：《渎职罪中徇私舞弊情节的重复评价问题研究——兼论尽量充分评价原则之提倡》，载《时代法学》2017年第1期。

弊从重处罚作为特别的加重处罚条件，只作为普通的从重情节即可。陈忠林在《滥用职权罪的罪过形态新论》[1]中指出我国主流观点认为滥用职权罪的主观罪过形式是故意，但是如此认定会破坏刑法规范的统一性，在坚持罪刑法定原则的刑事法领域，渎职罪的罪过只能认定为过失。冯亚东、张丽在《模型建构视野下的滥用职权罪——与玩忽职守罪之区别》[2]中运用犯罪模型理论界分滥用职权罪与玩忽职守罪，指出刑法的犯罪构成要件虽然来源于生活事实，但由于概念系统所固有的拟制功能，导致法律所抽象出的概念模型并不能与生活事实完全对应，并且往往高于生活事实，因此，在犯罪模型上可将所有故意渎职行为统一拟制为滥用职权罪，将所有的过失渎职行为统一拟制为玩忽职守罪。李希慧、逄锦温在《滥用职权罪主观罪过评析》[3]中指出滥用职权罪是渎职罪的新增罪名，其主观罪过无论是在学术界还是司法实践中都有较大争议，有损法制统一，而且还容易破坏司法公正，导致冤假错案，滥用职权罪的主观罪过形式应该是故意，既能是直接故意，也能是间接故意。崔胜实在《过失渎职犯罪研究》[4]中指出过失渎职犯罪严重影响国家机关的正常活动，由于人们对过失渎职犯罪的现状和危害认识不足，导致过失渎职犯罪得不到应有的重视，理论研究关注度不高，实践领域打击不力，从而呈现上升趋势。并进一步探究了我国过失渎职犯罪的现状及原因，对过失渎职犯罪的主体、主观罪过、因果关系等展开了详细研究。

---

〔1〕 陈忠林：《滥用职权罪的罪过形态新论》，载《人民检察》2011年第23期。
〔2〕 冯亚东、张丽：《模型建构视野下的滥用职权罪——与玩忽职守罪之区别》，载《西南政法大学学报》2006年第2期。
〔3〕 李希慧、逄锦温：《滥用职权罪主观罪过评析》，载《法学家》2001年第2期。
〔4〕 崔胜实：《过失渎职犯罪研究》，吉林大学2005年博士学位论文。

绪　论

（5）渎职罪体系性的研究。周光权在《渎职犯罪疑难问题研究》[1]中指出对不是直接利用职权的行为不应认为是渎职犯罪，经集体研究决定的行为具有构成渎职罪的余地，在工作中严重失职即严重违背"行业操作规程"对认定渎职罪至关重要。徇私作为动机看待，由于其没有客观的对应要素因而应适用"推定"原则。排斥牵连犯的概念，行为人既有渎职行为又构成其他犯罪的，根据"构成要件符合说"，应作为数罪处罚而否认牵连犯一罪。包健在《渎职罪研究》[2]中以渎职罪为研究对象，在法益保护与人权保障的双重指引下，对渎职罪的构成要件展开研究，同时研究了渎职罪若干疑难问题，如未完成形态、共犯、罪数等；重点提出了滥用职权罪与玩忽职守罪的界分标准，并指出徇私枉法"动机"的特殊内涵及作用。王杨在《渎职罪的基本理论问题研究》[3]中指出渎职罪不仅造成国家公务活动混乱，还给国家和人民造成难以估量的损失，应在充分考察我国关于渎职罪的立法、司法情况的基础上，围绕渎职罪构成要件问题如犯罪主体、危害结果、因果关系、主观罪过、"前案"、共犯与罪数等展开深入研究。李雪媛在《渎职罪认定若干问题研究》[4]中指出目前我国渎职罪的研究距离满足司法实践的需要还有较大差距，由于"四要件"犯罪论本身存在的问题，将其作为研究渎职罪的理论工具会存在逻辑上的困难，因此，选择适当的理论工具对渎职罪进行研究至关重要。渎职罪因果关系的认定应以"客观归责理论"为理论工具，渎职行为应以"职责范围"来界定，提出增设"药品监管渎职罪"。

---

[1] 周光权：《渎职犯罪疑难问题研究》，载《人民检察》2011年第19期。
[2] 包健：《渎职罪研究》，华东政法大学2008年博士学位论文。
[3] 王杨：《渎职罪的基本理论问题研究》，武汉大学2014年博士学位论文。
[4] 李雪媛：《渎职罪认定若干问题研究》，大连海事大学2017年博士学位论文。

（6）渎职罪预防问题的研究。王昌奎在《论职务犯罪惩防一体化机制建设——以扶贫领域职务犯罪的惩防为例》[1]中指出我国扶贫领域职务（渎职）犯罪高发，社会危害巨大，要从根本上预防扶贫领域职务犯罪恶化的势头，必须加强职务犯罪惩防一体化建设。许章润在《犯罪学》（第4版）[2]中以承认犯罪不可避免为基本立场，通过观察犯罪现象、找寻犯罪原因，提出科学、系统、针对性的犯罪预防策略，系统阐释了犯罪预防的方法，为本书渎职罪的犯罪预防措施的研究奠定了坚实的理论基础。李大欣、张杰合著的《职务犯罪预防方法论》[3]系统阐释了我国职务犯罪的现状和特点，结合我国预防职务犯罪的经验并选择性借鉴西方国家预防渎职犯罪的方法，提出了我国职务犯罪预防的一般方法和特别方式。虽然探讨对象主要是"廉洁性"的职务犯罪问题，但是其提出的一些预防策略仍然对本书渎职罪预防的研究提供了不少启示。陈平其在《对高薪养廉制度的实证分析》[4]中指出高薪养廉确实在一定程度上能够预防职务犯罪，但高薪并不意味着一定能够"养廉"，西方国家高薪养廉的成功并不只限于"毕其功于一役"的高薪，还有诸多配套制度协调跟进，而我国目前并不具备高薪养廉的条件，但可以借鉴其中的经验。

我国关于渎职罪的解释与教义学研究总体呈现成熟状态，并逐渐向精细化展开。但是，也存在一些不足。其一，部分争议性问题没有得到根本解决。渎职罪构成要件的许多争议性问题并没有随着学术研究的深入而取得共识性见解，虽然在渎职

---

[1] 王昌奎：《论职务犯罪惩防一体化机制建设——以扶贫领域职务犯罪的惩防为例》，载《重庆大学学报（社会科学版）》2018年第1期。

[2] 参见许章润主编：《犯罪学》（第4版），法律出版社2016年版。

[3] 参见李大欣、张杰：《职务犯罪预防方法论》，法律出版社2017年版。

[4] 陈平其：《对高薪养廉制度的实证分析》，载《理论探讨》2000年第6期。

罪立法规范的精确性和精度性上有所提升，但一定程度上缺乏分析的语境主义关照，缺少教义学以外的观察视角，或多或少存在理论逻辑与现实逻辑脱节的问题。其二，研究进程没有实现与社会情势变更同步。渎职罪作为类罪名与刑法总论相比，犹如一棵大树，总论是树干，罪名是枝叶，枝叶对于外部环境如风霜雨雪、春夏秋冬的反应比树干更敏感、更直接、更强烈。同理，随着社会经济发展、国家监察体制改革等社会环境的变化，作为类罪名的渎职罪本应该随之迅速作出反应，而当前的研究显然没有跟上情势变化的速度。其三，研究数量略显不足。渎职罪在社会主义法治建设和国家治理体系现代化中具有举足轻重的地位，然而，就职务犯罪而言，刑法学界对贪污贿赂犯罪的关注较多，渎职罪则较少，迟滞了渎职罪的完善进程。其四，研究视角较为单一。当前的研究绝大部分着眼于立法完善和教义学阐释，对于刑事一体化视角下渎职罪面临的新情势、新任务没有足够的关注；渎职罪属于行政犯，其认定与构成要件的解释无论如何离不开渎职事实行为与行政法律规范，结合本罪行政犯本质的探讨较为缺乏；刑罚不能解决所有问题，在刑事一体化视角下与渎职罪相配合的预防机制的构建与完善方面的研究较为匮乏。

三、本书结构及研究方法

（一）本书结构

本书按照这样的逻辑结构展开：①提出、分析和阐释渎职罪存在的主要问题；②探寻问题解决的可借鉴经验与犯罪论依据；③提出、阐释并论证问题解决的具体路径。

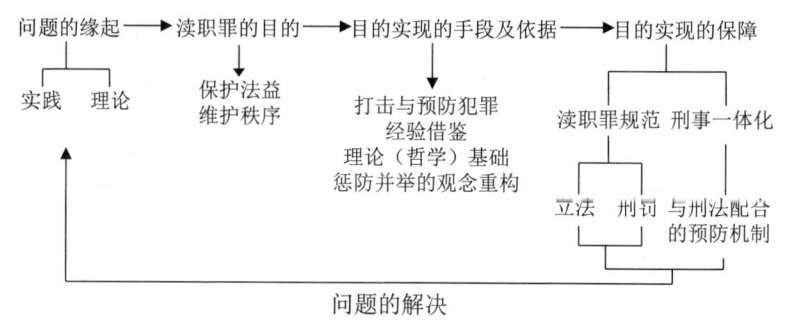

```
问题的缘起──→渎职罪的目的──→目的实现的手段及依据──→目的实现的保障
    │              │                    │                      │
  实践  理论    保护法益         打击与预防犯罪          渎职罪规范  刑事一体化
    ↑            维护秩序          经验借鉴                │
    │                           理论（哲学）基础        立法  刑罚  与刑法配合
    │                           惩防并举的观念重构                  的预防机制
    │
    └──────────────── 问题的解决
```

本书研究逻辑结构图[1]

具体研究结构如下：

(1) 提出、阐释渎职罪来源于理论和实践两个维度的主要问题。问题是研究的逻辑起点，研究的目的在于解决实际问题。一是来源于渎职罪立法与司法实践的旧问题。渎职罪历来存在着主体范围界限模糊、因果关系认定困难、主观罪过界定争议等诸多问题，虽然学术界对上述问题进行了为数不少的研究并提出了诸多解决方案，但是争议始终没有得到消解。据此，有进一步深入探讨的必要性。另外，渎职罪刑罚的设置与司法适用存在轻缓化倾向问题，影响了渎职罪刑罚的打击与预防犯罪机能。二是来源于监察体制改革新要求。监察体制改革对渎职罪的理解、适用与把握提出了新要求，产生了渎职罪与党的纪律、行政法规相协调、衔接和配合的问题，上述问题如得不到有效解决将严重损害渎职罪在正风肃纪、反腐预防等方面的机能。

(2) 探寻渎职罪主要问题解决的可借鉴经验和理论基础。首先，从"纵向"和"横向"两个维度找寻渎职罪主要问题解决的历史与比较经验。其次，刑法是最接近自然科学的社会科学，有着高度的逻辑性和规范性要求，因此，渎职罪主要问题

---

[1] 图表来源于本书整理。

的解决要从犯罪论中找到根据，符合犯罪论的基本原理。渎职罪的本质是职务性行政犯，其研究离不开行政犯的属性与框架；渎职罪行政违法与刑事违法的双重违法性决定了渎职罪保护的双重法益；渎职行为在不同的法域中有不同的定义和阐释，这种差异和冲突对渎职罪的认定、渎职罪与行政法规的衔接造成了一定障碍，通过厘清各法域中渎职行为的含义与界限，为准确划分渎职犯罪行为及与其他渎职行为（行政违法行为和违纪行为）的界限创造条件。最后，提出仅靠刑罚手段无法有效实现对渎职犯罪的规制，应在刑事一体化理念的指引下重构"惩防并举"观念，提出并构建与刑罚相配套的预防机制。

（3）提出、阐释并论证渎职罪主要问题解决的具体路径。其一，解决渎职罪的构成要件争议问题。完备的协调的没有逻辑冲突的渎职罪规范体系，是构建精密刑法规范的必然要求。以解释论为理论工具，立足于渎职罪"行政违法与刑事违法双重违法性"特殊违法构造，探究我国渎职罪主体"国家机关工作人员"范围的界定，提出"面对现实与有限扩张"的解决路径；研究渎职罪尤其是滥用职权罪的因果关系，并提出"理论选择与缓和认定"的解决思路；探讨滥用职权罪与玩忽职守罪的主观罪过，提出"抽象拟制与明确界定"的解决思路。其二，解决渎职罪的刑罚问题。以有效实现刑罚的打击与预防犯罪机能为目标，立足于刑罚的机能与渎职罪刑罚的特有价值，以"重典治乱与体系协调"为总体方向，通过构建一致的刑罚体系，恰当选择刑罚幅度，完善刑罚种类等措施，完善渎职罪刑罚体系。滥用职权罪与玩忽职守罪刑罚的设置，应体现出故意犯罪与过失犯罪构造上的差异。同时论证渎职罪增加罚金刑与资格刑的科学性和可行性。其三，立足于刑事一体化视角，尝试构建与渎职罪规范配套的预防机制。避免"法律万能主义"

倾向，承认仅靠刑罚手段无法有效完成渎职罪预防的任务，应建立与刑罚相配套的预防机制。针对故意渎职犯罪的特点，提出并设计了履职保障制度以预防故意渎职犯罪；针对过失渎职犯罪的特点，提出并设计了履职征信评价制度为过失渎职犯罪的风险提供监测和预警。

（二）研究方法

（1）文献与规范分析法。文献与规范分析法作为几乎所有人文社科课题的研究方法，亦被本书视为最主要的研究方法，因本书的研究目的在于推进渎职罪立法的完善、刑罚的完备以及犯罪预防措施的完竣。为了完成上述任务，无论是在探讨我国当前渎职罪存在的主要问题，还是对渎职罪的本质、保护法益、渎职行为的分析论证，都需要借助犯罪论、构成要件理论、行政犯理论、刑事一体化理论等大量基础理论予以展开。在规范研究层面，如渎职罪的主体、因果关系、主观罪过等问题的讨论也离不开相关学说、观点与见解的支撑、分析与运用。在刑罚研究层面，离不开刑罚机能理论、渎职罪刑罚完善的学说探讨以及刑罚威慑理论等文献的支撑。在预防研究层面，离不开刑事一体化的思想以及犯罪预防的基本原理、功利主义理论、组织整合理论等相关文献的运用与分析。该研究方法主要运用于本书第二、三、四、五章。

（2）比较分析法。多方比较，方知优劣。比较分析法在本书运用于宏观和微观两个层面。在宏观层面，渎职罪的打击与预防具有历史传承性和普遍性特征，在我国历史上和国外都有渎职罪的打击与预防经验，上述经验对渎职罪立法的精确性构建、刑罚幅度的设置和预防机制构建等都具有现实的比较借鉴意义。在微观层面，如渎职罪主体范围的界定、因果关系的认定、主观罪过的界定等学说众多、观点林立，需要在对比、分析与综合的基础上探寻或选取最优的解决路径。该研究方法主要运用于本书第一、二、四章。

（3）实证分析法。社会存在决定社会意识，决定了实证分析法的重要性。渎职罪作为高发罪名具有非常强的实务性特征，因此渎职罪的研究不能只停留在规范层面，需要结合渎职犯罪预防与打击的需要以及司法判例、渎职事实行为、公务行为特征等来展开研究。如渎职罪主体问题，在某某滥用职权案中，"中学校长"坚决否认自己的"国家机关工作人员"身份，实证中出现的这种困难为理论研究指明了方向，并能作为研究结论的检视工具。另外，刑事一体化视角坚持问题导向和情势基础，实际上也是以实证为依托的研究方法。运用实证分析法，超越和排除价值判断，通过对实际案件的调查和分析所得的经验，以分析和检视本书研究结论的科学性、合理性与可行性。该研究方法主要运用于本书第一、三、四章。

（4）价值分析法。从终极意义上说，法律作为调整社会生活的规范体系，它存在的本身并不是目的，而是为了实现一定目的的手段。渎职罪本身并没有什么价值，但它对于打击和预防渎职犯罪，维护特定的社会秩序或实现公平正义价值却是"价值不菲"，因此，需要在"功利主义"立场与法的价值下探究渎职罪的立法、司法适用以及完善的进一步方向。该研究方法主要适用于本书第一、二、五章。

四、创新之处

（一）研究视角的创新

从目前的研究状况来看，学界对渎职罪的研究主要采取的是一种规范阐释的、逻辑推演的或局部问题的教义学研究，即针对渎职罪的立法问题或某个疑难问题进行教义学解读。渎职罪作为类罪名,包括诸如滥用职权罪、玩忽职守罪等 30 多个具体罪名,属于"个罪"范畴,其与刑法总论的差别显著表现在与社会发展、情势变化、刑事政策有着更为直接、紧密和迅速的联系。据此,以往侧重刑法教义学方向的精细化研究往往因缺乏分析的语境主义关照,而造成一定程度上的理论逻辑与实践逻辑脱节。本书在"整体刑法学"即"刑事一体化"理念的指导下,强调渎职罪的研究应坚持客观情势和问题导向,如司法实践中凸显的适用难题、监察体制改革对渎职罪的影响等,尝试从教义学以外的领域寻找渎职罪问题及解决的方案,在事物的联系中发现渎职罪的真实含义,推动渎职罪规范构建的精细化、精密化与现实化,实现渎职罪研究理论逻辑与实践逻辑的衔接、匹配。这种研究视角是本书区别于目前研究的创新之处。

(二) 部分观点的创新

在渎职罪的规范与刑罚层面,仍以教义学为主要研究方法,尝试推动渎职罪立法的精细化与精确化构建。具体而言,关于渎职罪主体范围的界定,提出"面对现实与有限扩张"的认定思路;关于渎职罪因果关系的认定,提出"理论选择与缓和认定"的认定路径;关于渎职罪主观罪过的界定,提出"抽象拟制与明确界定"的认定进路。结合刑罚的目的和机能与渎职罪当前的任务,提出以"重典治乱与体系协调"为方向的刑罚体系完善路径,并论证渎职罪增加财产刑和资格刑的合理性与可行性。在刑事一体化思想的指引下,尝试构建渎职罪犯罪预防机制。即结合渎职犯罪的特点,提出建立履职保障制度和履职征信评价制度与渎职罪规范相配合以实现渎职罪打击与预防的最优效果。

第一章 渎职罪的问题缘起

问题是研究的逻辑起点,是研究的原始动力,研究的目的在于解决实际问题。实践是认识的来源、内在动力和检验标准,是认识的目的和归宿;同时,认识对实践具有反作用,正确的认识能够指导实践成功,错误的认识会将实践引入歧途。本章作为渎职罪研究的逻辑起点,主要探究当前我国渎职罪存在的主要问题,既探讨渎职罪的既有尚未解决的旧问题,又探究渎职罪的新问题和新任务。上述问题,既来源于立法本身,如1997年修订《刑法》时将渎职罪主体修改为"国家机关工作人员"是否合理可行?是否符合我国目前行政履职主体实践现状?也来源于司法实践,如渎职罪主体、因果关系、主观罪过在司法实践中产生的争议,以及渎职罪刑罚司法适用的轻缓化倾向等问题。还来源于社会情势,如监察体制改革对渎职罪的理解、适用与把握所产生的影响,需要在这个情势之下研究渎职罪。精准查找与科学把握问题,为渎职罪立法完善以及刑事一体化视域下预防机制的构建等研究提供了方向指引和有力抓手。

第一节 来源于立法与司法实践的旧问题[1]

渎职罪在立法层面与司法实践中的争议由来已久,学界对

---

[1] 本节旨在探寻、梳理渎职罪立法方面的问题即渎职罪的构成要件和刑罚问题,限于篇幅与笔者能力,在此只研究争议较大的几个主要问题。

上述问题展开了可谓"旷日持久"和较为精细的讨论,时至今日,研究成果颇丰,多数问题得到了妥善解决,但也有不少问题尚需进一步研究,这也是本书在此得以继续讨论的前提和基础。渎职罪作为类罪名,其本身的性质就决定了其与司法实践具有更直接和紧密的连接性,渎职罪在立法上的问题更为显著地反映在司法实践上。比如,在司法实践中,"政府雇员""中小学校长"是否属于渎职罪主体"国家机关工作人员"的范畴;行为人在主观罪过不明晰、行为类型不典型的场合,应认定为滥用职权罪还是玩忽职守罪;行为人的行为不是直接造成损害后果而是间接造成损害后果,是否应该肯定损害后果与渎职行为具有刑法上的因果关系,上述问题大量充斥在司法实践中,并导致相当数量的上诉、申诉案件,影响了司法效能,一定程度上也损害了司法的权威。

一、主体范围的争议问题

(一) 来源于司法实践的争议

在陈某滥用职权案(案例1)[1]中,陈某以自己是生物机电学校(公办)的校长并非国家机关工作人员为由,认为不符合滥用职权罪的主体资格提出申诉。湖南省高级人民法院认为,根据陈某的干部任免审批表、公务员考核登记表等文件,能够证明其具有国家机关工作人员身份。同时,依照全国人民代表大会常务委员会《关于〈中华人民共和国刑法〉第九章渎职罪主体适用问题的解释》(以下简称《解释》)之规定,陈某系在受国家机关委托代表国家机关行使职权的组织中从事公务的人员,符合滥用职权罪主体资格。在冯某滥用职权案(案例2)[2]中,冯

---

[1] 案例来源于中国裁判文书网:[2019]湘刑申52号。
[2] 案例来源于中国裁判文书网:[2018]内刑申124号。

某以自己是事业单位聘用人员属于临时抽调到工作小组工作为由，认为不具备滥用职权罪主体身份提出申诉。内蒙古自治区高级人民法院认为，根据《解释》以及镇人民政府与旗农牧业局出具的证明，证实冯某是镇人民政府与旗农牧业局委派的工作人员，符合"受国家机关委托代表国家机关行使职权的组织中从事公务的人员"范围，符合滥用职权罪的主体资格。在李某、张某私放在押人员案（案例3）[1]中，李某的辩护人提出，李某系看守所文职医生不属于司法工作人员范畴，因而不符合私放在押人员罪的构成要件主体资格。法院经审理认为，认定非在编人员李某是否符合私放在押人员罪主体要件关键在于其是否具有监管职责，根据《医务岗位管理监督规定》《关于进一步规范监所医务工作的若干规定》等相关规定，李某系看守所文职医务人员，非在编公安在职干部，但其作为医务人员同样具有对不符合关押条件的人员建议变更强制措施、外出就医时与民警共同落实安全措施等监管职责，依法应认定其是具有监管职责的司法工作人员，符合私放在押人员罪的主体要件。

（二）争议的原因及影响

上述司法判例中，行为人对自身的行为（违法或犯罪事实）是没有异议的，但对是否符合渎职罪主体资格要求具有非常大的异议，因而不断提出上诉或申诉。面对这种异议，虽然司法机关可以依据立法解释或司法解释予以应对，做到在法理上符合刑事法的形式合理性优先原则，学理上也能对上述认定标准进行符合逻辑的规范化阐释，但行为人内心是否"服判息诉"仍存在疑问。导致这个问题的原因在于立法和司法机关对"国家机关工作人员"身份的价值判断与行为人对"国家机关工作人员"身份的价值判断存在巨大差异。一方面，现有立法和司

---

[1] 案例来源于中国裁判文书网：[2014] 宝刑初字第1305号。

法解释中的"国家机关工作人员"范围与我国《宪法》的相关规定不完全吻合。按照严格解释，只有《宪法》规定的在国家机关工作的人员才属于"国家机关工作人员"，即便能够将在国家机关工作的非正式、委托的或聘用的等工作人员解释为"国家机关工作人员"，但将不在上述机关工作的人员解释为国家机关工作人员的合理性就会产生重大疑问。另一方面，与人们的普遍观念相抵触，一定程度上超越了行为人的预测可能性。在人们的普遍观念中，国家机关工作人员不仅是"官"而且是在"机关大院"里工作的官。如此一来，将在学校里工作的"校长"、在医院工作的"院长"等事业单位人员解释为国家机关工作人员就严重超出了人们普遍的预测可能性。上述争议的存在，一是一定程度上削弱了刑法的人权保障机能。主体符合性的认定关系到罪刑法定原则，直接影响到罪与非罪，主体界限的模糊可能导致将不符合主体资格的人解释为符合主体资格，这样一来就损害了刑法罪刑法定原则保障人权之机能。二是一定程度上弱化了刑法的可预测性。刑法规范具有行为指引机能，行为人可据此来规范自身的行为并对行为后果进行预判，主体范围不清必然导致行为规范不明，进而使得人们不能根据规范很好地指导、规范和预测自身的行为。三是损害刑法的明确性。罪刑法定原则要求刑法规范具有明确性，主体范围不清将导致刑法的明确性降低，有违现代法治精神。四是损害司法权威。渎职罪主体的界限不清，导致大量的上诉、重审或申诉案件，严重损害司法权威，降低司法公信力。

（三）争议的评述及下一步探讨

针对上述关于渎职罪主体范围的争议，我国立法机关、司法机关先后出台了一系列解释，刑法学界也展开了颇为激烈的讨论，总体上对这个问题有了共识性见解。但是，一方面，这一主体范围在司法实践中仍然存在适用上的困惑；另一方面，通过比较其他国家关于渎职罪主体的规定，我国渎职罪主体范围仍然过窄。本书认为，总体而言，可以按照以下路径对渎职罪主体范围进一步明确。在刑事司法层面，应坚持"形式合理性优先"的原则，采取适当的扩大解释方法或构建作为解释依托的统一标准，这是解决这个问题的最优路径。在立法层面，可以在《刑法》第93条、第94条以列举的方式明确规定"国家机关工作人员"范围；或将渎职罪分别规定为"国家机关工作人员"渎职罪与"非国家机关工作人员"渎职罪（特别渎职罪）；或修改渎职罪主体为"公职人员"。另外，渎职罪主体范围的界定应当考虑到与监察体制改革的协调，比如《监察法》第1条"为了深化国家监察体制改革，加强对所有行使公权力的公职人员的监督，实现国家监察全面覆盖……"明确了监察的主体（对象）为"所有行使公权力的公职人员"，那么渎职罪的"国家机关工作人员"与《监察法》的规定协调与衔接就成为新的研究课题。后文将对上述问题的解决路径进行更为充分的、详细的和具体的分析和论证，并通过司法案件来检视所提解决方案的合理性与可行性。

二、因果关系认定的争议问题

（一）来源于司法实践的争议

在申某滥用职权案（案例4）[1]中，申某在受委托监管某公司的商品房预售款专户的过程中，违规支付预售房款专户上的资金，后因资金链断裂导致购房户无法入住，引发重大的社会矛盾，造成了恶劣的社会影响。申某以自己审批商品房预售

---

[1] 案例来源于中国裁判文书网：[2018]云刑终243号。

款的行为与造成危害结果之间没有必然因果关系,即重大社会矛盾是由公司资金链断裂、城市建设配套费无力缴纳以及拖欠农民工工资等众多复杂因素导致为由,提出无罪的辩护意见。法院审理认为,本案中,申某的行为造成的恶劣社会影响属于多因一果,其滥用职权只是其中的原因之一,肯定了申某渎职行为与损害后果之间的因果关系。在翁某滥用职权案(案例5)[1]中,翁某违规违法审批,擅自将火工材料批给袁某、张某使用,又对二人的使用情况缺乏监管,致使二人又将火工材料转售给无证煤窑主。无证煤窑主用火工材料继续生产,造成重大安全事故,导致11人死亡的严重后果。法院以11人死亡后果与翁某的滥用职权行为无因果关系为由,判决翁某无罪。在黄某玩忽职守案(案例6)[2]中,黄某作为侦办任某等7人涉嫌犯聚众斗殴罪及徐某故意伤害罪的派出所所长,擅离职守,不正确履行职责义务,立案不查,造成了恶劣的社会影响。一审法院认定黄某的玩忽职守行为与重大损害后果(恶劣社会影响)具有因果关系,构成玩忽职守罪。黄某以重大损害后果与其玩忽职守行为不具有因果关系为由提出上诉,二审法院认为,渎职罪因果关系认定的关键在于渎职行为与危害结果之间是否存在客观联系,渎职行为与危害后果之间是否存在直接的、必然的因果关系,不影响刑法因果关系的认定。

(二) 争议产生的原因及评价

对于上述案例4,在事实归因层面,可以肯定滥用职权行为与损害后果之间存在条件关系,如无滥用职权行为就不会产生损害后果,滥用职权行为与损害后果之间存在着"非A则非B"

---

[1] 最高人民法院中国应用法学研究所编:《人民法院案例选》(2005年第4辑 总第54辑),人民法院出版社2006年版,第77~81页。
[2] 案例来源于中国裁判文书网:[2019]川14刑终129号。

的关系；在规范归责层面，滥用职权行为是规范所不允许的，如申某在受委托监管某公司的商品房预售款专户的过程中违规支付预售房款专户上的资金是违背职责的行为，并对损害后果的发生具有贡献力，即便对结果不能完全支配亦可肯定存在因果关系。按照引起型因果关系，行为人的行为为损害后果的发生创造了机会或提供了理由，即便对因果流程不能完全把控也可以肯定因果关系。在案例 5 中，法院以 11 人死亡后果与翁某的滥用职权行为无因果关系为由判决翁某无罪，本书认为这个结论并不妥当。理由在于，首先，可以认定翁某的滥用职权行为与 11 人死亡的后果具有条件关系，如果没有翁某的滥用职权行为就不会发生 11 人死亡的后果，存在"非 A 则非 B"的条件关系；其次，翁某擅自将火工材料这类具有特殊性能的物品审批出去的行为，本身就蕴含着这类物品失于控制而被用作特殊用途的高度危险，换句话说，该行为是规范所不允许的，在规范归责层面亦能够肯定存在因果关系；最后，能够承认翁某的渎职行为对损害后果具有原因力，即渎职行为的危险现实化了，符合造成型因果的认定要求。因此，应当承认致 11 人死亡后果与翁某的渎职行为具有因果关系。法院得出其渎职行为与损害后果无因果关系的结论是机械僵化地理解刑法因果关系的结果，没有注意到滥用职权罪的特殊不法构造以及因果关系的特点。在案例 6 中，玩忽职守罪是过失犯，其违法构造与一般过失犯并无二致，因而其因果关系认定较滥用职权罪更为容易。本案归责判断的关键并不在于黄某的玩忽职守行为是否为导致损害后果的直接原因，而在于黄某怠于履行侦查职责义务本身所蕴含的造成恶劣影响的现实危险，危险的避免是履行侦查职责规范所要防范的内容。因此，只要能够承认黄某的渎职行为对"严重后果"具有原因力和预见性，在经验上是相当的且符合规范保护目的，就可以肯定因果关系。综上，由于渎职罪因果关系的复杂性以及因果关系理论学说的多重性，导致渎职罪因果关系认定成为疑难问题，进而造成渎职罪认定的争议较多。

(三) 争议的评述及下一步探讨

渎职罪因果关系有其特殊性，即大量存在直接因果关系与间接因果关系并存、多因一果、一因多果、多因多果等情况，要在这个特殊性的前提下研究因果关系的认定问题。就刑法因果关系理论而言，虽然有处于优势地位的见解，如相当因果关系理论、客观归责理论、危险现实化等，但采取不同的因果关系理论对渎职罪具体案件因果关系的认定有较大差异。对此应进一步研究，在对刑法因果关系理论进行深入探讨的基础上，分析和厘清因果关系的性质，选择并运用"更为合适"的刑法因果关系理论解决渎职罪因果关系认定的"特殊"问题。

三、主观罪过界定的争议问题

(一) 来源于司法实践的争议

在孙某滥用职权案（案例7）[1]中，检察机关指控孙某构成滥用职权罪，其辩护人提出孙某构成玩忽职守罪。法院审理认为，滥用职权罪与玩忽职守罪的区别关键体现在行为人的主观方面是故意还是过失，故意实施的违背职责的行为是滥用职权罪，过失实施的违背职责的行为是玩忽职守罪。本案中，孙某作为民管科科长，在掌握中小企业投融资服务中心非法吸收公众存款进行存放贷的情形下，未按规定对其采取警告、撤销登记并公告等行政处罚措施，使该服务中心顺利通过年检进而从事业务的行为致使人民利益遭受重大损失。因此，孙某故意

---

[1] 案例来源于中国裁判文书网：[2017]鲁1623刑初146号。

不履行法定职责，符合滥用职权罪的构成要件。在詹某、黄某滥用职权案（案例8）[1]中，一审法院认为，詹某、黄某作为消防部队人员在履行消防监管职责时违反相关消防安全技术规范，造成重大火灾事故，已构成滥用职权罪。其辩护人认为，滥用职权罪是行为人对其职权的"滥用"，包含行为人超越法定权限，违法决定无权决定的事项、擅自处理无权处理的事务等。而玩忽职守罪是行为人严重不负责任，在行使职权时马虎草率、疏忽大意。詹某、黄某主观上是马虎大意，并非严重违反法定办事程序，违法处理公务，二人的行为应构成玩忽职守罪而非滥用职权罪。二审法院支持了一审法院滥用职权罪的认定。在沈某玩忽职守案（案例9）[2]中，沈某在对矿井进行日常巡查监管过程中明知该矿井系停产和列入关闭矿井，未按照职责要求对该矿井违法组织工人下井作业予以制止、上报或提出整改意见，后发生瓦斯闪燃致使5人烧伤，造成直接经济损失239.97万元。公诉机关指控沈某犯滥用职权罪，一审法院认为，滥用职权罪与玩忽职守罪的不同之处主要表现在两个方面：一是主观方面不同，滥用职权罪的主观方面是故意，玩忽职守罪的主观方面是过失；二是客观方面表现不同，滥用职权罪主要表现为超越职权造成重大损失的行为，是作为的犯罪行为；玩忽职守罪表现为工作中马马虎虎、草率从事，是消极的不作为。本案中沈某负有监督管理职责，严重不负责任不认真履行自己的监管职责，其行为应构成玩忽职守罪。二审法院支持了一审法院对本案的认定。

（二）争议的评述及下一步探讨

在上述案件中，行为人并不否认自己的犯罪行为，只是对

---

[1] 案例来源于中国裁判文书网：[2017] 鄂01刑终751号。
[2] 案例来源于中国裁判文书网：[2018] 闽08刑终183号。

罪名存在争议；司法机关对滥用职权罪与玩忽职守罪的理解不一。虽然《刑法》将滥用职权罪与玩忽职守罪规定在一个条文、实行一个法定刑，但行为人及辩护人均以其行为构成玩忽职守罪而不构成滥用职权罪提出罪轻辩护，显然是认为玩忽职守罪是过失犯，其刑罚理应轻于滥用职权罪。本书认为，滥用职权罪与玩忽职守罪的司法认定应把握以下几个问题：其一，按照主观罪过界定两罪是切实可行的，按照主观罪过形式界定滥用职权罪与玩忽职守罪虽然在一定程度上超越了事实，但是符合社会通行的价值观念。案例8和案例9中的法院都试图从客观行为方式上界定两罪，但是两罪在客观行为方式上近似、交叉或重叠，区分难度较大；以作为方式界定滥用职权罪，但滥用职权罪未必不可以由不作为方式构成，如案例9中沈某在对某矿井进行日常巡查监管过程中，明知该矿井系停产和列入关闭矿井，未按照职责要求对该矿井违法组织工人下井作业予以制止、上报或者提出整改意见（不作为方式），构成滥用职权罪。其二，滥用职权行为与玩忽职守行为的界分要结合行为人的职责义务，职责违背性是判断滥用职权行为与玩忽职守行为的重要依据。如案例7中孙某未按规定对违法行为（或违规行为）采取警告、撤销登记并公告等行政处罚措施，究竟是孙某明知上述情况故意不履行职责要求，还是对上述事实认识"含含糊糊"采取听之任之的态度，与孙某的职责有很大关联性。其三，滥用职权行为与玩忽职守行为的司法认定不应是排斥关系而应是位阶关系，即如果能够认定行为的故意则可认定为滥用职权罪，如果故意与过失不能区分则可认定为玩忽职守罪。其四，在同一犯罪事实中，既有滥用职权行为又有玩忽职守行为的，只应认定一个罪名。在很多案件中，行为人既有滥用职权行为又有玩忽职守行为，从刑罚的合理性立场出发应当只认定一个渎职罪名。其五，滥用职权罪与玩忽职守罪的界分以及两罪主观罪过的争议不仅仅是两罪本身的问题，因为滥用职权罪与玩忽职守罪作为渎职罪的一般罪名，统摄渎职罪的其他具体罪名，因而两罪的界分以及主观罪过的界定还涉及渎职罪体系的协调性。

渎职罪的主观罪过争议与滥用职权罪、玩忽职守罪的界分有极大关联性。上述争议问题的解决应该遵循以下几个原则：一是有利于逻辑自洽性构建，主观罪过的界定既要能够区分滥用职权罪与玩忽职守罪，又要能够协调滥用职权罪和玩忽职守罪与其他具体渎职罪名的主观罪过的关系；二是符合犯罪论的基本原理，主观罪过问题涉及故意犯与过失犯的划分，滥用职权罪与玩忽职守罪主观罪过的界定要从故意犯与过失犯理论中找到依据；三是切实可行，一方面要具有司法实践上的可操作性，能对司法实践提供理论指导；另一方面要符合人们通行的价值观念，不至于突破人们的普遍认知观念导致本罪的可预测性降低。后文将在遵循上述原则的基础上，结合滥用职权罪与玩忽职守罪的立法目的、犯罪特点以及司法实践需要，尝试探究解决渎职罪主观罪过的界定问题的具体路径。

四、渎职罪刑罚的轻缓化导致其机能萎缩的问题

（一）来源于司法数据统计的问题及影响

刑罚具有打击与预防犯罪的机能，是几乎没有争议的共识。然而刑罚机能的有效发挥有赖于各种条件的共同发力，其中刑罚设置的科学性与合理性就是重要条件。可以说，我国渎职罪刑罚的问题并不是新问题，因为早在1997年修订《刑法》前，就有学者主张将1979年《刑法》第187条规定的法定刑提高为

15年有期徒刑，以解决罪刑不适应的矛盾问题。[1]从立法层面来说，1997年《刑法》针对渎职罪名，规定对2个罪名可判处"十年以上"有期徒刑（最高刑罚）；7个罪名可判处"五年以上十年以下"有期徒刑；3个罪名可判处"五年以上"有期徒刑；13个罪名可判处"五年以下"有期徒刑；11个罪名可判处"三年以上七年以下"有期徒刑；19个罪名可判处"三年以下"有期徒刑；33个罪名可判处拘役，未设置财产刑、资格刑、无期徒刑和死刑。1997年修订《刑法》以后，有学者提出将滥用职权罪的法定刑提高为15年有期徒刑。[2]从司法适用层面来看，通过对滥用职权罪、玩忽职守罪、食品监管渎职罪[3]的刑罚适用情况进行梳理，来探究渎职罪刑罚设置的合理性。如下图所示：

表1-1 330个判例中各渎职罪名刑罚的适用情况[4]

罪名				量刑	总计	占比
滥用职权罪	玩忽职守罪	食品监管渎职罪	执行判决、裁定滥用职权罪			
1件	0件	0件	0件	无罪	1件	0.3%
49件	130件	12件	1件	免予刑事处罚	192件	58.18%

---

[1] 参见周瑞杰：《严惩玩忽职守罪需提高法定刑》，载《人民检察》1996年第4期。

[2] 参见彭胜坤：《滥用职权罪的立法缺陷及完善》，载《人民检察》2002年第11期。

[3] 该罪名于《刑法修正案（八）》增设，2020年修正《刑法》后改为"食品、药品监管渎职罪"。

[4] 参见商凤廷：《渎职罪中"造成恶劣社会影响"的司法认定》，载《国家检察官学院学报》2016年第4期。

续表

罪名				量刑	总计	占比
滥用职权罪	玩忽职守罪	食品监管渎职罪	执行判决、裁定滥用职权罪			
7件	3件	0件	0件	拘役（缓刑）	10件	3.03%
33件	27件	6件	0件	6个月~3年有期徒刑（缓刑）	66件	20%
5件	2件	2件	0件	拘役	9件	2.73%
32件	20件	0件	0件	6个月~3年有期徒刑	52件	15.76%
127件	182件	20件	1件		330件	100%

从上述统计数据可以看出，在330个司法判例中免予刑事处罚的有192件，占比58.18%；判处缓刑的有76件，占比23.03%；判处轻刑的（拘役、3年以下有期徒刑）的有61件，占比约18.49%。总之，渎职罪刑罚的问题体现在两个方面：在立法层面，法定刑设置普遍偏低；在司法层面，刑罚适用存在轻缓化倾向，这些问题必然削弱渎职罪刑罚打击与预防犯罪的机能。上述问题，不仅与党和国家高压反腐、坚持对腐败的"零容忍"的刑事政策相违背，而且也一定程度上导致渎职犯罪仍然居高不下，重特大渎职犯罪案件频发。因此，无论是从党和国家高压反腐的政策，还是渎职罪的社会危害性本身，为有效遏制我国渎职罪的高发态势，都应适当加强对渎职犯罪的打击力度，提升渎职罪刑罚设置的科学性和合理性，提高渎职罪刑罚的预防和打击犯罪机能。

（二）争议的评述及下一步探讨

提升渎职罪刑罚设置的科学性和合理性，特别是解决渎职罪刑罚轻缓化的问题可以从以下几个方面取得突破：在立法层面，依据刑罚的基本理论与渎职罪刑罚本身的机能，适当提高渎职罪的法定刑幅度；渎职罪各个具体罪名在刑罚设置方面存在逻辑冲突，不能精准反映故意犯与过失犯在刑罚上的差别，即不能贯彻罪刑相适应原则，因此渎职罪刑罚的完善应当以体系性构建为突破口；各个刑种有不同的机能与效用，可以探讨在渎职罪中增加资格刑和罚金刑；纠正刑罚在司法适用方面的轻缓化倾向；监察体制改革后，纪委监委对职务犯罪采取"教育与惩戒"相结合的方针，注重"惩防并举"，渎职罪刑罚的设置应考虑上述变革因素。后文将对这个问题进行更为详尽的阐释与论证。

第二节 来源于监察体制改革的新问题

监察体制改革是中国特色社会主义新时代强力反腐的有力举措，设立国家监察委员会是监察体制改革的重要成果。国家监察委员会是一个兼具预防和惩治腐败职能为一体的综合性国家反腐机构，改变了我国的反腐模式，提升了反腐机构的独立性和权威性。渎职罪是刑法发挥正风肃纪反腐败功能的重要手段，在社会主义国家法治建设和国家治理体系现代化建设中具有重要地位。国家监察体制改革对渎职犯罪的查处、法律适用与政策把握都产生重大影响。一方面，监察机关对渎职（腐败）行为采取惩防并举、注重预防的方针政策，而刑法对渎职犯罪的规制侧重对渎职（腐败）犯罪的事后打击，监察机关与刑法在职务犯罪预防和惩戒一体化的逻辑之中相结合；另一方面，在监察体制改革视域下研究渎职罪是理论与实践的互动、法律与制度的协调、渎职罪立法完善的需要。因此，在监察体制改革的实践逻辑视域下探寻渎职罪立法的完善，是时代赋予的新任务。

一、监察体制改革对渎职罪理解、适用与把握的影响

监察委员会通过对所有行使公权力的公职人员进行预防性监督、发现性监督和惩治性监督来纠正和防止公职人员滥用权力，实现对职务犯罪的"前置性"预防。法律对职务犯罪没有明确定义，学理见解也不完全一致。一般认为，广义的职务犯罪是指具备一定职务身份的人利用职务上的便利贪污受贿、侵占挪用或者渎职侵权，破坏国家对职务行为的管理活动，致使国家和人民利益遭受重大损失的一类犯罪行为的总称。[1]狭义的职务犯罪是指，国家工作人员利用职务之便贪污公共财物、收受贿赂或滥用职权、玩忽职守、徇私舞弊，破坏国家工作人员职务行为廉洁性或者国家机关正常管理活动的行为。[2]按照《刑法》关于渎职罪的规定，渎职罪主要适用于国家机关工作人员、司法工作人员以及其他国家机关的工作人员，渎职罪所规制的职务犯罪是指狭义上的职务犯罪。根据《监察法》对监察权限的规定，监察对象是"所有行使公权力的公职人员"，罪名包括贪污贿赂犯罪、失职渎职违法或犯罪，可见《监察法》所规范的职务犯罪也是指狭义上的职务犯罪。监察体制改革与渎职罪在规制行为与规制对象上具有相当的一致性，因此，监察体制改革势必会对渎职罪的理解、适用与把握产生影响。

（一）从分散到统一：渎职行为预防与惩治力量的增强

传统的纪检监察机关和检察机关的职务犯罪侦查并行模式

---

[1] 金波、梅传强主编：《公务员职务犯罪研究》，中国检察出版社2008年版，第11页。

[2] 高铭暄、陈璐：《当代我国职务犯罪的惩治与预防》，载《法学杂志》2011年第2期。

曾对职务犯罪预防与惩戒发挥了重要作用，但存在反腐力量分散、职责交叉重叠、日常监督和职务犯罪预防脱节、违纪和违法行为标准不一、行政执法和刑事司法衔接协调不畅等一系列问题，影响了反腐效能，削弱了纪检监察反腐体系预防腐败的实际效果。不同反腐机构之间的空隙和整个监察体制的碎片化使权力监督存在着空白或交叉地带，为腐败和其他病症提供了滋生的土壤。[1]在这样的背景下，党和国家进行了监察体制改革，整合反腐力量，建立了独立、权威、高效的反腐机构。独立是反腐机构有效运行的一个必要条件，它能够保障反腐机构开展反腐案件调查的公正和无偏私。[2]监察体制改革将多个反腐机构的职能和人员整合至监察部门，监察委员会成为一个集权力监督、廉政教育、监察建议和腐败行为调查与处置为一体的综合性反腐机构，反腐力量大大加强。同时，监察体制改革理顺了职务犯罪调查和公诉之间的关系，让检察机关从办案的负担中解脱出来，提高了诉讼效率，提升了办案质量。据此，监察体制改革提高了渎职犯罪的预防与惩戒效率，在一定程度上遏制了渎职犯罪的高发态势。

（二）从程序到实体：渎职犯罪行为惩戒与预防模式的转变

帕特里克·马尔按照反腐机构的职能、数量及与权力机关的关系将反腐机构划分为多机构模式和单一机构模式两种类型。[3]监察体制改革前，我国反腐机构模式接近于前者，由纪检机关、行政监察机关和检察机关（反贪局）等多个部门承担反腐职能；

---

[1] Andrew C Mertha, "China's 'Soft' Centralization: shifting Tiao Kuai Authority Relations", *China Quarterly*, 2005, (184), pp. 791~810.

[2] Klemencic G, Stusek J., *Specialised anti-corruption institutions: review of models*, Paris: OECD Publishing, 2008, p. 6.

[3] Patrick Meagher, "Anti-Corruption Agencies: Rhetoric Versus Reality", *The Journal of Policy Reform*, 2005, (1), pp. 69~103.

监察体制改革后,调整了对渎职行为查处的权力构造,对一般渎职行为到渎职犯罪整个查办流程从"侦查—检察—审判"转换为"调查—检察—审判"模式,这个模式是实现党内监督和国家监督、党的纪律检查和国家监察、依规治党和依法治国有机统一的关键举措。[1]监察体制改革后,纪委监委成为专门的、强有力的反腐专门机构,既承担一般违纪(职务违法)行为的监督、调查与处置职能,又承担对涉嫌贪污贿赂犯罪、滥用职权犯罪、玩忽职守犯罪等职务犯罪的侦查职能。监察委员会针对深浅不一、程度不同的违纪违法行为,采取不同的治理手段和方式,形成了不同阶层治理模式,即从违纪行为到职务违法行为再到职务犯罪行为,需要根据情节,采取党纪处分、政务处理或移送司法机关追究刑事责任。对情节显著轻微、危害不大的违纪违法行为,按照"惩前毖后、治病救人"的原则进行党纪处分或政务处理;对于情节严重涉嫌职务犯罪的行为,移送司法机关追究刑事责任。监察体制改革对职务犯罪(违法)实现了从"检察机关侦查(不进行实体处理)——审判"到"监察机关侦查、处置(实体处理)——审判"的"程序—实体"至"实体—实体"模式的转变,这实际上不仅改变了职务犯罪的办案机制,也改变了传统的诉讼模式,一定程度上对刑事司法关系与刑法(渎职罪)的理解与适用造成了不同程度的影响。比如,渎职罪入罪实质标准的社会危害性由谁评价,渎职罪适用罪刑法定原则的坚守等。

(三) 从严厉打击到惩防并举、注重预防:渎职行为规制理念的更新

监察委员会统合检察机关和行政监察机关的部分职权,依

---

[1] 叶正国、王景通:《国家监察体制改革与刑事司法关系的调适》,载《江西社会科学》2021年第2期。

法行使监督、调查与处置权。特别是调查权,陈光中教授指出:"这里的调查应当包含两个部分:一是对违反党纪法规的行为进行一般性调查;二是对性质更恶劣的职务犯罪进行特殊调查。两者在调查中都体现出了执纪和行政的权力属性。"[1]可见,我国形成了一套符合我国国情的职务犯罪惩戒与预防新体系。《监察法》第6条规定,"国家监察工作坚持标本兼治、综合治理,强化监督问责,严厉惩治腐败;……构建不敢腐、不能腐、不想腐的长效机制"。第11条规定,"监察委员会依照本法和有关法律规定履行监督、调查、处置职责:……(二)对涉嫌贪污贿赂、滥用职权、玩忽职守、权力寻租、利益输送、徇私舞弊以及浪费国家资财等职务违法和职务犯罪进行调查;(三)对违法的公职人员依法作出政务处分决定;对履行职责不力、失职失责的领导人员进行问责;对涉嫌职务犯罪的,将调查结果移送人民检察院依法审查、提起公诉……"《监察法实施条例》第4条规定,"监察机关应当依法履行监督、调查、处置职责,坚持实事求是,坚持惩前毖后、治病救人……"第5条规定,"监察机关应当坚定不移惩治腐败,推动深化改革、完善制度,规范权力运行,……一体推进不敢腐、不能腐、不想腐体制机制建设"。监察体制改革树立的"惩防并举、注重预防"的职务犯罪惩戒和预防方针,实际上与刑事一体化的思想不谋而合,即以规范构建为核心,多措并举、注重预防,实现对渎职行为规制的效能最大化。预防腐败(职务)犯罪,比惩治具有更高的前瞻性和复杂性,对反腐机构的专业化水平和相关预防制度要求更高,"惩防并举、注重预防"是先进的理念,为渎职罪的研究尤其是刑事一体化视角下渎职犯罪的综合治理与预防机制构建

---

[1] 陈光中、邵俊:《我国监察体制改革若干问题思考》,载《中国法学》2017年第4期。

提供了重要启示。

（四）监察对象范围的扩展：覆盖全体行使公权力的公职人员

监察委员会的监察对象实现了"全覆盖"，并进一步明确了监察对象的范围与类别，构筑起体系严密、范围宽广、层次明晰的监察体系。《监察法》第 3 条规定，"各级监察委员会是行使国家监察职能的专责机关，依照本法对所有行使公权力的公职人员（以下称公职人员）进行监察，调查职务违法和职务犯罪，开展廉政建设和反腐败工作，维护宪法和法律的尊严"。第 15 条规定，"监察机关对下列公职人员和有关人员进行监察：（一）中国共产党机关……（二）法律、法规授权或者受国家机关依法委托管理公共事务的组织中从事公务的人员；（三）国有企业管理人员；（四）公办的教育、科研、文化、医疗卫生、体育等单位中从事管理的人员；（五）基层群众性自治组织中从事管理的人员；（六）其他依法履行公职的人员"。《监察法实施条例》第 37 条至第 44 条，将上述主体范围又进一步明确和细化。将监察对象范围进行扩展与明确分类，既符合我国公权力的实际配置现状也符合法律明确性的要求，对渎职罪主体范围争议问题的解决提供了很好的方向性指引。

二、监察体制改革对渎职罪研究提出的新要求

（一）研究思路：刑事一体化理念的契入

一方面是监察体制改革提出的现实要求。监察体制改革后，国家建立起集"监督、调查、处置"为一体的监察机关，同时对职务犯罪（包含违纪、违法与犯罪）采取"惩前毖后、治病救人""惩戒与教育相结合"的治理方式，构建不敢腐、不能腐、不想腐的反腐败体系，推进惩防并举。另一方面是"整体

刑法学"理论提供了可能。刑法是社会治理机制中最末端的学问，虽然必要但应慎重使用，因为刑罚是一种不得已的恶，在社会问题有多种路径或方法能够解决的选择下，应选择社会的、行政的、道德的乃至其他法律措施，最后不得已才应选择刑罚这种措施。由于刑罚涉及对人的财产、自由，乃至生命的剥夺，出于谨慎性的要求，刑法学需要考虑到个体、社会和国家之间形形色色的联系，[1]刑事法的研究就有必要吸纳与社会治理有关的各个学科的成果。在德国，有相当数量的学者倡导将所有与犯罪和刑罚有关的学科都纳入刑事科学的"整体刑法学"，以防止刑法研究教义方向转向"教条"，并且，这种思想至今在德国仍处于有力地位。至今，在弗赖堡的马普外国刑法与国际刑法研究所，仍然主张犯罪学和刑法学的联合。[2]在我国，"整体刑法学"被表述为"刑事一体化"，即兼具刑事实体法与刑事程序法、犯罪论与刑罚论、犯罪惩戒与预防为一体的研究。可以说，在渎职罪这个场域内，监察体制改革的"惩防并举"思维给渎职罪刑事一体化研究创造了契机，反过来，"整体刑法学"或"刑事一体化"则为"惩防并举"的贯彻实施提供了理论工具。据此，渎职罪的研究除了应坚持教义学规范阐释为主体的研究方向，还应当充分考虑到刑事一体化视域下的社会情势变革为中心的问题导向。

（二）研究思维：注重预防机制的体系性构建

预防腐败在我国反腐败战略中的地位和作用不断提升，特别是监察体制改革以后，惩防并举、注重预防成为我国反腐败

---

[1] [德] 克劳斯·罗克辛：《刑事政策与刑法体系》（第2版），蔡桂生译，中国人民大学出版社2011年版，第1页。
[2] [德] 克劳斯·罗克辛：《刑事政策与刑法体系》（第2版），蔡桂生译，中国人民大学出版社2011年版，第1页。

斗争的主要方针。监督是国家监察委员会的首要职能，国家监察委员会通过对所有行使公权力的公职人员进行预防性监督来纠正公职人员滥用权力的行为，防止公职人员的轻微违纪问题进一步蜕化成腐败问题。[1]预防腐败比惩治腐败更具有根本性、复杂性和前瞻性，因为惩治腐败依靠纪委监委和刑法的有机配合就能够基本实现，但是预防腐败需要更深层次、更系统和更为协调的制度体系设计。监察体制改革"惩防并举、注重预防"的思维方式，给本书研究提供了这样一个启示：就我国目前渎职罪研究状况而言，立法规范层面的讨论已经相当深入，但是渎职罪针对性预防机制或措施的讨论尚浅，更是没有实现制度性实践，因此，立足于"整体刑法学"的逻辑思维，构建渎职罪预防的针对性机制就成为前沿的课题。

(三) 规范协调："纪法刑"衔接与罪刑法定原则的坚守

为保持法律体系的协调性和统一性以及有效降低立法成本，监察机关采取"纪法共治"的工作方式，即采取从违纪、违法到犯罪的"过滤"式的处理模式，对于一般轻微违纪、违法行为，运用"四种执纪形态"予以批评教育和帮助；对于较为严重的违纪或违法行为，则运用党的相关纪律和行政法规进行依法处理；对于涉嫌犯罪的，则移送司法机关审查起诉。这里就涉及两个问题：一个是纪法衔接的问题，尤其是党的纪律、行政法规与刑法（贪污贿赂罪、渎职罪）规范之间的有效衔接；另一个是纪法区分的问题，监察机关不是司法机关，一旦发现职务犯罪线索，经立案调查证实后必须移交检察机关进行依法审查和提起公诉。同样，违纪、违法也不等于犯罪，确定渎职犯罪必须经过法定程序，依法审判。据此，应在程序规范和组

---

[1] 吕永祥：《国家监察委员会的预防腐败职能研究》，吉林大学 2019 年博士学位论文。

织结构上贯彻违法、违纪与犯罪相分离，进一步明确违纪、违法与犯罪之间的边界。如此一来，一方面，可以保持纪法的一贯性与协调性；另一方面，可以防止纪法模糊损害罪刑法定原则，实现打击犯罪与人权保障的平衡。

监察委员会对职务犯罪的查处，改变了以前以检察机关为主体的程序性调查，检察机关负责侦查和起诉，不进行实质性处理；监察委员会对职务犯罪行为进行查处与调查的双重处理，在违法性判断层面进行过滤、筛选与分别处理。在这个意义上，虽然加强了渎职犯罪的预防与打击力度，但根据以保护法益为目的的现代刑事法治精神，刑法不仅是守法公民的大宪章，也是犯罪人的大宪章，同时承担着打击犯罪与保障人权的双重使命，在这个立场下渎职罪在入罪方面要兼顾打击犯罪与保护人权的适度协调，应坚守罪刑法定原则、坚持刑法的谦抑精神。因此，在监察体制改革的背景下，要充分考虑到监察机关对渎职（违纪、违法）的实质性判断，在渎职罪的适用与把握过程中严守渎职罪具体罪名构成要件符合性判断这个底线。

（四）具体问题：渎职罪主体范围的扩展

监察委员会的监察对象是所有行使公权力的公职人员，实现国家监察范围的全覆盖，并且进一步明确了"所有行使公权力的公职人员"的类别。渎职罪主体为"国家机关工作人员"，这个主体范围无论在司法实践还是在理论探讨中都颇具争议，最终以立法解释和司法解释的方式明确（扩大）了"国家机关工作人员"的范围。监察体制改革为渎职罪主体问题的解决提供了方向性的思考：①监察对象是所有行使公权力的公职人员，显然，这类人员都有这样一种能力，那就是能够利用公职身份带来的公权力实施渎职行为（犯罪），而渎职罪保护的法益是公务行为的合法性与公正性，二者具有高度的内在一致性，也就是说，行使公权力的公职人员具有侵害国家机关公务合法公正行使的可能性，沿着这个进路来探讨渎职罪主体与监察对象的关系、界限与差别，即可厘清渎职罪主体"国家机关工作人员"的范围。②渎职罪主体"国家机关工作人员"的范围经过立法解释、司法解释等已经大为扩展，实际上已经模糊了这一概念的界限，是否可以参照《监察法》和《监察法实施条例》在立法层面以列举的方式明确、分类规定，也成为可以考虑的选择。③为了有效应对渎职犯罪的高发态势与适应打击犯罪的实际需要，将渎职罪主体"国家机关工作人员"的范围进一步扩展或许已无可避免。

三、监察体制改革对渎职罪研究的现实意义

社会存在决定社会意识，实践与理论是一体两面的关系，实践作为社会存在决定理论，理论作为社会意识反过来作用于实践。监察体制改革是社会实践，在犯罪学意义上影响渎职罪的理解与适用。犯罪学与刑法学都研究犯罪，犯罪学侧重研究犯罪的内在机理，刑法学侧重研究规制犯罪的刑法规范，犯罪学属于实证科学，刑法学属于规范科学。犯罪学相较于刑法学属于其"前学科"，这种"前置性"体现在两个方面：一是事实性前置。比如，有些行为随着社会变化已经具有了显著的社会危害性，由于现行刑法规范并未将其规定为犯罪，为其以后的"入罪"奠定了事实基础；反之，有些行为随着社会变化，已经不具备社会危害性，比如改革开放后的"投机倒把"行为，但是刑法仍然将此种行为规定为犯罪行为，为其以后的"非犯罪化"创造了条件。二是逻辑性前置。从社会发展的历史来看，人类社会发展到了一定阶段才产生财产私有制和阶级，随之出现了国家和法律，至此才有了法意义上的犯罪。然而，刑法上

的犯罪，仅仅是对在此之前实际上已经存在的"严重危害社会的行为"的法律确认。[1]所以，对于渎职罪而言，监察体制改革在一定程度上是变更了"事实性前置"与"逻辑性前置"的部分内容，在这个场合下对于渎职罪各个方面问题的把握就应随之有所变化。这种变化主要体现在以下几个方面：

第一，促进功能——促进刑法发展。监察体制改革新体制与新思维，推动渎职罪立法规范的完善。刑法发展的外部动力直接来源于刑法之前即犯罪和犯罪学以及刑法之后即刑罚和监狱学。[2]犯罪现象本身与犯罪学研究进步推动着刑事立法与刑法理论不断向前发展。比如，伴随着人工智能技术的出现与发展，产生了利用人工智能以及人工智能本身的新的犯罪类型，针对这一问题，我国刑法理论界展开了广泛而热烈的讨论，在司法实践中也出现了涉及人工智能犯罪的判例。再如，监察体制改革确定了监察对象为"所有行使公权力的公职人员"，这一对象具有规制范围宽广、更为符合我国国情等诸多优点。据此，为渎职罪主体立法的完善提供了有益借鉴。

第二，控制功能——控制罪与非罪的界限。监察机关对违法违纪行为进行实质审查和实体处理，要求司法机关在认定渎职犯罪的过程中更应严格坚持罪刑法定原则。在形式上判断罪与非罪的标准时，有时不得不考虑违法的实质内容，这就要求助于犯罪学中的实质"社会危害性"理论。但正确区分犯罪与行政违法的界限，并非一件容易的事情；若有疑义，就应严格遵守罪刑法定原则将其作为行政违法处理，因为该行为不符合

---

[1] 许章润主编：《犯罪学》（第4版），法律出版社2016年版，第5页。
[2] 许章润主编：《犯罪学》（第4版），法律出版社2016年版，第12页。

犯罪应该由法律"明文规定"这一要求。[1]关于渎职犯罪与一般行政违法行为的界限问题，后文将进一步说明，在此不再赘述。

第三，限制功能——限制国家刑罚权。这有利于明晰渎职罪罪与非罪的认定，限制权力的恣意。人们探讨犯罪实质的目的在于限制国家刑罚权，使其只能在理性的范围（即只是为了正确地维护国家本身赖以存在的"社会契约的范围"）内行使，并只能以"严重危害社会的行为"为制裁对象。[2]意大利刑法学家贝卡里亚也指出，公众所关心的不仅是不要发生犯罪，而且还关心犯罪对社会造成的危害尽量少些。因而，犯罪对公共利益的危害越大，促使人们犯罪的力量越强，制止人们犯罪的手段就应该越有力。[3]据此，这个理论对于不同类型不同社会危害性的渎职犯罪以及在不同主观罪过形式（动机）下不同可谴责性的渎职罪的刑罚种类的设置以及刑罚幅度的设定都具有本源指导意义。

第四，导向功能——指导刑事政策。刑事政策是指国家或执政党依据犯罪态势对犯罪行为和犯罪人运用刑罚和有关措施，以期有效地实现惩罚和犯罪预防目的的方略。[4]刑事政策的有效性很大程度上取决于对犯罪的认识以及当下犯罪态势的准确把握。渎职罪受刑事政策影响大，渎职犯罪查处的案件量、重特大渎职犯罪案件量，为渎职罪的刑事政策奠定了实证基础；

---

〔1〕［意］杜里奥·帕多瓦尼：《意大利刑法学原理》（注评版），陈忠林译评，中国人民大学出版社2004年版，第80页。

〔2〕［意］杜里奥·帕多瓦尼：《意大利刑法学原理》（注评版），陈忠林译评，中国人民大学出版社2004年版，第86页。

〔3〕［意］贝卡里亚：《论犯罪与刑罚》，黄风译，中国大百科全书出版社1993年版，第17页。

〔4〕杨春洗主编：《刑事政策论》，北京大学出版社1994年版，第7页。

全面从严治党和全面依法治国,推进监察体制改革,为渎职罪的刑事政策奠定了制度基础。监察体制改革确立的对渎职行为(犯罪)"惩前毖后、治病救人""惩戒与教育相结合"的治理方略,有利于推进渎职罪刑事政策的科学制定。

本章小结

本章作为渎职罪研究的逻辑起点,主要探究当前我国渎职罪存在的主要问题,既探讨渎职罪的既有尚未解决的旧问题,又探究渎职罪的新问题和新任务。渎职罪的旧问题主要来源于立法与司法实践,通过对大量司法判例的梳理和抽象,查找出主体范围的争议问题、因果关系认定问题和主观罪过界定问题。通过对渎职罪刑罚的司法实证数据与相关文献研究,探究渎职罪刑罚的轻缓化导致的刑罚机能萎缩问题。渎职罪的新问题来源于监察体制改革,监察体制改革对渎职罪的理解、适用与把握产生了深远影响。即对职务犯罪的惩戒与预防实现了从分散到统一,渎职行为预防与惩治力量的增强。具体指,从程序到实体,渎职犯罪行为惩戒与预防模式的转变,从严厉打击到惩防并举、注重预防,渎职行为规制理念的更新等。监察体制改革给渎职罪研究提出的新要求,即刑事一体化理念的坚持;注重预防、针对性预防机制的构建;党的纪律、行政法规与刑法的衔接与界限;罪刑法定原则的坚持。上述问题给渎职罪的进一步深入研究提供了标靶、指明了方向。渎职罪完善的教义学展开以及刑事一体化视域下预防机制的构建,都应紧紧围绕上述问题进行。

第二章　渎职罪问题解决的经验借鉴与理论基础

　　源于实践的理论，并不仅仅是对实践经验的总结，更为重要的是对实践活动的批判性反思。渎职罪的历史和比较经验与犯罪基本理论为渎职罪具体问题的解决提供基本遵循，以揭示法与法律体系的基本原理为目标，是关于法的抽象的、一般的理论研究；是关于法及其原理的一般的、理论的探讨，与具体法律规则相对应。[1]渎职罪的本质是职务性行政犯，渎职行为具有行政违法与刑事违法的双重违法性，渎职罪具体问题的研究与阐释离不开这个框架，且应在行政犯属性下探寻渎职罪的保护法益；行为是犯罪的核心问题，对渎职行为的认知差异势必影响渎职罪的认定，探究渎职行为的认知差异、影响及消解办法，对一般渎职行为与渎职犯罪行为的界分具有重要意义；结合监察体制改革的要求与刑事一体化思想，运用组织整合理论的"系统与组元"模式，构建相互联系、配合的具有特定目的有机整体，重构渎职罪惩防并举的观念。

第一节　渎职罪的"历史"与"比较"经验

　　对渎职罪"历史"与"比较"的考察，有助于从"纵向"

---

[1] See L. B. Curzon, *Jurisprudance* (2th edition), Cavendish Publishing Limited, 1995, p. 4.

和"横向"两个维度洞悉和把握渎职罪的立法经验。我国有两千多年的王朝兴衰史,其中便凝结了两千多年的渎职犯罪刑律立法与斗争经验,我国古代礼法结合的社会治理理念对渎职犯罪的惩治和预防产生了深刻影响,为今天渎职犯罪的刑法规制和预防提供了"纵向"借鉴。鉴于渎职犯罪对国家和社会经济发展造成的严重损害,世界上绝大多数国家都非常重视对渎职犯罪的规制与预防,了解学习国外(主要是资本主义发达国家)渎职罪的立法体例与预防经验,可以为我国渎职罪的立法完善提供"横向"借鉴。

一、我国古代渎职罪刑律制度构建:历代相承、逐步完备

早在尧舜时期,便有"鞭作官刑"的记载。[1]夏代的《政典》记载"先时者杀无赦,不逮时者杀无赦"。[2]《尚书·伊训》称:商汤"制官刑,儆于有位",反映出商代就懂得了运用法律方式管理吏治的必要性。[3]商汤从奴隶主阶级的长远统治利益出发,认真总结夏朝亡国教训尤其是夏后期统治者孔甲"好方鬼神,事淫乱",制定《官刑》以约束官员的行为。《尚书·伊训》详细记载:"敢有恒舞于宫,酣歌于室,时谓巫风;敢有殉于货色,恒于游畋,时谓淫风……惟兹三风十愆,卿士有一于身,家必丧;邦君有一于身,国必亡。臣下不匡,其刑墨,具训于蒙士。"[4]商代的"依法治吏"促进了奴隶制行政法律规范的发展,对奴隶制官僚以及君主贵族的履职行为起到

---

〔1〕《尚书·舜典》。
〔2〕《荀子·君道》。
〔3〕曾宪义主编:《中国法制史》,北京大学出版社、高等教育出版社2000年版,第30页。
〔4〕《尚书·伊训》。

第二章　渎职罪问题解决的经验借鉴与理论基础

了约束作用，发展巩固了奴隶制政权。西周时期，特别注重对司法官吏渎职犯罪的预防与惩治。《尚书·吕刑》记载了关于司法官吏法律责任的"五过"制度，即五过之疵，指惟官、惟反、惟内、惟货、惟来。[1]春秋战国时期，李悝制定的《法经》中有关于渎职罪的专门规定，《法经》体现出当时"礼法合一""礼不下庶人，刑不上大夫""出礼则入刑"的鲜明"礼法"色彩。

秦朝是中国大一统封建王朝的起点，秦简《为吏之道》对官吏的任职条件、奖惩办法、职责权限都作了较为详细的规定。此时的渎职罪主要分为三类：一是官员失职渎职造成经济损失的渎职罪；二是军事渎职罪，从秦国到秦朝的建立，一直十分重视军队的建设，因而对军事渎职行为规定了较为严苛的刑罚；三是司法官员渎职罪，主要有"见知不举"罪，如秦代禁书令规定"有敢偶语诗、书者弃市……吏见知不举者与同罪"[2]。两汉时期，渎职罪散见于几大类犯罪之中。一是危害中央集权的犯罪，如"僭越"罪，即百官所穿服饰、所用器物和所乘车辆各有规制，如有逾越即构成僭越罪；二是泄露国家秘密罪，如"泄露省中语"罪，原意是指泄露朝廷机密事宜；三是危害统治的犯罪，如"见知故纵"罪，《汉书·刑法志》载，武帝时"作见知故纵、监临部主之法"。隋唐时期，《唐律疏议》规定了官府官员职数限制，凡超编者，会给予主管官员一定处罚。对玩忽职守失职渎职行为，如在官府及仓库内失火者，主守官物而丢失账簿导致计有错数者，分别给予杖乃至绞刑的严厉处罚。[3]宋代立法基本沿袭唐制，《宋刑统》的律疏内容基本是《唐律疏议》

---

[1]　《尚书·吕刑》。
[2]　《史记·秦始皇本纪》。
[3]　参见《唐律疏议·名例律》《唐律疏议·职制律》。

的沿袭与增删。自宋太祖赵匡胤起就确立了"重典"治吏的政策导向，但开国之初也制定了意在减缓刑罚残暴性的"折杖法"，规定"考课"和"职官监察"制度，对官吏是否依律履职，是否恪尽职守督促、监察，根据考核结果"荐举循吏，按劾奸赃"，决定官员任用选拔。明朝确定了"明刑弼教、重典治国"的立法指导思想。《大明律·吏律》包括"职制""公式"两目共三十三条内容，对官员职权职责、应履行义务进行了详尽规定。如《大明律·吏律二·公式》规定："凡军官犯罪，应请旨而不请旨，及应论功上议而不上议，当该官吏处绞。若文职官员有犯，应奏请而不奏请者，杖一百。有所规避，从重论。"[1]《明大诰》是明代特别刑法，将明代"重典治国"推向极端，其中涉及渎职罪的有乱政坏法、妄报水灾、征收税粮不时等。明代重典治吏的思想，对于官吏整肃和提高行政效率起到了一定积极作用，但由于刑罚过重造成统治阶级内部离心离德、人心不稳，"今天下有司，乃有累年稽缓者，致使案牍山积，庶务不清"。[2]清朝关于渎职罪的法律规定主要见于《清会典》，以"以官统事，以事类官"的体例为标准，如机构建制、官品职数、官员职责等，规定了官吏渎职罪的罪名与处罚细则，是我国封建时代渎职罪立法的高峰。

纵观我国古代渎职罪的演变，可以总结出如下规律：其一，历代相承、源流清晰。渎职罪的发展演变历程，是我国整个古代官僚体制、政治文明、文化礼法发展历程的缩影。从《尚书·伊训》对"三风十愆"的禁止性记载来看，早在先秦时期就有了对渎职罪的雏形规定，但只是规定了一些零散的禁止性事项，尚未形成系统完备的法规体系。西周时期关于"五过之疵"的

---

[1]《大明律·吏律二·公式》。
[2]《明太祖实录》卷二百七。

规定,对官员徇私作了补充规定,是在夏商代渎职立法的基础上进行的补充。到了秦朝,在充分吸收前代立法技术、立法经验的基础上,颁布了许多关于渎职犯罪的单行刑律,如《置吏律》《除吏律》等,对官吏的任职条件、职责范围、任用时限等都作了明确规定,此时渎职罪立法已经初具规模化,分类明晰、内容充实、体系完整。以后各朝代,基本是沿袭前朝渎职罪立法体例,在立法指导思想、立法技术、司法体制等方面不断革新。其二,刑罚由轻缓到严苛。秦朝渎职罪立法开始形成体系,刑罚较前代更为严苛,特别是涉及军事渎职罪的场合则更为严苛。两汉、隋唐、两宋时期,刑罚严厉程度基本呈现出唐重于汉、宋重于唐的特点,罪名不断扩张,处罚措施趋向严厉。到明清时期,特别是明朝对官吏渎职犯罪(贪污犯罪尤甚)处罚的严厉程度空前绝后,"剥皮囊草"让人毛骨悚然。其三,从礼法结合到重刑主义。在中国古代社会,"礼"与"刑"都是维系社会秩序、弥合社会关系的重要调节剂,二者互为表里、相辅相成,共同构筑社会行为规范。在渎职罪领域,用"礼"积极主动地预防官吏"受赃""渎职",防患于未然;用"刑(律)"惩治已然的"受赃""渎职",但到了明清时期随着封建专制达到顶峰,"礼"的色彩逐渐减弱,重刑主义突出。其四,刑律由粗糙到细腻。渎职罪的刑律立法,从起初简单罪名罗列到体系化完备,再到体现王朝"个性"特色不断突出。中国古代历史学是一种包含政治理论、人际理论和学术思想等众多内容的指导性学术。[1]研究我国古代渎职罪立法概况,一方面,可以从纵向历史脉络中把握渎职罪的历史含义;另一方面,可以总结各朝代渎职罪立法经验和技术,为今天渎职犯罪的规

---

[1] 曾宪义主编:《中国法制史》,北京大学出版社、高等教育出版社2000年版,第8页。

制与预防提供借鉴。

二、我国古代渎职犯罪的预防策略：礼法结合、德主刑辅

如前所述，我国古代历代统治者对于渎职犯罪除了重视运用严苛的刑罚打击，还注重多措并举的预防策略，试图通过各项制度和措施的配合将渎职犯罪遏制在萌芽之中。一是以礼防官。自西周"周公制礼"，提出"明德慎罚、以礼治国"思想，礼便成为西周乃至我国整个封建社会的调节规范。礼具有预防犯罪的作用，对官员渎职犯罪起着"绝恶于未萌""塞乱之所从生"的预防作用。西周时期依据周公之礼确立了官员的行为界限；春秋战国时期，儒家思想进一步强化了礼的社会作用，即"道之以政，齐之以刑，民免而无耻；道之以德，齐之以礼，有耻且格"；西汉时期，非常强调礼制在教化众人、人心已正、维护统治方面的作用，提出以礼教化官员，使其忠君爱国、勤政爱民的"防微杜渐"；唐朝韩愈提出"正其心"的策略，即发挥德礼的教化作用，杜绝官员渎职犯罪；明清时期明确提出"以礼防民""以礼防官"的渎职犯罪预防措施。我国古代以礼防官的犯罪预防思想，在一定程度上对预防官员渎职犯罪起到了积极作用，但是这种不考虑官员实际需求，单纯以礼压制人们（官员）欲望和思想的做法，最终归于失败。[1]二是德主刑辅。德主刑辅的预防理念，其本质来源于我国古代礼法合一的社会治理理念，即德礼教化起着主要作用，刑罚惩戒起着辅助作用。德主刑辅思想在渎职犯罪预防方面表现为：①把礼与道德作为教化的主要模式，通过教育、教化使官员形成一心向公、勤政为民的高尚道德情操；②加强法制建设，通过对渎职犯罪

---

[1] 徐晓光、路保均：《中国古代反腐惩贪法律制度述要》，载《现代法学》1998年第4期。

官员的严惩来保障官员忠于职守，形成震慑。如《唐律疏议·名例律》指出，"德礼为政教之本，刑罚为政教之用，犹昏晓阳秋相须而成者也"；明朝提出"以德化天下"与"明刑制具以齐之"的"德主刑辅"具体措施，实现了"恩威并济"。三是社会预防。古代统治者很早便清晰地认识到，对于官员职务犯罪的预防，仅靠"严刑峻法"无法完成任务，因而注重"立法"以外社会预防措施的构建与运用。奖励告奸是预防渎职犯罪的社会措施之一，即对那些揭发犯罪的民众、官员进行重金奖励，从而使预谋犯罪者处于社会民众的监督之下，起到震慑与预防的作用。[1]作为奖励告奸制度保障的另一项预防措施"连坐"制度，即一个人犯罪，其家族要承担相应的连带责任，对于严重犯罪特别是危及封建统治、危害皇权的犯罪，还要实行"族诛"。明朝还建立了保甲与乡约制度，即邻里之间要签订协约，共同检举犯罪，该项制度使亲属、邻里、朋友之间不得不形成相互监督，使罪犯无处藏匿，形成了强大的犯罪预防体系。对于上述职务犯罪预防制度，如果按照今天的视角来审视，存在着诸多违背现代法治文明的弊端，但强化社会监督与"依靠群众"却仍是现今预防渎职犯罪的有力手段。

三、西方国家[2]的渎职罪立法：各具特色、体系完备

1. 德国

《德国刑法典》在"职务犯罪"章中规定了贿赂罪和渎职罪，共有22个罪名。犯罪主体为特殊主体，即公务员或特殊类

---

[1] 李大欣、张杰：《职务犯罪预防方法论》，法律出版社2017年版，第110页。
[2] 此处指称的"西方国家"是指渎职罪立法具有一定代表性和影响力的西方国家，并非政治意义上的"西方国家"概念，本书这个范围仅限于德国、日本、俄罗斯和美国等少数资本主义国家。

别的公务员。如《德国刑法典》第 336 条不为职务上的行为，视同第 331 条至 335 条意义上的职务行为或裁判行为，而第 331 条至 335 条规定犯罪的主体均为"公务员或对公务负有特别义务的人员、法官或仲裁员"；第 339 条枉法罪规定"法官、公务员或仲裁员在裁判或领导案件时……"除了"公务员"这一主体，《德国刑法典》还对渎职罪的主体进行了扩张，如第 353 条 b "下列人员，未经许可而公开其知悉或了解到的秘密，因而危及重大公共利益的……1. 公务员，2. 对公务负有特别义务的人员，或 3. 依《身份代理法》接受任务或委托之人"。根据本条解释，渎职罪的主体还包括"对公务负有特别义务的人"。德国渎职罪立法采取一般规定与特别规定相结合的方式，一般规定为《德国刑法典》第 336 条不为职务上的行为；特别规定采取列举方式，如刑讯逼供、对无罪的人追诉、对无罪的人执行刑罚、对当事人背信等。德国没有滥用职权罪，但是《德国刑法典》第 352 条规定了"超收费用罪"，其实质上是滥用职权罪的具体表现形式。就刑罚而言，《德国刑法典》第 358 条规定了"可以剥夺行为人担任公职的资格"的资格刑。

2. 日本

《日本刑法典》设有渎职罪专章，包含了渎职罪和贿赂罪，其中第 193 条至第 196 条规定了渎职罪，包括公务员滥用职权罪，特别公务员滥用职权罪，特别公务员暴行、凌辱、虐待罪，特别公务员滥用职权致死伤罪。渎职罪包括两种类型：一般渎职罪，即《日本刑法典》第 193 条滥用职权罪；特别渎职罪，即《日本刑法典》第 194 条、第 195 条规定的特别公务员渎职罪，其主体为实行执行、司法、审判、检察等职能的特别公务员。根据《日本刑法典》总则第 7 条之规定，该法所称"公务员"，是指国家或地方公共团体中的职员，以及其他依照法令从事公务的议员、委员和其他职员。该法所称"公务机关",是指官公厅和公务员执行职务的其他场所。[1]

3. 俄罗斯

《俄罗斯联邦刑法典》在"反对国家政权罪"章第285条中规定了滥用职权罪。犯罪主体为特殊主体——公职人员。根据《俄罗斯联邦刑法典》第285条附注"本章各条中的公职人员是指国家机关、地方自治机关、国家机构或地方自治机构中,以及在俄罗斯联邦武装力量、其他军队及军事组织中长期、临时或根据专门授权行使权力机关代表的职能,或行使组织指挥、行政经营职能的人员"。主观方面表现为,滥用职权罪是"出于贪利动机或其他个人利害关系";玩忽职守罪是"采取不认真或疏忽态度"。

4. 美国

《美国模范刑法典》第240节至第243节规定了侵害公共管理秩序类犯罪,渎职罪包含在其中,美国渎职罪立法采取单一列举式体例,即《美国模范刑法典》第243节规定了滥用职权和利用职务行为、信息进行投机或赌博的犯罪;第243.1条规定的犯罪与通常认为属于侵犯公民权利的犯罪有关,即警察或行使公权力的其他人使他人遭受非法逮捕、拘禁、搜查等渎职犯罪;第243.2条规定了由公职雇员实施的一种类型完全不同的滥用职权行为。[2]美国对渎职罪的行为类型规定得比较明确,渎职罪主体为特殊主体——公务员。渎职罪的实行行为为"在以主观上有腐败心理状态支配下以职务名义所实施的非法行为",罪名包括挪用公款罪、冤狱假案罪、虐待犯人罪等。美国

---

[1] 张明楷译:《日本刑法典》(第2版),法律出版社2006年版,第8页。
[2] 刘仁文等译:《美国模范刑法典及其评注》,法律出版社2005年版,第229页。

刑法不承认贪污贿赂犯罪与渎职犯罪的牵连关系，在贪污贿赂犯罪行为和渎职犯罪行为并存的场合，实行数罪并罚。

从上述国家的实证立法可以看出，关于渎职罪主体，德国对渎职罪主体的界定参照了两个重要因素：一是"身份（资格）"，即公务员；二是"职务"，即"对公务负有特别义务"。日本对渎职罪主体有明确的界定，包含了身份和职务两个要素，范围较为宽泛。如"国家或地方公共团体中的职员"显然是一种基于身份的界定；"其他依照法令从事公务的"显然是基于履职的界定。俄罗斯在《俄罗斯联邦刑法典》第285条附注中明确规定了主体范围，避免了范围模糊以及作为应对措施的立法解释、司法解释的无限扩张。美国针对渎职罪主体的特殊性，对政府"雇员"问题单独规定了不同的渎职罪类型（政府雇员渎职罪）。关于渎职罪主观罪过，俄罗斯刑法明确了滥用职权罪与玩忽职守罪的罪过形式，并详细描述了两罪的行为类型，体现出刑事立法的明确性。关于渎职罪刑罚设置，德国和俄罗斯除规定了自由刑和财产刑，还规定了"资格"刑。日本在渎职罪惩处上的特色为适用"重金"刑。美国刑法不承认贪污贿赂犯罪与渎职犯罪的牵连关系，在贪污贿赂犯罪行为与渎职犯罪行为并存的场合，实行数罪并罚。从西方国家渎职罪立法情况来看，其特征体现在主体范围较为宽泛、主观罪过明晰、"重典治吏"从重处罚的政策。这对我国渎职罪的立法完善，如主体范围的界定、主观罪过的研究以及刑罚设置等都具有一定的借鉴意义。

四、西方国家渎职罪的预防策略：法律与制度并举、惩戒与预防结合

各国在渎职犯罪的预防上都积极探索适合本国国情的模式，多数采取（个性化）制度构建与刑罚措施相结合的综合预防体

系。西方国家的共性预防措施主要包含以下几项内容:一是建立刑法与相关制度结合的综合渎职犯罪预防体系。比如,日本逐步建立了以刑法典为中心、公务员法为辅助,并结合其他法律规范的系统的渎职行为规制与防控体系。包括《日本公务员法》《日本国家公务员法》《日本地方公务员法》《日本关于整肃官厅风纪的决定》等,这些法规对公务员的履职义务、道义约束和财产公开等都作了明确规定。美国除了制定《美国模范刑法典》,还不断完善与该部法典衔接的配套法规,并通过出台《美国反渎职罪条例》《美国政府行为道德法》《美国政府官员行为准则》等搭建起渎职罪预防的规范体系。二是健全法治预防体系。为震慑和惩罚渎职犯罪,西方国家建立了一套从预防到惩治、从专门到综合的法律体系。如美国的《美国文官制度改革法》《美国举报人保护法》等。上述立法体系体现出两个方面的特征,一方面是内容具体全面、可操作性强,如对公务员的职务行为有详细、具体、明确的要求;另一方面是严厉的处罚倾向,尤其是涉及廉洁问题的渎职犯罪。三是健全政治预防制度。各国针对渎职犯罪(包括贪污贿赂犯罪)的预防,建立了全方位、多层次的制度预防措施,以实现对政府及其公职人员履职行为的监督、管控和约束。如个人财产申报与信息公开制度、政务公开制度、公职人员薪酬保障制度等。[1]四是建立广泛的社会预防体系。廉政(履职)教育能够在预防渎职犯罪方面起到重要作用,是各国普遍采取的渎职犯罪预防措施,如美国制定《美国公务员道德法》,重视公职人员履职文化建设,倡导公职人员的收入可能不如经商或企业高管一样丰厚,但是在政府工作是一种荣誉,其应当恪尽职守,绝不允许以权谋私。

---

[1] 参见李大欣、张杰:《职务犯罪预防方法论》,法律出版社2017年版,第169页。

举报制度是获取职务犯罪信息的重要来源，获得不少国家的认可。美国还制定《美国文官制度改革法》《美国举报人保护法》等，为检举揭发政府公职人员渎职行为提供保护，并为防止被举报的滥用权力的公职人员报复设立了保障制度。

由于西方国家进入现代法治文明更早，其渎职犯罪预防的法治与制度建设时间长，渎职犯罪预防的经验更为丰富。在渎职犯罪预防的策略上有以下几个方面值得参考：一是法律与制度相结合，特别是强化刑罚对已然犯罪的惩戒与制度对未然犯罪的预防相结合；二是道德与法治相结合，既坚持对公职人员履职行为的道德教化，又强调对履职越轨行为的法律规制；三是惩戒与预防相结合，坚持渎职犯罪惩防一体化的思维；四是专门机构与普通民众相结合，对于渎职犯罪的预防强化专门机构作用（特别是反腐机构），注重发动民众对政府及其公职人员的公务行为的监督、举报和制约；五是采取"重刑"的刑事政策，各国对于渎职犯罪（尤其是贪污贿赂犯罪），一般都会通过规定较为严厉的刑罚措施、较高的刑罚幅度或者采取"重金刑"来实现对其的预防，以对潜在的渎职犯罪形成威慑。

第二节 渎职罪的职务性行政犯本质

渎职罪与刑法中的其他类罪名相比有一个显著的特殊性，即其认定有一个前置性条件——职责义务的"应为"与"当为"与行为人故意不为或过失不为的"为"与"不为"之间的差距，如此来确定行为人如何"渎"其"职"。渎职罪是以行政违法为前提的犯罪，属于职务性行政犯，对其进行认定时应同时确认行政不法事实与刑事不法事实，渎职罪构成要件的解释离不开行政违法事实与行政法律规范。据此，渎职罪的行政犯性质是判断行为人是否存在"渎"其"职"的关键所在,也是渎职罪认定所需要解决的前置性问题。

一、行政犯的含义

(一)行政犯的渊源与内涵

关于行政犯与刑事犯(自然犯)的划分,一般认为源于意大利犯罪学家加罗法洛在其著作《犯罪学》中提出的自然犯与法定犯的区分,自然犯是对怜悯和正直这两种感情的侵害,而法定犯则是纯粹违反法律规定但并不违反基本道德的犯罪。[1] 大陆法系一般认为,自然犯是指无需法律规范的规定,其自身就有罪恶性的犯罪,而法定犯则是指由于法律规定才构成的犯罪,即行为本身不具有罪恶性,只是由于法律规定才构成犯罪。[2] 这里的自然犯与法定犯分别对应英美法系刑法理论中所指的"本质恶"与"禁止恶"的犯罪类别划分。[3] 虽然行政犯与刑事犯的分类能够基本达成共识,存在大致的界分标准,但是如何找到二者之间的明确界限却始终没有定论。

关于行政犯(法定犯)的立法,19世纪初德国提出了"警察刑法"的概念,一些州还制定了"警察刑法典",在立法层面肇始出现了刑事犯与法定犯的规定。与之相似,1810年《法国刑法典》规定了重罪、轻罪和违警罪,违警罪即典型的行政犯。日本在明治维新以后,效仿大陆法系的立法体例,在《日本刑法典》中规定了重罪、轻罪与违警罪。1908年,日本将违警罪从《日本刑法典》中移除,制定了《日本警察犯处罚令》,自

---

[1] [意]加罗法洛:《犯罪学》,耿伟、王新译,中国大百科全书出版社1996年版,第29~31页。
[2] 姜涛:《行政犯与二元化犯罪模式》,载《中国刑事法杂志》2010年第12期。
[3] 张明楷:《外国刑法纲要》,清华大学出版社1999年版,第58页。

此"违警罪"的性质从刑事犯转向行政犯。《美国模范刑法典》将犯罪分为四类：重罪、轻罪、微罪和违警罪，前三类罪的刑罚为期限不等的监禁刑，而违警罪只能判处罚金。目前各国将行政犯的属性分为两类，一类是应判处刑罚的行政犯（犯罪），另一类是应判处行政处罚的行政犯（行政违法），这与不同国家对犯罪的本质的理解差异有关。如果认为犯罪是一种恶，而这种恶只有定性分析而无定量分析，犯罪的数额大小和情节轻重程度一般不作为犯罪的构成要件，[1]那么行政犯应该是广义上的概念，既包括行政犯罪也包括行政违法。在我国入罪标准既有定性又有定量的场合下，刑事犯罪与行政违法界限泾渭分明，至少二者在形式上应该是非常明确的，因而在我国语境下的"行政犯"一定是犯罪这个概念，仅指狭义上的行政犯罪而不包括行政违法。以盗窃罪为例，在我国，盗窃罪的成立既有定性条件又有定量条件，即盗窃行为达到一定数额标准才构成犯罪；而在大部分西方国家，盗窃1元钱也是盗窃罪，这就使得其有必要在刑罚体系内掺入行政法的规制。

（二）职务性行政犯

行政犯存在双重违法属性即行政违法与刑事违法，行政违法属性在前，刑事违法属性在后；行政违法是前提，刑事违法是行政违法达到一定程度的质变结果。离开行政违法性这一前提而徒有刑事违法性，行政犯将与自然犯没有差别，也因此不再是行政犯。正因如此，对行政犯的理解必须紧密结合行政违法性进行，舍此，则无法把握行政犯区别于自然犯的本质特

---

[1] 储槐植：《刑事一体化与关系刑法论》，北京大学出版社1997年版，第271页。

征。[1]据此,行政犯有别于刑事犯的本质在于行政违法性,即其在性质上表现为违反行政法律规范且导致一定社会危害后果的行为。行政违法不同于刑事违法、民事违法的特点在于,它不是对一部统一的成文法典规范的违反,而是对"各种规范行政权行使和行政职责履行的一般原则"的违反,而行政法律规范的特点是性质复杂、反映社会现象最快、变化最为频繁,形式广且数量众多。[2]在这种场合下,如果从纷繁复杂的行政法规入手来研究行政犯的属性、共性与特征,则容易迷失在复杂多变的行政法规之中。行政管理秩序是行政法确立和维护行政法律关系所形成的一种社会秩序,行政违法行为实际就是行政法律关系当事人对行政法律规范的违反和破坏。由于从行政法律规范把握行政违法本质的不可能性,从行政管理秩序入手把握行政违法的本质特征也就等于从行政法律关系当事人的角度入手,行政法律关系当事人由此成为掌握行政违法本质特征的最终落脚点。[3]按照主体标准,可以将其分为管理相对人的行政犯与国家公职人员的行政犯。前者如,逃税罪、抗税罪、逃避追缴欠税罪等,根据《个人所得税法》,从中国境内取得个人所得即有依法纳税的义务,个人、法人(组织)不依法履行上述纳税义务则危害了国家税收征管秩序,这种违法性达到一定程度,符合逃税罪、抗税罪、逃避追缴欠税罪的构成要件,则构成行政犯。另如走私罪,其性质也是行政相对人实施的行政违法行为,造成严重后果而构成的行政犯罪,在认定时只需将

---

[1] 刘艳红:《行政犯罪分类理论反思与重构》,载《法律科学(西北政法大学学报)》2008年第4期。

[2] 刘艳红:《行政犯罪分类理论反思与重构》,载《法律科学(西北政法大学学报)》2008年第4期。

[3] 刘艳红:《行政犯罪分类理论反思与重构》,载《法律科学(西北政法大学学报)》2008年第4期。

海关法填充到这类犯罪构成要件的"空白"处，就可以实现刑法具体罪名"开放性罪状"的"圆满填充"。后者如，渎职罪（滥用职权罪、玩忽职守罪、徇私枉法罪等），对于国家机关工作人员实施的渎职犯罪，必须结合《公务员法》以及其他行政法律规范的具体职责要求来解释和确定其构成要件，以行政法律规范规定的具体职责为基础来确定是否存在渎职行为。比如，县级以上人民政府宗教事务部门作为行政机关，具有对宗教事务进行行政管理的职权和职责。《宗教事务条例》第6条第2款规定，县级以上人民政府宗教事务部门依法对涉及国家利益和社会公共利益的宗教事务进行行政管理，县级以上人民政府其他有关部门在各自职责范围内依法负责有关的行政管理工作。第61条规定，国家工作人员在宗教事务管理工作中滥用职权、玩忽职守、徇私舞弊，应当给予处分的，依法给予处分；构成犯罪的，依法追究刑事责任。据此，宗教事务部门负有相关职责的人员违反《宗教事务条例》，实施了滥用职权或玩忽职守的行为，首先构成了行政违法，如果造成其他严重后果符合刑法上犯罪构成要件则构成渎职罪。

二、行政犯的特征

渎职罪属于行政犯，受行政犯一般属性的制约。渎职罪的特征来源于行政犯的特质，研究行政犯的一般特征有助于更深入地探究渎职罪的特性。

（一）较弱的反伦理性

英美法系一般将行政犯归入"轻罪"或"违警罪"范畴，属于危害较小的犯罪，一般认为它是基于法律的实然规定而成为犯罪，并非真正意义上的犯罪，正因为如此，其一直处于非犯罪化和轻刑化浪潮的前沿。早期刑法理论认为刑事犯是违背人类正义观念、伦理道德的犯罪，是根植于人们内心的犯罪，而行政犯只是刻在"铜表"上行政命令的产物，不具备伦理谴责基础。如日本学者指出，"刑事犯、自然犯其实质是由于违反公共秩序以及善良风俗，法律对此作出规范是理所应当的当然事项，对于行政犯、法定犯作出一定的规范，为其处以制裁而强调其规范"。[1]但是，社会伦理规范不是一成不变的，相反，会随着社会变迁而体现出较大的可变性。法律规范与社会伦理在交相互动中彼此影响、渗透与改变，一方面，潜藏在人们内心深处的社会伦理为制定法厚植根基；另一方面，制定法也潜移默化人们的伦理观念与道德评价。文化是一个群体在一定时期内形成的思想、观念、风俗和习惯的总和，一种行为（包括行政犯）会因赋予文化符号而被人们普遍接受，从而形成一定的伦理共识。一个社会的伦理道德处于不断变化之中，某种行为可能在过去不具有伦理共识，但在法律将其升格为犯罪后，必然对民众的伦理道德观念产生影响，使人们认识到这种行为的法益侵害性，从而形成不该实施该行为的伦理观念。[2]以危险驾驶罪为例，起初人们认为酒后驾车没有什么大问题（虽然也意识到存在一定的危险性），但是，随着危险驾驶行为入罪，民众逐渐更为深刻地意识到酒后驾驶机动车不仅会给社会造成危害也可能导致自己犯罪，遂醉驾行为的道德谴责性大大增强，增进和强化了对危险驾驶罪的认同，从内在伦理上形成了对醉驾行为的抵触。危险驾驶行为入罪以来，醉驾行为的数量大幅降低，人员伤亡事故大为减少，正因如此，危险驾驶罪也被评价为"社会效益极高"的立法。

---

[1]［日］牧野英一：《重订日本刑法（上）》，有斐阁1932年版，第86页。
[2]［日］前田雅英：《刑法总论讲义》（第2版），东京大学出版会1994年版，第14页。

(二) 行政管理秩序的违反性

行政犯已经脱离了行政违法范畴而上升到刑事违法犯罪，是对行政管理秩序严重损害的犯罪。秩序是人类社会得以存在、发展和进步的基础，难以想象没有秩序的人类社会是什么样子，良好的社会秩序历来是人们的不懈追求。行政行为本质上是为了维持社会得以良好运转，促进人类福祉，那些违背行政管理规则、破坏行政管理秩序的行为为社会所不容，轻者构成行政违法，重则构成行政犯罪。近代以来，随着社会的高速发展，社会关系日趋复杂，国家的服务功能日渐强化，为了促进经济发展、改善环境卫生、保障食品安全、维护交通秩序、完善社会福利等行政目的，对不服从国家行政管理且情节严重的行为，也渐次纳入刑罚的调控范围，以维护人类生活的基本秩序，这就导致出现了大量的行政犯。[1]如环境监管失职罪，为了保护良好的生态环境，维系人类可持续发展，行政法（环境保护法）对负有环境监管职责的人员提出了职务性要求，不认真履行职责义务，破坏国家环境监管秩序，间接损害人民生命、健康、财产安全的，有构成环境监管失职罪的余地。再如，有学者在刑法发挥疫情防控秩序维护功能的研究中指出，疫情防控秩序不是《刑法》分则直接保护的法益，刑法应当通过保护社会主义市场经济秩序、社会管理秩序等明文规定的法益而间接地保护疫情防控秩序。[2]所以，行政管理秩序的严重违反，为行政犯的认定提供了前提和基础。

(三) 职责义务的违背性

行政犯威慑那些违背行政法义务的行为，绝大多数行政犯

---

[1] 姜涛:《行政犯与二元化犯罪模式》，载《中国刑事法杂志》2010年第12期。
[2] 陈小彪、储虎:《论新冠肺炎疫情初期的刑法适用——兼论突发事件中刑法适用的价值导向》，载《医学与法学》2021年第5期。

是行政违法的加重犯,即以"行政违法+严重后果"为构造的犯罪。既然是行政犯罪,就不能脱离"行政"一词的意义和范围而单纯界定它的刑法属性,否则就会使行政犯失去自身的特点,甚至使其毫无存在的价值。[1]行政犯不同于传统自然犯的本质在于,其违法性来源于对行政法赋予的职责义务的违背,外溢的法益侵害(严重违法性)进入了刑事不法评价的视野。渎职罪侵犯的法益是公务行为的公正性,这个法益侵害必须以一个桥梁为媒介,这座桥梁就是行政法的职责义务。比如,刘某为派出所民警,在执勤期间遇到群众报警称在某饭店门前有群体性斗殴,但未及时处理并出警,致使斗殴行为没有及时得到管控而升级,造成1人死亡、多人受伤的严重后果。检察机关以滥用职权罪对刘某提起公诉,该派出所的所长及负责治安的副所长受到党内严重警告处分。关于刘某行为的性质,依据《治安管理处罚法》第77条之规定,公安机关对报案、控告、举报或者违反治安管理行为人主动投案,以及其他行政主管部门、司法机关移送的违反治安管理案件,应当及时受理,并进行登记。刘某的行为违背了行政法规定的职责义务即行政法要求的"当为",也就奠定了刘某"渎"其"职"构成行政违法与刑事违法的基础。

(四)双重违法性

行政犯具有违背行政法与刑法的双重属性,这种双重违法性决定了行政犯责任之双重性,既要追究行政责任,又要追究刑事责任。[2]关于违法性问题,行政犯因违反行政管理法规而

---

[1] 周佑勇、刘艳红:《行政刑法性质的科学定位(上)——从行政法与刑法的双重视野考察》,载《法学评论》2002年第2期。

[2] 李晓明:《行政刑法学》,群众出版社2005年版,第146页;张明楷主编:《行政刑法概论》,中国政法大学出版社1991年版,第174~175页。

构成犯罪，行政违法是第一层违法，反过来讲，如果行为本身没有违反行政管理法规，依法履行了相应职责，即使造成严重后果也并不能构成行政犯。以环境监管失职罪为例，如果负有环境监管职责的行政管理人员严格依照《环境保护法》的要求履行职责，恪尽职守履行义务，被监管对象因隐蔽设置排污管道并夜间排污，超越监管人员的一般监管能力或监管范围，致使造成重大环境污染事故，就不能认为监管人员违背职责义务，进而难以肯定存在行政违法行为，当然也就丧失了作为行政犯的进一步刑事违法性基础。刑事违法是构成行政犯的第二层违法性，行政违法要上升到刑事违法才能够为犯罪提供违法性。再以环境监管失职罪为例，"导致发生重大环境污染事故，致使公私财产遭受重大损失……"这个犯罪构成可以表述为"行政违法行为+重大损害后果"，即行政违法行为与重大损害后果叠加才能达到刑事违法性要求。关于责任追究的问题，行政责任与刑事责任存在位阶关系，在行政犯的立法设计上必须重视行政法与刑法的衔接，只有严重的行政违法行为达到刑事违法标准才能构成行政犯，否则属于行政违法行为。如果将一个行为作为行政犯来看待，即符合了《刑法》分则具体罪名的构成要件，那么它就脱离了行政法的规制范畴，这是"禁止双重评价原则"的基本要求。

三、行政犯性质对渎职罪认定的影响

行政犯具有行政不法与刑事不法的双重违法性，行政不法事实是入罪的前提和基础，因而行政犯的入罪原理有别于自然犯。随着行政权力的社会秩序管理职能不断强化，刑法中以行政不法为前提的行政犯不断增加，成为导致目前刑法规模和范

第二章 渎职罪问题解决的经验借鉴与理论基础

围呈急剧增长的最重要因素。[1]行政犯的罪状设置,不但需要有"违反国家规定"等前置违法条件过滤,而且罪状中的部分构成要件要素也常交由行政法规设定和充实。[2]关于行政犯入罪的标准有以下几种见解：

第一,量的差异论。该说立足于一元违法论,认为行政违法与刑事违法都是违法行为,在"质"上不存在差异,只是在"量"的程度上存在差异,即刑事不法的违法性高于行政不法的不法性。任何违法行为都会破坏法秩序的统一性,在行政法域被评价为违法的行为,绝不可能在刑事法域被评价为合法行为,反之亦然。从这个意义上讲,行政犯违法的判断依赖于行政不法,在行政不法的基础上结合损害后果、加重情节、行为性质等综合判断是否达到刑事违法要求。

第二,质的差异论。该说立足于多元违法论,认为行政不法与刑事不法的违法性有质的差别,即属于不同性质的违法,因而行政犯的判断具有独立性,不依赖于行政违法。如德国学者克劳斯·罗克辛指出,犯罪行为与违反秩序的行政不法行为之间存在实质的区别,犯罪性的不法是特别受道德上的无价值评价决定的,行政性的不法则仅限于一种单纯的不服从行政命令。[3]

第三,质量差异论。行政不法与刑事不法各有其核心区域与外围（边缘）区域。两者在各自的核心区域存在着质的差别,即是否肯定"相当的社会伦理不法内涵",在外围区域的差别则

---

[1] [美]道格拉斯·胡萨克：《过罪化及刑法的限制》,姜敏译,中国法制出版社2015年版,第162页。

[2] 孙国祥：《行政犯违法性判断的从属性和独立性研究》,载《法学家》2017年第1期。

[3] [德]克劳斯·罗克辛：《德国刑法学 总论（第1卷）：犯罪原理的基础构造》,王世洲译,法律出版社2005年版,第28页。

是"量的区别",区别标准在于"社会损害性程度"。[1]该说认为,在行政犯的核心区域可以依据社会伦理肯定行政犯的违法性,在行政犯的边缘区域要实现从行政违法到刑事违法的量的过渡。成为问题的是,以何种标准或如何来区分行政违法与刑事违法的核心区域与外围区域,如果能够区分,那么"质量差异论"的理论优势就显而易见了。

应当指出,质的差异论有明显的缺陷,因为立足于多元违法论会造成法秩序的混乱和冲突,某种行为在行政法域是违法的,在刑事法域却是合法的,这会萎缩法规范的行为指引机能。量的差异论与质量差异论既具有一定的合理性,也存在各自的局限。综合来看,质量差异论更为可取,因为犯罪行为与违反秩序行为的区别,主要是数量性的而不是质量性的,但是在违法核心区域比较严重的犯罪行为,的确是通过质的标准来预先确定这种惩罚性的。因此,人们应当在内容的界限上,更好地讨论一种质量与数量相结合的思考方式,而不是仅仅讨论数量上的方式。[2]据此,行政犯的认定标准有两条路径:一是大部分行政犯的违法性具有行政违法的从属性,即行政不法与刑事不法的保护法益同质性,区别行政不法与刑事不法要以"量"为依据。如滥用职权罪与玩忽职守罪,具备相应职责的国家机关工作人员不依法履行相关职责,违背行政法义务而实施了行政违法的渎职行为,但是由于没有造成"公共财产、国家和人民利益"的重大损害,没有达到刑事违法性的要求,因而不构成滥用职权罪或玩忽职守罪。二是少部分行政犯的违法性判断应以"质"的独立性为依据。行政法与刑法毕竟是不同的法域,

---

〔1〕 郑善印:《刑事犯与行政犯之区别》,三锋出版社1990年版,第122页。

〔2〕 [德] 克劳斯·罗克辛:《德国刑法学 总论(第1卷):犯罪原理的基础构造》,王世洲译,法律出版社2005年版,第28页。

在性质、任务上都有不同,且刑法的相对独立性也不能被忽视。该类行政犯主要集中在"管理相对人的行政犯",如生产、销售假药罪,行为人从国外带回的在我国没有批号、未经批准销售的药品,虽然依据《药品管理法》属于假药的范畴,明显具备违反行政取缔目的的行政违法性,但是如果确有治疗效果,并且不会危及民众的生命、健康安全法益,即便一定程度上干扰(破坏)了药品管理秩序,也应根据刑事违法所要求的"社会危害性"来判断是否入罪。

总而言之,行政犯对渎职罪认定的影响体现在,渎职罪作为行政犯,其构成要件的解释、争议问题的解决都要紧密结合行政犯的属性来决定。行政犯的基本构造是"行政违法+加重结果",一方面,行政法律规范所要求的职责义务的"应为""当为"是行为人是否"渎"其"职"的判断基础;另一方面,渎职罪构成要件中的损害后果、重大损失、情节严重等加重结果是从行政违法上升到刑事违法的实质要求。

第三节 行政犯视域下渎职罪法益的界定

近代以来,刑法从"统治者管理法"走向"法益保护法",法益保护是现代刑法的出发点和落脚点。对于任何一个在合法性方面存在疑问的具体罪名,我们都必须精确地考察,它保护的是什么,它保护的应该是谁,以及它应该抵御的又该是什么。只有在这一分析结束的时候,我们才能认定,被法律化了的举动是否对个人自由发展,或者个人自由发展条件造成损害。[1]据此,渎职罪的保护法益,是渎职罪规范构建以及刑罚设置的理由和

---

[1] [德]克劳斯·罗克辛:《对批判立法之法益概念的检视》,陈璇译,载《法学评论》2015年第1期。

目标。

一、行政犯法益的学说及评析

行政犯由于具有行政违法与刑事违法的双重违法性构造,其保护法益存在争议,即是否存在特定的保护法益以及保护法益是什么?是单一法益还是多重法益?理论上主要存在三种见解。

第一,行政犯不存在法益侵害。行政不法是拒绝支持旨在创造国家或公共福利的行政行为,它仅仅是一种行政不顺从,不是对某种实质因素的侵犯。[1]法定犯在法益理论上存在着先天不足,一方面,行政犯只是对国家行政法规的单纯不服从,这意味着没有法益侵害;另一方面,承认法益侵害,也是传统刑法理论向社会现实妥协的结果,论证行政犯具有特定的保护法益存在理论与逻辑的双重困难。本书认为,即使承认行政犯来源于立法的实然规定,不具有伦理违背色彩,也不意味着没有法益侵害。以传染病防治失职罪为例,如果该罪仅仅是考虑维护传染病防治管理秩序目的,而不是考虑到传染病扩散可能造成的生命和健康安全损害,就难以恰当说明对该行为运用刑罚手段予以非难的合理性与妥当性。如果认为行政犯的任务仅在于以刑罚的手段维护社会管理而不是实现特定的法益保护,不仅会使刑法沦为社会管理的辅助工具,模糊刑法与行政法的界限,而且也会萎缩和不当限制公民的行动自由。

第二,行政犯侵害了社会管理秩序法益。行政犯侵害的法益是刑法所保护的行政管理秩序,包括行政司法秩序,税收、工商、海关行政管理秩序,环境保护行政管理秩序,公共安全

---

[1] 王莹:《论行政不法与刑事不法的分野及对我国行政处罚法与刑事立法界限混淆的反思》,载《河北法学》2008年第10期。

第二章 渎职罪问题解决的经验借鉴与理论基础

行政管理秩序，文教、卫生、医疗行政管理秩序以及其他行政管理秩序等。[1]国外学者认为，国家行政、处理、保障活动形成了一种独立的保护客体，并受刑法保护，[2]承认行政管理秩序具有独特价值，并在刑事法域赋予其独立的法益内涵。法益具有前实定的性质，即法益先于立法者制定法之前而存在，法益保护是制定刑法规范的理由和追求目标，只有行为侵犯了受保护法益，才具有非难性与应受惩罚性。[3]行政犯与自然犯相比，并没有自然犯基于伦理违反可谴责的内在根据，属于没有根基的犯罪，因而将"社会管理秩序"作为行政犯的保护法益实际上是为行政犯立法提供了一个内在根据。如此一来，根据侵害行政管理秩序法益的情况，可以独立地为行政犯构成要件的设置、解释提供根基。

第三，行政犯直接侵害了社会管理秩序法益，间接侵害了基本法益。为行政犯奠定刑事违法性基础的，不是直接侵害了行政管理秩序法益，而是隐藏其背后的以间接方式侵害的基本法益。以渎职罪为例，无论是滥用职权罪还是玩忽职守罪，或是司法渎职、税收渎职罪、环境渎职罪，为其入罪奠定违法性基础的不只是扰乱了国家正常的行政、司法、税收、环境监管秩序，而是隐藏其背后的深层次的国家的、公共的、人民的具体的法益损害。

综上，渎职罪的行政犯本质决定了其有作为行政管理秩序保护法的一个方面，行政违法性为其刑事违法性判断提供了前提，然而，刑事违法性判断在相当程度上具有独立性，只有法

---

[1] 黄河：《行政刑法比较研究》，中国方正出版社2001年版，第12页。
[2] [德]汉斯·韦尔策尔：《目的行为论导论：刑法理论的新图景》（增补第4版），陈璇译，中国人民大学出版社2015年版，第93页。
[3] 王志远、董文哲：《论行政犯的犯罪本质——基于行政犯入罪逻辑的思考》，载《河北法学》2021年第2期。

益侵害才能为本罪从行政违法上升到刑事违法提供实质根据。所以，本书支持渎职罪的保护法益为双重法益的见解，接下来需要讨论的就是双重法益究竟是什么以及二者之间关系的问题。

二、渎职罪保护法益的明确

行政不法行为关注的行政管理目的，强调的是行政行为的行政程序违反性，行为只要违反了有关行政管理法规，就可以推定具有社会秩序的破坏性，通常就可以认定为行政不法行为。而作为行政犯的不法，注重行为本身对社会秩序的破坏以及破坏程度。[1]行政犯的法益来源于行政不法行为，其法益与行政法的保护法益是一致的。根据我国《宪法》《公务员法》及其他行政法律规范的规定，国家官员由各级人民代表大会选举产生，权力由人民授予，履行职责是代人民行使权力，在履行职责期间享有权力，而离开职位或者离退休则权力消失。从官员与人民的关系来看，官员不仅享有代表人民履行权力的权利，同时也有依法依规履行职责的义务，如果没有按照要求履行职责义务则违反了《公务员法》以及其他行政法规，属于行政违法。从人民与权力的关系来看，人民将部分权力让渡给国家，在于通过国家运用让渡的那部分权力维持社会秩序，保持社会安宁，为人民谋取福祉，国家权力对于人民来说不是可有可无的关系，而是必须存在且妥善行使的关系。综上，以公权力为依托的公职行为（行政行为），是在《宪法》授权下的一种为维护国家正常运行、保障社会稳定、提升人民福祉的公共利益，其根本性、重要性与普遍性决定了应该作为刑法保护的独立法

---

〔1〕 孙国祥：《行政犯违法性判断的从属性和独立性研究》，载《法学家》2017年第1期。

益。有学者将人民对公务行为的信赖也纳入渎职罪的保护法益,本书认为不妥。其一,此种见解不周延。并不是所有的履职行为都能够为民众所知晓,如渎职行为造成严重损害后果,却不被知晓也就没有损害人民对公务行为的信赖,难道不可能构成渎职罪吗?相反,正当履职行为因种种原因被民众误解,一定程度造成公务行为信赖的萎缩,难道据此就可以肯定存在渎职行为而构成渎职罪吗?其二,信赖本身是观念性的东西,法益是一种客观实在。如果将信赖也作为保护对象,就等于用刑法来保护某种价值观念,容易陷入主观刑法的窠臼。其三,法益与构成要件在某种程度上具有致和性,构成要件的解释离不开法益,同样,法益的界定也不能完全脱离构成要件,"人民对公务行为的信赖"因不能发挥对渎职罪构成要件解释的指导作用,而不能作为渎职罪的保护法益。

关于渎职罪保护的是单一法益还是双重法益的问题,渎职罪作为行政犯,其入罪遵循"行政违法+加重后果"的模式,实际上就是从行政违法上升到刑事违法的过程,"加重后果"为行政犯的认定提供了实质的刑事违法性根据。据此,渎职罪的保护法益也应是双重法益。按照我国《刑法》第397条滥用职权罪和玩忽职守罪的立法表述,渎职罪的犯罪构成不仅有滥用职权或玩忽职守行为,而且要求造成一定的损害后果。其他具体渎职罪名,如执行判决、裁定失职罪,执行判决、裁定滥用职权罪,滥用管理公司、证券职权罪,徇私舞弊不征、少征税款罪等,也都要求"致使公共财产、国家和人民利益遭受重大损失"。构成渎职罪必须同时满足"渎职行为"+"加重后果"这两个要件,这意味着这两个要件相互独立且各自发挥着作用,"加重后果"并不能为渎职行为本身的违法性所包含(评价),据此,从刑法条文的规定来看,渎职罪保护的法益也应该是双重的，即公务行为的公正性法益（行政管理秩序法益）与国家、公共和个人法益。反过来说，如果认为渎职罪保护的法益是单一法益，则会面临逻辑上无法解决的难题，即在承认"重大损失"为必备结果要件的前提下，单一法益论者在逻辑演绎中仅将其作为滥用职权行为之社会危害性的质与量的评价，忽视其作为"公共利益"之载体的性质。[1]有人将渎职罪的保护法益界定为个人法益，本书认为不妥当。一则，渎职行为多种多样，其与社会的关系也纷繁复杂，渎职行为造成的损害后果可能危害个人法益，也完全可能危害社会或国家法益。二则，从立法实然规定来看"公共财产、国家和人民利益遭受重大损失"，如果没有限制性说明理应理解为包含个人法益、社会法益、国家法益在内的所有法益。

综上，渎职罪的保护法益为双重法益，即公务行为的公正性（行政管理秩序）与公共财产、国家和人民利益，前者是基础法益，后者是衍生法益，两种法益处于并行关系，渎职行为只有同时侵犯或威胁了上述两种法益才能为渎职罪提供实质违法性基础。

三、渎职罪法益的"外溢"价值

法益是法律所认可的利益，是有价值性的代名词。刑法所保护的法益是基于人类生存发展需要的最基本价值利益，如生命、健康、财产、秩序等。一般罪名的保护法益，如故意杀人罪的生命法益、盗窃罪的财产法益、偷越国（边）境罪的边防管理秩序法益等，具有直接性和有限性的特点，又称为"本体"法益。渎职罪的保护法益是"公务行为的公正性"与"公共财

---

[1] 劳东燕：《滥用职权罪客观要件的教义学解读——兼论故意·过失的混合犯罪类型》，载《法律科学（西北政法大学学报）》2019年第4期。

第二章 渎职罪问题解决的经验借鉴与理论基础

产、国家和人民利益",也可称为"本体"法益,但渎职罪在保护"本体"法益的同时具有"外溢"价值,即通过"本体"法益的保护整合了道德、法治与政府三种社会控制力量,运用责任、制裁与强制手段提高政府行政效率,维护社会秩序,推动社会发展。具体表现为:其一,提高公职人员依法依规履职的水准。不仅是那些被称为"邪恶犯罪"(vice crime)的卖淫、乱伦、色情等行为以及强奸、杀人等暴力犯罪行为主要是出于个人道德的败坏,那些由"体面人物"实施的贪污、受贿、商业欺诈等"体面的犯罪"也有其道德上的原因。[1]对于自然犯如杀人、强奸在道德上的无价值评价是无可指摘的,同时也很难相信一个官员滥用职权、贪污受贿有多么高尚。如康德所言:"法律调整人们的外部关系,而道德则支配人们的内心生活和动机。"通过对渎职犯罪案件的查处与刑罚威慑,能够强化公职人员的履职道德水准,提高遵纪守法意识;通过社会监督和谴责,有利于推动公职人员勤政务实等公职伦理水平的提高。其二,提高政府的法治水平。法律的社会控制效能在于它是划定行为的是与非、对与错、可与否的标准,不仅确定了公民个体的自由疆界,而且赋予并限定了国家机构(尤其是行政机关)的权力与职责,防止政府权力的无限扩张与滥用。渎职罪打击渎职行为,强化对腐败分子依法惩处的法治教育意义,事实上,对那些官高位显的腐败分子严肃查处、毫不留情,比单纯在理论上宣讲"法律面前人人平等"的法治教育意义更重大。[2]其三,提高政府的行政效率。公共行政行为是指政府依法对具体社会公共事务实施组织和管理的过程,这对社会秩序的有条不紊、人民生活的安定有序至关重要。渎职罪保护的首要法益就

---

[1] 许章润主编:《犯罪学》(第4版),法律出版社2016年版,第278页。
[2] 许章润主编:《犯罪学》(第4版),法律出版社2016年版,第279页。

是"公务行为的公正性",其本质是要求公职人员依法依规,审慎负责地履行公务,促进政府工作的公正、公开、透明。行政法律关系涉及社会的方方面面,如工商、税务、物价、城管、海关技术监督等各个部门,任何一个部门出现问题或在整个政府工作中出现的不协调都会影响政府整体效能的发挥,刑罚虽是最后手段,却是强有力地提高行政效率的保障。

由于我国国情与行政体制的特殊性,我国政府在经济发展与社会稳定中所发挥的作用极为重要且特殊。以营商环境为例,从营商环境评价体系来看,我国呈现"大政府、小市场"的特点,营商环境优化是在政府主导下的牵引模式。据此,我国营商环境的优化应以充分发挥政府职能、克服政府缺陷为主攻方向,以规范公务行为为主要路径,对渎职行为的刑法规制是其重要保障。[1]可见,渎职罪通过保护"本体"法益,实现了将道德、法治与政府三种社会力量有机整合的"外溢"价值,即提高了政府的依法行政能力、提升了政府的行政效率和增强了公职人员的恪尽职守履职意识。

第四节 渎职行为的语义辨析

行为是犯罪构成要件的核心要素,符合各种构成要件的行为就是刑法上的实行行为。不法行为是指被法所否定的行为,即客观上违法、主观上值得非难的(有道义责任)的行为。那种认为刑法不是"行为"的而必须是"行为人"的主张,带有某种政策的味道,然而不拿行为去判断行为人的危险性,就会陷入政策上

---

[1] 韩子昌、于文沛:《优化营商环境视域下渎职行为的刑法规制研究》,载《学术交流》2021年第1期。

第二章 渎职罪问题解决的经验借鉴与理论基础

难以允许的专断之中。[1]行为是实行行为的上位概念，对行为进行语义分析，自然有助于界定实行行为。[2]各个法域对渎职行为界定的差异，导致一般渎职行为与渎职犯罪行为的界限模糊，不仅不利于一般行政违法与渎职罪的界分、协调与衔接，影响渎职犯罪行为的认定，甚至一定程度上损害罪刑法定原则。监察体制改革以后，监察委员会对渎职行为一体处理（监督、调查、处置与移送）的场合下，厘清各法域渎职行为的差异与界限对于党的纪律、行政法规与刑法适用的衔接以及罪刑法定原则的坚守都具有至关重要的意义。

一、不同法域下渎职行为的语义

（一）刑法规范视域下的渎职行为

刑法意义上的渎职实行行为，是符合刑法上犯罪构成要件的违背职务或利用职务（职权）的作为或不作为的犯罪行为。就刑法的实行行为构造而言，西方学者大多认为，实行行为一般应具有三个构成要素：其一，行为心素，是指行为必须由行为人的意思发动，意思是行为必须具备的内部构成要素；其二，行为体素，是指行为人的身体动静，身体动静是行为的外部构成要素；其三，行为介素，是指身体动静对外产生的影响，此影响包括"实害"和"危险"两种。[3]渎职罪视域下渎职行为的构成，首先是意思支配下的行为。我国《刑法》第 14 条第 1 款是关于故意犯罪的规定，即明知自己的行为会发生危害社会的结果，并且希望或者放任这种结果发生，因而构成犯罪的，

---

[1] [日] 小野清一郎：《犯罪构成要件理论》，王泰译，中国人民公安大学出版社 1991 年版，第 40 页。
[2] 董玉庭：《刑法前沿问题探索》，人民出版社 2010 年版，第 44 页。
[3] 董玉庭：《刑法前沿问题探索》，人民出版社 2010 年版，第 57 页。

是故意犯罪。《刑法》第15条第1款是关于过失犯罪的规定，即应当预见自己的行为可能发生危害社会的结果，因为疏忽大意而没有预见，或者已经预见而轻信能够避免，以致发生这种结果的，是过失犯罪。在这个语境下，行为不单纯是客观的外在表现，意思支配成为刑法意义上行为的典型特征。其次是刑法上的行为有时包含结果，有时不包含结果。比如，滥用职权罪与玩忽职守罪的行为类型就包含"致使公共财产、国家和人民利益遭受重大损失的"后果，徇私枉法罪的行为类型只要求具有徇私枉法行为，而没有要求造成损害后果。这里包含了行为的两个要素，"体素"即渎职行为本身（违背职责的事实行为）与"介素"即渎职行为造成的损害或危险（加重结果）。最后是行为如果被评价为具备构成要件符合性即属于刑法上的实行行为，如果没有违法或责任阻却事由就构成了犯罪，其法律后果是刑罚的制裁。据此，刑法意义上的渎职犯罪行为是符合渎职罪具体罪名构成要件的违法有责的行为，其行为标准要求高，处罚严厉。

（二）行政法规范视域下的渎职行为

行政法是国家重要的部门法之一，它是调整行政法律规范的总称，或者说是调整国家行政机关在行使其职权过程中发生的各种社会关系的法律规范的总称。[1]行政法有两个调整方向，一类对行政相对人的调整，如治安管理处罚法、食品安全法、环境保护法等，行政相对人违背上述法律则构成行政违法；另一类是对职务性行政主体的调整，如监察官法，规定了监察官的职责义务等，违背相应职责义务则构成行政不法。规制职务性主体的行政法包含三项内容：其一是行政组织所拥有的权力

---

〔1〕 姜明安主编：《行政法与行政诉讼法》（第4版），北京大学出版社、高等教育出版社2011年版，第15页。

(职责);其二是行使行政权力的各项要件;其三是对于不法行政行为的救济措施。通过行政组织法控制行政权力来源;通过行政行为法和行政程序法控制行政权力的行使程序、手段和方式;通过行政责任法、行政救济法来防止行政权力滥用。行政法通过实体性原则(依法行政、尊重和保障人权、越权无效、信赖原则和比例原则)与程序性原则(正当程序、公开、公正、公平)来保障行政行为的合法性与合理性,违背上述实体和程序要件的行为,即可被定性为行政违法行为。行政法对渎职行为的认定标准较高,处罚较为严厉。

(三)中国共产党章程、纪律规范视域下的渎职行为

我国是中国共产党领导的社会主义国家,中国共产党机关及国家机关的工作人员(中国共产党党员),首先受到的约束就是中国共产党的章程以及各项纪律。如《中国共产党章程》第40条第1款规定,党的纪律主要包括政治纪律、组织纪律、廉洁纪律、群众纪律、工作纪律、生活纪律。《中国共产党纪律处分条例》第132条规定:"有下列行为之一,造成严重损害或者严重不良影响的,对直接责任者和领导责任者,给予警告或者严重警告处分;……:(一)热衷于搞舆论造势、浮在表面……"中国共产党的章程、纪律,对渎职(违纪)行为的规制主要是针对中国共产党党员这一特殊主体而言,因而对其的认定要求结合其执政地位、性质以及宗旨进行。在这一视域下渎职(违纪)行为的构成要件,主观上有违背"初心使命""丧失理想信念"的要求,客观行为方式上表现为违反"政治纪律、组织纪律、廉洁纪律……"实施收受贿赂或渎职行为。对于违纪违法行为的认定,《监察法实施条例》第3条规定,监察机关与党的纪律检查机关合署办公,坚持法治思维和法治方式,促进执纪执法贯通、有效衔接司法,实现依纪监督和依法监察、适用

纪律和适用法律有机融合；第 18 条规定，监察机关可以与公职人员进行谈心谈话，发现政治品行、行使公权力和道德操守方面有苗头性、倾向性问题的，及时进行提醒教育。在白某违纪案中，中共中央纪律检查委员会指出白某身为党员领导干部，理想信念坍塌，背离党的宗旨，收受可能影响公正执行公务的礼金；在职工录用、工作调动、干部提拔过程中收受他人财物；利用职务上的便利，在承揽工程、职务提拔等方面为他人谋取利益，并非法收受巨额财物。严重违反党的政治纪律、组织纪律、廉洁纪律，构成严重违纪违法并涉嫌受贿犯罪，依据《中国共产党纪律处分条例》《监察法》等有关规定，决定给予白某开除党籍处分；由监察委员会给予其开除公职处分；收缴其违纪违法所得。[1] 综上，党的章程和纪律对党员遵守纪律的行为"思想"层面要求与期待更高。

二、冲突的根源与影响

（一）规范性质的差异

渎职行为认定的差异和冲突，与每个部门法的性质有直接关系。所谓刑法，就是有关犯罪和刑罚的法律，[2] 刑法的目的是保护法益，并通过保护法益来维护秩序，在此意义上将严重偏离社会的侵害或威胁法益的行为规定在刑法典中。刑法具有人权保障机能，最为突出的表现即"法无明文规定不为罪，法无明文规定不处罚"，由此使一般国民和罪犯免受刑罚的恣意发

---

[1]《内蒙古自治区交通运输厅原党组书记、厅长白智被开除党籍和公职》，载中央纪委国家监委网站：https://www.ccdi.gov.cn/scdcn/sggb/djcf/202107/t20210729_142981.html，2021 年 7 月 31 日访问。

[2] [日] 大谷实：《刑法总论》（新版第 2 版），黎宏译，中国人民大学出版社 2008 年版，第 3 页。

动引起灾难。按照阶层犯罪构成理论,行为只有具备构成要件的符合性、违法性和有责性,能够归入刑法预设的行为类型才能被评价为犯罪行为。因此,刑法视域下的渎职犯罪行为首先必须是具有构成要件符合性的行为。行政法是最直接的治官制权法,其之所以最终得以发展,不是因为统治者、管理者突然变得开明起来,而是现代市场经济、民主政治的推进,人民越来越名副其实地当家作主,他们为了维护自己的权利、自由、财产,必然要通过自己的代表机关制定法律来治官制权,来防止、限制和制约政府机关及其工作人员滥用权力和侵犯自己的权益。[1]因此,行政法作为"限制法",其视域下的渎职行为是在实体与程序上违背行政法律规范的行为。中国共产党的章程和纪律,是为实现其作为执政党的目标和宗旨而制定的"促进法"和"保障法"。如《中国共产党章程》,其总纲规定了"中国共产党……是中国特色社会主义事业的领导核心……党的最高理想和最终目标是实现共产主义……"其分则分别规定了党的干部、党的纪律等。因此,中国共产党的章程和纪律,从更宏观的层面对党员干部的履职行为提出了要求,并对支配党员干部行为的思想层面提出了"初心使命""理想信念""宗旨意识"等更高的要求,往往并不规定具体的渎职行为类型。

(二) 规范目的的差异

渎职行为认定的差异与冲突,与每个部门法的目的亦有重大关系。每一部法律都有其特定的目的,其内容条款必然与目的相连,甚至完全是为特定目的服务。刑法的目的是保护法益,侵害或威胁法益的渎职行为必然为刑法所关注。然而,刑法也有保障人权的目的且具有谦抑精神,因而并不是所有的侵害或

---

[1] 姜明安主编:《行政法与行政诉讼法》(第4版),北京大学出版社、高等教育出版社2011年版,第43页。

威胁法益的行为都为刑法所囊括，只有那些严重的、其他法律（道德）规范无法规制或评价的行为才能进入刑法视野成为犯罪行为。因此，刑法视域下的渎职行为必定是必要的、有限的和严重的。行政法以"治官制权"为核心目的，兼具"保障人权""维护社会秩序"的机能，必须全方位、多层次、体系化地对履职行为进行规制。行政法又兼具实体与程序双重性质，注重"正当程序"要求，因而行政法对行政行为的规制程序细腻。据此，行政法视域下的渎职行为范围较为宽泛、标准明确。中国共产党的章程和纪律，是为实现党的特定政治目标与政治理想服务的。如《中国共产党纪律处分条例》第3条规定，党章是最根本的党内法规，是管党治党的总规矩。党的纪律是党的各级组织和全体党员必须遵守的行为规则。党的章程与纪律以政治思想为引领，要求国家机关工作人员（党员）全心全意、恪尽职守、高度负责地履行职责，凡是违背党的性质、宗旨、方针政策等的行为，在"错误思想"支配下所实施的行为都被视为违背党纪法规的"渎职行为"。

（三）规范内容的差异

刑事法、行政法与党的章程、纪律在规范内容层面也有着明显的差别。其一，虽然同作为规制国家机关工作人员的有效规范，但刑法、行政法的规制权力来源于国家授权，党的章程、纪律的权力来源于执政党的授权。其二，党的章程、纪律的遵守，侧重党员的党性修养及党员自身的高尚道德准则，当然，也不排除强制的纪律处分约束。行政法的遵守，主要依靠行政责任与行政处分的制约，当然，也有公务员的职业道德和职业操守的内在约束。刑法（渎职罪）的遵守，主要依靠以国家强制力为后盾的刑罚手段来保障和实现。其三，处罚方式或法律后果有显著差异，违背党的章程或纪律的处分包含警告、严重警告、撤销党内职务、开除党籍；行政违法的行政处分包含警告、记过、记大过、降级、撤职、开除；刑事违法（渎职罪）的处分主要是刑罚。如构成滥用职权罪或玩忽职守罪的，处3年以下有期徒刑或拘役；情节特别严重的，处以3年以上7年以下有期徒刑。刑法、行政法和党的章程、纪律内容具有显著差异，在适用上应最大限度明确各自的内涵与外延，但在发挥社会调节机能方面却应有效衔接、相互配合、共同发力。

（四）冲突的影响

刑事法律规范、行政法律规范和党的纪律规范，在规制渎职行为这一点上都发挥着重要作用。党的章程、纪律更侧重思想政治引领方面，是以全党一致认可的党员应当坚守的初心使命、理想信念、服务宗旨为基础的规范总和，主要是内在地约束党员的履职行为。行政法律规范侧重从实体和程序上构建履职的基本保障，维持国家机器正常运转，保障社会管理秩序稳定。刑事法律规范（渎职罪）、行政法律规范与党的章程、纪律的要求具有高度的一致性，是"内化于心、外化于行"的关系，类似于我国古代"刑"与"礼"的关系，互为表里、相互配合、功能补充，共同构筑公职行为的调节规范。刑事法律规范、行政法律规范和党的章程、纪律共同作为规制渎职行为的有效规范，难免在渎职行为的规制方面出现交叉、重叠、混乱甚至冲突的情况。这样一来，不仅导致刑法、行政法预防与打击渎职行为的机能难以有效发挥，也会弱化党的章程、纪律对党员履职行为的约束效果。比如，在我国司法实践中，存在着一种明显的倾向，那就是将行政不法等同于行政犯，在行政不法行为与犯罪的认定之间没有设置任何实质性的法律界限。在实体构成方面，不少侦查机关或基于对行政不法与犯罪的模糊认识，或者基于对行为人违法所得及其孳息的"觊觎"，动辄将那些行政违法案件按照刑事案件进行立案,启动刑事侦查程序。这与不少地方公安机关动辄插手经济纠纷,将一些民事违约或者民事侵权案件纳入刑事追诉的轨道,简直如出一辙。[1]而在诉讼程序和证据层面,不少侦查机关想当然地将行政机关在行政执法过程中所搜集的证据材料,直接作为刑事证据加以使用,甚至将行政机关对案件事实的认定直接采纳为认定犯罪事实的依据。可以说,在理论上对行政不法事实与犯罪事实的界限加以区分,已经成为亟待解决的问题了。[2]

反之,上述规范如果能够协调一致、界限分明、密切衔接,则能够形成合力,取得共赢效果。其一,渎职犯罪不单是法益的侵害或威胁,还必须存在行政违法行为或违反党的纪律的事实行为,党的章程、纪律,是全体党员所广泛认同的价值观念,将违背党的章程或纪律的行为作为认定渎职罪的事实基础,刑罚更具有感召力。其二,党的纪律与行政法为渎职行为人的道义谴责奠定更坚实的基础,只有对具有道义责任的行为进行处罚,才合乎正义的观念,才能更好地发挥一般预防与特殊预防的作用。尤其是一般预防,仅仅靠刑罚威慑还不能起到良好效果,考虑到我国是中国共产党领导的社会主义国家,国家机关工作人员坚持"为人民服务"的宗旨,违背这一宗旨而构成犯罪的更容易唤起罪犯的反道德感,进而对潜在犯罪人形成内在约束。其三,渎职罪作为行政犯,相当一部分具体罪名在伦理价值上是中性的,从即便不违反社会伦理规范的行为也被作为犯罪来看这一点上,似乎缺乏谴责根基。党的章程、纪律本身

---

[1] 陈瑞华:《行政不法事实与犯罪事实的层次性理论 兼论行政不法行为向犯罪转化的事实认定问题》,载《中外法学》2019年第1期。

[2] 陈瑞华:《行政不法事实与犯罪事实的层次性理论 兼论行政不法行为向犯罪转化的事实认定问题》,载《中外法学》2019年第1期。

具有的伦理性质,如"信念坚定""敢于担当",与行政法、刑法结合起来,为作为二者法律后果的行政处罚、刑罚的发动提供道义根据。

三、冲突的协调与消解

(一) 阶层关系的明确

不同法域下渎职行为的标准不一,互有重叠、矛盾,但这种矛盾并非不可消解,只要以恰当的方式处理,明确性质差异与体系衔接,就能取得相得益彰的良好效果。其一,可借鉴"民刑交叉"问题的解决思路。刑法、行政法、党的纪律,三者之间并非平行关系而是具有显著的位阶性。关于这一点,纪委监委在办理官员违纪违法案件时,有将"规矩、纪律挺在前面"的要求,也就是先认定是否存在违纪违法行为再探讨是否涉嫌犯罪的问题。如《监察法实施条例》第3条规定,监察机关与党的纪律检查机关合署办公,坚持法治思维和法治方式,促进执纪执法贯通、有效衔接司法,实现依纪监督和依法监察、适用纪律和适用法律有机融合。监察委员会在具体处理违纪案件时,运用"四种执纪形态"分情况采取提醒谈话或纪律(行政)处分或移送检察机关,这三种不同的处理方式实际上是根据违纪(违法)的严重性分阶层作出的。在处理民刑交叉案件时,也有"先刑后民"的处理原则。在具体处理民刑交叉诉讼时,应当首先考虑彼此之间是否具有先决关系。在相互之间存在先决关系时,作为前提的诉讼可先行,另一个诉讼应予以中止,等待前提诉讼的终结。[1]行政违法行为或违反党的纪律的行为对于渎职罪认定的"先决性"要远远高于"民刑交叉"案

---

[1] 张卫平:《民刑交叉诉讼关系处理的规则与法理》,载《法学研究》2018年第3期。

件，因为"民刑交叉"案件的民事法律关系除了未必与刑事案件具有先决性外，甚至可能是并行关系，二者完全有可能"独立存在"；然而，渎职犯罪却不构成违纪或行政违法的，这种场合恐怕难以找到。据此，首先对渎职事实行为进行评价的是党的纪律（行政法），只有在党的纪律或者行政法无法评价或难以规制的场合，才能进入刑事法评价的视野，这也是与监察体制改革后监察委员会办案程序要求相适应的处理方式。按照渎职行为的严重程度、损害后果、构成要件符合性，依次完成从渎职行为到渎职罪的认定。其二，明确性质，严守认定规则与疆界。虽然各法域下渎职行为的认定标准不同，但将各类渎职事实行为演绎归入相应的法规体系却不存在多大困难，因为渎职罪有明确的构成要件要求，行政违法有实体与程序的认定标准，党的纪律有认定规则和办法。比如，按照"监—检"衔接机制，涉嫌职务犯罪的案件不是直接进入刑事诉讼程序，而是由监察机关进行实质调查，再决定是否移送检察机关提起公诉。这个过程中监察委员会和检察机关分工协作、各司其职、相互配合，严守各自的办案规则和职权疆界。其三，构建阶层体系，协调各自关系。渎职行为界限的冲突，最大的问题在于可能造成渎职行为认定混乱，模糊渎职行为违纪评价、行政违法评价以及刑事违法评价的边界。这一方面导致渎职行为评价过于宽泛，危及刑法的安定性，损害罪刑法定原则；另一方面不利于发挥行政法、党的纪律的预防机能。理顺党的纪律、行政违法、刑事违法的位阶关系，构建接洽的程序规则，对于实现从渎职行为到渎职罪的认定至关重要。对此，在"监—检"衔接机制的基础上，应进一步明确各自的分工，特别是检察机关在对渎职行为审查起诉的职责上，应严格依据《刑事诉讼法》和《刑法》对渎职行为是否提起公诉进行实质的、独立的审查与评价。

(二) 罪刑法定原则的坚守

罪刑法定原则是现代刑法的生命,是法治在刑法领域的集中体现。所谓罪刑法定原则,就是什么样的行为是犯罪,对其应当给予什么样的处罚,事先必须以成文的法律进行明确规定的刑法基本原则。[1]罪刑法定原则的对立面是罪刑擅断原则,即犯罪与刑罚在事前并不加以明文规定,什么样的行为是犯罪,应当给予什么样的处罚,由独裁君主(国家机关)予以专断。我国早已确立了罪刑法定原则,将事实渎职行为演绎归入渎职罪的具体构成要件,判断构成要件的符合性、违法性与有责性,就是对罪刑法定原则的坚守。然而,渎职罪是行政犯,在形式上坚守罪刑法定原则容易,但实质上却有较大困难。因为在渎职罪构成要件符合性判断之中,存在根据行政管理法来确定行政不法的规范判断,即实质的渎职事实行为是否符合渎职罪具体构成要件的判断。按照法秩序统一性原理,各国法律体系都是以宪法为核心,刑法作为其他部门法实施的保障法居于宪法之下,在民商法、行政法之上,它们之间形成一个层次不同、内容和处罚力度不一的完整体系。在这个原理之下,存在着一元违法论与多元违法论之争,所谓一元违法,是在承认法秩序统一性的原理之下,各部门法的违法性只有程度之别没有质量之差;多元违法论则认为不同法域的违法性有质的不同,行政违法、民事违法不意味着刑事违法,反之亦然,各法域的违法性相互独立判断。本书坚持一元违法论的基本立场,为了不使向国民进行提示的行为规范的内容产生混乱,法秩序必须作出一致解释。据此,某种行为在民法或行政法上是违法行为,那么肯定在刑法上也是违法的,但是否具备发动刑罚的违法程度

---

[1] [日]大谷实:《刑法总论》(新版第2版),黎宏译,中国人民大学出版社2008年版,第44页。

就是另外一个问题了。为了保持法秩序的统一,不致出现没有违反行政法的行为却违反刑法的场合,避免在违法位阶上的矛盾,须富有成效地确定法定犯的行政违法性并进而为其刑事违法性的判断提供充足的前提条件。法定犯具有行政违法性与刑事违法性的双重属性。[1]渎职罪违法性的判断,首先要肯定在行政法上是否为违背职责的行为,渎职罪构成要件的判断要结合行政法视域下渎职行为的违法性来实现,这样才能全面、准确、充分地把握渎职行为的构成要件符合性。对渎职罪各具体罪名构成要件进行解释与适用,要根据各具体罪名所采用的空白罪状或不成文的构成要件要素来认定其构成要件的符合性,再辅之以刑事违法性的独立判断,确定是否达到刑事法所要求刑事违法程度,进而为是否需要发动刑罚提供逻辑前提。综上所述,在实质上坚持罪刑法定原则,要审慎把握渎职罪构成要件的解释与独立判断刑事违法性。

(三) 刑法谦抑精神的坚持

刑法的机能并不是无限的,一方面,刑法是行为规制的有力手段却不是唯一手段;另一方面,刑法也不适用于所有的违法行为,只能慎重、谦抑地选择这种手段。刑法的谦抑性表现在:①刑法是补充法。即某种行为如果能够为道德、习惯或者其他法律规范所调节,则不必发动刑法。②刑法是不完整法、片段法,不能介入国民生活的每个角落。③刑法是自由尊重法。即便是公民遭受到不同程度的侵犯,且其他社会控制手段不能很好发挥作用的情况下,也并非一定要发动刑罚打击。现代社会中人与人、人与社会之间高度联系、紧密依存,在利益相互协调与妥协的场域下各自生活,公民个体之间必须在相当程度

---

[1] 刘艳红:《法定犯与罪刑法定原则的坚守》,载《中国刑事法杂志》2018年第6期。

第二章 渎职罪问题解决的经验借鉴与理论基础

上互负忍让义务、忍耐他人的侵犯。如果对所有的侵犯行为都予以禁止，反而容易限制国民的自由。在国家行政管理事业中，行政关系错综复杂，专业要求越来越高，在众多渎职行为中尤其是过失渎职行为，应首先考虑党纪（针对党员主体）与行政法的处理措施，在渎职行为是否符合渎职罪的构成要件的解释上，尤其涉及规范判断、价值评价等方面，更要坚持刑法的谦抑精神，将不符合渎职罪构成要件的或没有达到刑事违法性程度的渎职行为排除在刑法之外。

（四）"严重社会危害性"的实质评价

从行政违法到行政犯，不能脱离严重社会危害性的实质评价。司法是连接实存世界与当为世界的桥梁，所以司法者的判断虽然是依据当为世界的规范，但仍必须考量实存世界中的社会危害性。[1] 法益侵害并不是刑法的专有属性，也不是刑法的专有名词，实际上，在民事侵权、行政违法中都存在法益侵害或损害这个概念。无论是行政不法行为还是行政犯都可能侵害或威胁到某种法益，行政违法与行政犯在法益侵害这个立场上没有本质不同，但为什么有些行为是行政违法行为，有些行为却成立行政犯呢？比如，在警察接到报警而拒不出警的场合下，有些行为要受到党纪或政纪的处分，有些行为却可构成滥用职权（玩忽职守）罪？法益侵害是判断严重社会危害性的核心，社会危害性是行为成立犯罪的实质条件，是一个事实评价，而法益作为一种理念性的社会价值，呈现的是一个主流社会的价值判断。[2] 因社会危害性是一种事实判断，所以需要借助法益

---

[1] 王昭武：《犯罪的本质特征与但书的机能及其适用》，载《法学家》2014年第4期。

[2] [德] 约翰内斯·韦塞尔斯：《德国刑法总论》，李昌珂译，法律出版社2008年版，第4~6页。

的概念来界定刑法意义上的社会危害性,为罪与非罪的判定提供一个可操作的具体明确的标准。然而,法益侵害是社会危害性的充分而非必要条件,即法益侵害性不是决定社会危害性的唯一标准,严重的社会危害性是一个综合判断的结果,通常也包括结果是否严重、情节是否恶劣、行为人的主观罪过、人身危险性等因素。行政犯体现了行政法规对法益侵害容忍限度的上限,超出了该容忍限度上限的法益侵害行为则具有了值得科处刑罚的严重社会危害性。[1]据此,在一般的行政违法渎职行为与行政犯的区别上,严重的社会危害性是实质的评价标准。比如,在监察委员会对违纪违法行为进行"过滤性"处理的场合下,司法机关在评判以违纪违法行为为前提的渎职事实行为的基础上来认定渎职罪的构成要件符合性,更应坚持实质社会危害性这一要求。再如,在农某滥用职权案中,2012年10月,农某在担任富宁县某镇派出所所长期间,在开展换发第二代身份证工作中为了完成上级要求的工作任务,在没有家属申请也没有村民委员会申报注销户口的场合下,违规将未到派出所办理二代身份证的健康人员翟某某的户口办理为死亡注销,导致翟某某2016年8月至2019年1月期间的养老保险待遇停发,涉及金额2674元。2019年3月,农某受到党内严重警告处分,政务记大过处分。本书认为,农某的行为完全符合滥用职权罪的形式构成要件,但是一方面造成的损害后果较小,另一方面损害后果具有可恢复性和可弥补性,因此根据社会危害性的判断属于"情节轻微的行为",即没有达到刑事违法性,因此予以排除犯罪给予党纪、政纪处分是恰当的。

---

[1] 王志远、董文哲:《论行政犯的犯罪本质——基于行政犯入罪逻辑的思考》,载《河北法学》2021年第2期。

第五节　渎职罪"惩防并举"的观念重构

刑法学的研究应该体现刑事一体化的思想,刑法教义学抽象的是犯罪与刑罚的一般原理,揭示的是犯罪与刑罚的主要特征而舍弃了犯罪与刑罚的非主要特征,通过构成要件的模型构建犯罪成立的条件,这些条件只能是典型的、轮廓的,牺牲了个别性和存在着脱离实践的倾向。[1]按照刑事一体化的思想,构建教义学体制有必要关注现实。只有在千变万化的生活中现实存在的广阔内容,才可以使各种规则的具体化成为可能。[2]据此,应然规范的真实含义需要在实然事实中发现,立法者的任务是将正义观念和将来可能发生的事实相对应,形成法律规范。据此,渎职罪规范的完善,应考虑监察体制改革对职务犯罪采取的"惩防并举、注重预防"的重要方针;应认识到对渎职犯罪的预防远比惩戒更具有复杂性和前瞻性。在上述基本情势的基础上,从行政行为事实、行政法律规范、渎职行为事实来探究渎职行为的规制逻辑,最大限度拉近应然规范与实然事实之间的距离,在刑事一体化思想的指导下研究渎职罪,实现"惩防并举"。

一、以事实为起点:违背行政法的渎职事实行为

(一)依法行政原则与渎职行为

依法行政是现代法治国家和法治政府的必然要求,法治的

---

[1] 孙国祥:《刑法教义学与刑事一体化关系论要》,载《法治现代化研究》2017年第4期。

[2] [德]克劳斯·罗克辛:《刑事政策与刑法体系》(第2版),蔡桂生译,中国人民大学出版社2011年版,第50页。

含义就是政府在法律要求的范围内活动,依法办事;政府及其工作人员依照法律授权履行职责,如果违背了法律授权职责或程序要求,则构成行政违法行为。德国行政法学者奥托·迈耶在《德国行政法》中将依法行政原则概括为三项内容:一是法律创制,法律对行政权的运作及行使具有绝对约束力,行政权不可逾越法律行事;二是法律优越,法律属于高位阶的规范,行政法规、规章、命令等不得与法律相抵触;三是法律保留,关于人们基本权利的重大事项由宪法加以规定,行政机关不得代为规定,行政机关实施的任何行政行为皆为法律所授权,否则其合法性受到质疑。[1]在我国,依法行政原则主要体现在以下几个方面:首先,依法行政的"法"不单单指行政法,也包含宪法、法律、法规、规章以及行政组织法,违背上述任何规范都存在合法性问题;其次,依法行政的内容不仅包括按照行政法规要求的条件、标准和限度,还包括依照行政组织法和行政程序法的程序;最后,依法行政要求政府及其公务人员守法,规范政府及其公务人员的职务行为。依法行政原则的各项法治条件和履职要求,为判断行为人的渎职事实行为提供了明确标准。

(二)正当程序原则与渎职行为

在现代法治国家,尤其注重行政程序的正当性,特别是涉及行政相对人的实质权益的场合。如《治安管理处罚法》第106条规定,人民警察当场收缴罚款的,应当向被处罚人出具省、自治区、直辖市人民政府财政部门统一制发的罚款收据;不出具统一制发的罚款收据的,被处罚人有权拒绝缴纳罚款。由此又衍生出了越权无效原则,要求行政机关必须在法定权限范围内行为,一切超越法定权限的行为无效,不具有行政行为的公定力、确定

---

[1] 陈新民:《行政法学总论》(修订5版),三民书局1995年版,第54页。

力、拘束力和执行力。[1]日本对行政越权行为归纳为以下四种情况：①事项限度（实质限度），即行政机关系统内的上、下、左、右均不能越权，更不能行使属于其他机关的权限；②地域限度，行政机关不得超越其管辖的地域权限；③个人权限，行政职权的行使不能超越其权限涉及的人员范围；④形式上的限度，要求不能超出规定的行政行为行使形式。[2]我国对越权的解释，包括无权限、级别越权、事务越权和地域越权。根据越权无效原则，行政行为超越或违背权限将直接导致行为效力的瑕疵、无效或被撤销的法律后果。关于渎职罪的行为类型，通说的见解认为包含"越权""擅权""弃权"三种类型，这实际上是对行政越权行为的抽象和归纳，根本上来源于正当程序原则。

（三）尊重和保障人权原则与渎职行为

尊重和保障人权不仅是宪法的精神要旨，也是行政法的基本原则。对于一个法治政府而言，行政行为要切实维护行政相对人的合法权益，维护公民的自由，使公民的基本人权得到保障和尊重。德国学者认为基本权利的保护是法治国家的重要原则，是其他原则的基础。公民的基本权利以尊严为中心，主要包括自由权和平等权。[3]美国学者倡导"天赋人权"思想，人权先于政府而存在，政府有义务保障公民的这些先验权利。人权不受所有机关和所有政治权威侵犯，不仅不受政府官员的侵犯，甚至不受多数人、民选代表的侵犯，即使他们出于为公共

---

[1] 姜明安主编：《行政法与行政诉讼法》（第4版），北京大学出版社、高等教育出版社2011年版，第71页。

[2] [日]室井力主编：《日本现代行政法》，吴微译，罗田广校，中国政法大学出版社1995年版，第279~280页。

[3] [美]路易斯·亨金、阿尔伯特·J.罗森塔尔编：《宪政与权利》，郑戈、赵晓力、强世功译，生活·读书·新知三联书店1996年版，第3~10页。

谋福利的善良愿望亦是如此。[1]在我国,尊重和保障人权原则对公职人员的履职要求有以下几个方面:一是应充分尊重行政相对人的人权,依法履职、依程序履职、文明履职,不得折磨或侮辱行政相对人的人格;二是应积极履行职权,保障公民自由、信仰、集会、游行等各项基本权利;三是不得侵犯公民的各项政治权利,如选举权、被选举权、参与国家事务管理权;四是不得侵犯公民的各项财产权利,如所有权、使用权、收益权等。比如,《治安管理处罚法》第113条规定,公安机关及其人民警察办理治安案件,禁止对违反治安管理行为人打骂、虐待或者侮辱。尊重和保障人权原则,为公务行为的实质合法性提供判断标准。

(四)信赖原则与渎职行为

在民法领域,诚信原则被视为帝王条款,是君临全法域的基本原则。信赖原则的基本含义是政府对自己作出的行为或承诺应守信用,不得反复无常、不得随意变更。行政法的信赖保护原则源自法的安定性与诚信政府理论,基本要求是行政行为一经作出非经法定事由不得任意改变;授益性行政行为如非因行政相对人的过错不得更改、撤回;即便在事后发生据以作出的当初的行政行为的法律依据、规章或条例发生变更,或确因公共需要也要经过利益衡量确定撤销原行政行为的利益大于行政相对人的损失才能被允许撤销;撤销的行政行为如非行政相对人的过错,要对行政相对人的损失予以赔偿。渎职罪中大部分具体罪名如滥用职权罪、玩忽职守罪;徇私舞弊不移交刑事案件罪;环境监管失职罪等,都有"重大损失""造成严重后果"的要求,行政机关(行为人)违背信赖原则给行政相对人造成重大

---

[1] [德]哈特穆特·毛雷尔:《行政法学总论》,高家伟译,法律出版社2000年版,第105~106页。

损失的，为渎职罪构成要件符合性的认定创造了充分条件。

(五) 比例原则与渎职行为

比例原则要求行政机关实施行政行为时应兼顾行政目标的实现和行政相对人的利益，如为实现行政目标可能对行政相对人的权益造成某种影响时，应将这种不利影响限制在尽可能小的范围和限度内，保持二者处于适当比例。[1]比例原则有三项要求：其一是必要性，实施特定的行政行为特别是有损行政相对人权益的行政行为时，只有认为该行为达到为实现重大的行政目标的必要性程度才能被允许；其二是适当性，当行政行为与行政相对人的权益处于二律背反的紧张状态时，必须进行行政行为与行政相对人权益的利益衡量；其三是最小损害，为了达到行政目的或目标，在有多种行政手段时要采取损害最小的一种，只有一种行政手段也要保持损害程度最低。如《治安管理处罚法》第15条规定，醉酒的人违反治安管理的，应当给予处罚。醉酒的人在醉酒状态中，对本人有危险或者对他人的人身、财产或者公共安全有威胁的，应当对其采取保护性措施约束至酒醒。比例原则从实质利益衡量的角度为渎职行为的认定提供依据。

二、从事实到规范：渎职罪构成要件的该当性解释

构成要件该当性是认定犯罪的第一个阶层，渎职罪行政犯的特点决定了在行政法域下的基础事实评价，必然影响渎职罪构成要件的认定与解释。如《治安管理处罚法》第116条"人民警察办理治安案件，有下列行为之一的，依法给予行政处分；构成犯罪的，依法追究刑事责任：（一）刑讯逼供、体罚、虐

---

[1] 姜明安主编：《行政法与行政诉讼法》（第4版），北京大学出版社、高等教育出版社2011年版，第100页。

待、侮辱他人的；（二）超过询问查证的时间限制人身自由的；（三）不执行罚款决定与罚款收缴分离制度或者不按规定将罚没的财物上缴国库或者依法处理的……"明确规定了警察在执法过程中的违法类型，为行政法与刑法衔接、犯罪构成要件的解释提供了标准。解释者在解释刑法时，必须根据刑法规定的犯罪的实质的、正义的标准，并在刑法用语可能具有含义内确定犯罪范围，使实质的、正义的标准与刑法用语的含义相对应，从而正确界定犯罪的内涵与外延。唯有如此，才能在实现刑法正义性的同时，实现刑法的安定性。[1]

（一）一般渎职罪构成要件的解释与行政违法事实

要使刑法规范与生活事实相对应，就必须在刑法规范的指引下准确把握生活事实的本质。法律的解释并不仅仅在于解释制定法。法律人的才能主要不在于认识制定法，而在于有能力能够在法律的——规范的观点之下分析生活事实。[2]事物的本质是每个立法者在立法之前必须探究的问题，洞悉事物本质能使规范与事实在应然与实然、当为与存在之间形成一种尽可能的或最大限度的符合逻辑的、恰当的、合理的关系。离开具体案件事实对法律进行抽象解释没有任何意义，反之，离开了应然法律规范对事实所做的归纳，也是一种非法律的自然主义归结。以盗窃罪为例，其立法之初以保护"实物性"财产法益为目标，但是随着时代发展出现了"虚拟"财产，如虚拟游戏账号，其价值可达成千上万元甚至数万元，这类"虚拟"物品能否被解释为盗窃罪的对象，是当然解释、扩大解释抑或类推解

---

〔1〕 张明楷：《刑法分则的解释原理》（第2版·上），中国人民大学出版社2011年版，第5页。

〔2〕 ［德］亚图·考夫曼：《类推与「事物本质」—兼论类型理论—》，吴从周译，颜厥安审校，学林文化事业有限公司1999年版，第87页。

释？据此，对渎职罪各个构成要件的解释，如渎职罪主体范围的界定、因果关系的认定、主观罪过的界定、刑罚幅度等，都离不开渎职案件与行政违法事实行为。如关于渎职罪主体范围的争议，存在着"身份说""公务说""新公务论"等，那么如何界定渎职罪主体的范围才具有合理性，才能不超越语言本来的含义，就需要结合国家行政管理关系中哪些主体能行使行政职权，存在侵害或威胁国家公务活动公正性法益的可能性来界定。再如，关于滥用职权罪与玩忽职守罪主观罪过的问题，有单一罪过说、复杂罪过说、复合罪过说，由于刑法条文没有明确两罪的主观罪过要件，单纯从刑法条文中推导出两罪的主观罪过，显然脱离实际。因此，准确界定两罪的主观罪过，就要从两罪规制的具体行为特点、行政犯本身的特点以及行为人在实施类似犯罪主观心态等方面寻求答案。

（二）司法工作人员渎职罪构成要件解释与司法职责

司法工作人员渎职罪包括徇私枉法罪，民事、行政枉法裁判罪，执行判决、裁定失职罪，执行判决、裁定滥用职权罪，私放在押人员罪等。司法工作人员渎职行为的认定要结合司法职责的具体要求，如徇私舞弊减刑、假释、暂予监外执行罪，《监狱法》第29条规定，被判处无期徒刑、有期徒刑的罪犯，在服刑期间确有悔改或者立功表现的，根据监狱考核的结果，可以减刑。第30条规定，减刑建议由监狱向人民法院提出，人民法院应当自收到减刑建议书之日起1个月内予以审核裁定；案情复杂或者情况特殊的，可以延长1个月。本罪的犯罪主体可以是狱警，其以徇私情、私利的目的虚报悔过或立功表现，伪造监狱考核结果，为减刑、假释、暂予监外执行提供虚假客观依据；主体也可以是审判工作人员，其违反《法官法》第10条（法官应当履行下列义务：①严格遵守宪法和法律；②

秉公办案，不得徇私枉法；③依法保障当事人和其他诉讼参与人的诉讼权利等），徇私、徇情枉法，违背法律或事实故意对不具备条件的人员判处减刑、假释或暂予监外执行。暂予监外执行在司法实践中有一种常见情况，即行为人因身体健康状况或有严重疾病不适宜在监狱继续执行的，由监狱内设（或聘任）的狱医提出诊疗（鉴定）意见，根据《监狱法》第18条，罪犯收监，应当严格检查其人身和所携带的物品。《监狱法》第54条规定，监狱应当设立医疗机构和生活、卫生设施，建立罪犯生活、卫生制度。由此，狱医徇私舞弊伪造健康状况病历，致使不符合条件的罪犯得以暂予监外执行的，应作为徇私舞弊监外执行罪的事实前提。

（三）枉法仲裁罪构成要件解释与仲裁职责要求

枉法仲裁罪虽然规定在渎职罪中，但却不是典型的渎职罪类型，因为渎职罪要求的主体为"国家机关工作人员"，而枉法仲裁罪是指依法承担仲裁职责的人员，在仲裁活动中故意违背事实和法律枉法裁决的行为。根据《仲裁法》第13条，仲裁委员会应当从公道正派的人员中聘任仲裁员。仲裁员应当符合下列条件之一：①通过国家统一法律职业资格考试取得法律职业资格，从事仲裁工作满8年的；②从事律师工作满8年的；③曾任法官满8年的……据此，仲裁员可以是通过司法考试的法律专业人员、律师、法学学者、高校法学教师等，并非一定是国家机关工作人员。仲裁员违背《仲裁法》而进行的违背事实与法律的裁决，侵害了仲裁本身的公正性，损害了司法秩序，因此构成枉法仲裁的事实行为。

（四）违法或责任阻却与行政职责性要求

渎职行为即便完全符合渎职罪具体罪名的构成要件也未必一定构成犯罪，也可能因违法或责任阻却而排除犯罪。按照

"三阶层"犯罪论体系与罪刑法定原则，构成要件符合性的判断是封闭、有限的，而违法和责任阻却事由却是开放、无限的。如失职致使在押人员脱逃罪，是否只要存在在押人员逃脱的后果就构成犯罪呢？如果负有看守职责的监狱管理人员按照规章制度、工作流程，恪尽职守地负起自身的职责，却出现了《肖申克救赎》主人公那样"处心积虑""预谋已久""技术高超"的越狱行为（姑且不论越狱行为是否正当），负有看守职责的狱警是否构成失职致使在押人员脱逃罪呢？渎职罪违法阻却事由要结合其岗位职责的具体要求、个人履职情况等综合判断；责任阻却事由也要结合其岗位职责，对履行职责的认知情况以及履行职责注意义务的要求来判断。如上述电影桥段那样，看守的狱警完全履行了相应职责，恪尽职守，即便发生了损害后果也不存在渎职事实行为，自然阻断了刑事违法性。

三、从规范到刑罚：渎职罪刑罚"惩防"机能的新定位

（一）基于功利主义理论的分析

边沁将功利定义为："这样一种原则，即根据每一种行为本身是能够增加还是减少与其利益相关的当事人的幸福这样一种趋向，来决定赞成还是反对这种行为。"[1]针对某一项特定的行为，如果其对象是个人，那么功利原则就是增进这个个人的幸福；如果其对象是社会，那么功利原则就是关注整个社会的幸福。然而，边沁却强调说，社会所具有的利益不能独立于或对抗个人的利益，社会利益只意味着"组成社会的各个成员的利

---

[1] [美] E. 博登海默：《法理学：法律哲学与法律方法》，邓正来译，中国政法大学出版社 1999 年版，第 109 页；Bentham, *An Introduction to the Principles of Morals and Legislation*, Oxford, 1823, pp. 1.

益之总和"。[1]同时,边沁进一步指出,这种功利主义可以在数学上进行快乐与痛苦的等量计算,并可以通过一种"享乐主义的计算"来权衡。按照边沁的观点,作为提供公共服务的政府的职责就是以"苦乐衡量"为驱动手段来增进社会的幸福,大多数人的幸与不幸是政府工作的终极评价标准。作为公共规范的法律(立法),无非也是运用奖励与惩罚(乐与苦)的工具来实现社会的最大的幸福。当然,社会的整体幸与不幸也是评价立法善恶的标准。德国著名法学家鲁道夫·冯·耶林将功利主义理论进一步运用在法律哲学当中,并在其著作中指出,目的是全部法律的创造者,每条法律规则的产生都源于一种目的,即一种实际动机。[2]关于法律控制的意图或目的,"从最广义的角度来看,法律乃是国家通过外部强制手段而加以保护的社会生活条件的总和"。[3]鲁道夫·冯·耶林将法律定义中的形式要素见之于强制(compulsion)概念,指出国家乃是为了确保人们遵循法律规范而实施强力的,没有强制力的法律则是"一把不燃烧的火,一缕不发亮的光"。[4]功利主义者将法律视为一种实现目的的工具,重视不断改良法律,其立意是创造更为有力的"工具"以更好地实现功利目的,即总体更大的幸福。

---

〔1〕[美] E. 博登海默:《法理学:法律哲学与法律方法》,邓正来译,中国政法大学出版社 1999 年版,第 109 页;Bentham, *An Introduction to the Principles of Morals and Legislation*, Oxford, 1823, pp. 3.

〔2〕[美] E. 博登海默:《法理学:法律哲学与法律方法》,邓正来译,中国政法大学出版社 1999 年版,第 114 页;Jhering, *In the English Philosophers from Bacon to Mill*, London, 1914, liv.

〔3〕[美] E. 博登海默:《法理学:法律哲学与法律方法》,邓正来译,中国政法大学出版社 1999 年版,第 115 页;Jhering, *The Struggle for Law*, transl. J. Lalor, Chicago, 1915, pp. 8~9.

〔4〕[美] E. 博登海默:《法理学:法律哲学与法律方法》,邓正来译,中国政法大学出版社 1999 年版,第 115 页。

第二章 渎职罪问题解决的经验借鉴与理论基础

要制定刑罚法规,就应行使刑罚制定权,要行使刑罚制定权,就应有国家制定刑罚法规的必要性。国家制定刑罚法规的必要性,是以对刑罚及刑罚法规所一般具有的机能寄予期望为前提的,如果国家所希望的是防止非法行为,维护国民或居民的利益,而刑罚和刑罚法规又能满足这种希望,那么,制定刑罚法规的必要性就显而易见了。[1]由此可见,刑罚以及刑罚法规本身并没有什么价值,其存在的价值在于实现特定利益,因而功利主义理论成为衡量刑罚的有价值性与必要性的重要标准。刑法是规定刑罚的法律,通说的见解将刑法的目的(机能)与刑罚的目的(机能)分开考虑,刑法的本质机能是规制机能,即对犯罪宣告施加一定的刑罚,由此来明确国家对该犯罪的规范性评价,一方面,民众据此来选择自身的行为以达到适法要求;另一方面,其可作为犯罪认定与刑罚适用的依据。刑罚有四种机能,其中包括两项核心机能,一种是惩罚,因为现代社会禁止私下复仇,国家通过独占刑罚权来实现对犯罪行为的惩罚;另一种是预防,一般预防是针对潜在犯罪人的威慑使其不敢轻易犯罪,特殊预防是针对犯罪人本人使其不能重新犯罪。

国家之所以感到有必要制定刑罚法规,只是出于希望有刑法和刑罚这样的机能的事态。[2]按照功利主义立场,刑法和刑罚是为了保护国民利益,但同时也使自由的范围变得狭小,因此,刑法和刑罚的正当性与合理性来源于保护利益与限制自由权衡下的功利主义价值衡量。在我国渎职犯罪案件量不断上升,重特大渎职犯罪频发给国家和人民利益造成巨大损害的场合下,

---

[1] [日]西原春夫:《刑法的根基与哲学》(增补版),顾肖荣等译,中国法制出版社2017年版,第60页。

[2] [日]西原春夫:《刑法的根基与哲学》(增补版),顾肖荣等译,中国法制出版社2017年版,第65页。

刑罚保护利益的需求持续上升,适当调整刑罚又能够满足这种需求,因此,调整渎职罪的刑罚幅度、完善刑罚种类对于实现通过处罚渎职犯罪给国民带来的利益大于限制自由所造成的损害的基于功利主义理论所得出的结论就显得合理而可行了。

(二)依据威慑理论[1]的分析

威慑理论是关于刑罚威慑的一种特定理论,是对刑罚摄止、吓阻犯罪功能的一种诠释。[2]对于刑罚威慑效能以及与之相适应的刑罚尺度,意大利犯罪学家贝卡里亚在《论犯罪与刑罚》中指出,刑罚具有双面预防犯罪机能,且一种正确的刑罚,它的强度只要足以阻止人们犯罪就足够了。[3]贝卡里亚关于刑罚威慑效能的思想,更多地体现在一种哲学思辨层面,并未给予精确化的、具有可操作性的设计或论证。这一项工作,即对刑罚威慑理论的实证研究与可操作性设计在美国得到了充分展开。[4]上述实证分析得出的研究结论是,相较于刑罚威慑无效论的主张,刑罚威慑有效论的论据与支撑处于优势地位,刑罚的威慑效能逐步被人们所普遍认可,因为绝大部分理性的人会随着对刑罚恐怖感的认知不断加深而想象到抽象刑罚在自身实现,进而产生对实施犯罪行为的畏惧。不同的刑罚种类,其具体威慑效能有所差别:

(1)死刑的威慑效能。死刑是一种历史悠久的、体现朴素

---

[1] 本节关于威慑理论的引进与运用,参见李中良"威慑理论认知视野的转向与进路"(鲁东大学2019年博士学位论文)的研究成果。

[2] 李中良:《威慑理论认知视野的转向与进路》,鲁东大学2019年博士学位论文。

[3] 参见[意]切萨雷·贝卡里亚:《论犯罪与刑罚》,黄风译,北京大学出版社2008年版,第52、59页。

[4] Trumbull, W. N., "Estimation of the Economic Model of Crime Using Aggregate and Individual Level Data", *Southern Economic Journal*, 1989, 56 (2), pp. 423~439; Cornwell, C., & Trumbull, W. N., "Estimating the Economic Model of Crime with Pane Data", *The Review of Economics and Statistics*, 1994, 76 (2), pp. 360~366.

第二章 渎职罪问题解决的经验借鉴与理论基础

正义感的、最严厉的刑罚方式。行为人犯具有死刑刑罚的罪有极高的风险和代价，因而死刑的威慑效能在所有刑种中是最强的。实际上，关于死刑的威慑效能一直存在争议，美国学者埃尔利希通过实证研究，发现死刑对于谋杀罪具有威慑效能；[1]沃尔平对1929年至1968年英格兰和威尔士的谋杀案进行分析，指出每多执行一个已被定罪的谋杀案……可以使得4.08个潜在的被害人免受伤害。[2]虽然，国内外有不少学者尝试证实或研究死刑的威慑效能，但是关于死刑威慑效能的争议仍未消除，甚至对于死刑本身的正当性也存在疑虑。比如，2021年召开的联合国人权理事会第48届会议呼吁世界各国废除死刑，经投票29国赞成、12国反对、5国弃权，我国不赞成废除死刑。本书认为，死刑具有特殊的威慑效能，其对于遏制犯罪尤其是恶性犯罪具有重大作用，从我国目前的国情、历史传统与普遍价值观念来看，保留死刑并严格适用仍然是最优选择。渎职罪属于职务性行政犯，其犯罪本身并非直接指向人的生命、健康等重大法益的暴力犯罪，我国对渎职罪未设置死刑是符合刑罚轻缓化与减少（甚至废除）死刑的历史潮流的。

（2）自由刑的威慑效能。自由刑通过限制或剥夺犯罪人的自由来实现威慑效能，并产生监禁效应。正如莱维特指出，监禁刑的目的不是制裁而是剥夺权利，[3]其研究发现，监禁刑具有显著的威慑效能，当监狱人数每增加一个时每年大约能减少

---

[1] Ehrlich, I., "The deterrent effect of capital punishment: A question of life and death", *The American Economic Review*, 1975, 63 (3), pp. 397~417.

[2] 魏建、宋艳错：《刑罚威慑理论：过去、现在和将来——刑罚的经济学分析》，载《学习与探索》2006年第4期。

[3] Levitt, S. D., "The Effect of Prison population size on Crime rates: Evidence from prison overcrowding litigation", *The Quarterly journal of Economics*, 1996, 111 (2), pp. 319~351.

15宗犯罪。当然,莱维特的这种研究方法可能也并不完全精确。然而,他指出了一种能够确定监禁人数对犯罪率影响程度的策略。[1]要求自由的欲望乃是人类根深蒂固的一种欲望。这种欲望连小孩都有,例如他们有强烈的欲望去干即时心境使他们想到的任何事情,而且还常常对父母或老师所设定的约束感到烦躁。[2]因此,令人放弃或限制自由,对于一个成年人来说具有相当的恐惧或恫吓效果,长期的自由剥夺更是让人望而生畏。

(3)罚金刑的威慑效能。罚金刑作为一种刑罚方式,威慑效能较为显著,尤其是针对"贪利型"犯罪。著名经济学家波斯纳认为,罚金刑是一种普遍的且比其经济成本本身更为严厉的刑罚形式。[3]对此,美国学者对罚金刑的威慑效能进行了实证研究,认为其威慑效果显著。[4]但是,关于这个研究结论,有学者指出,罚金刑的威慑效果有显著的差异性,即在短时期内其威慑效果显著,但长时期后期的威慑效果逐渐式微。[5]本书认为,金钱是满足一个世俗人对于世俗物质生活的重要条件,尤其在当今社会对金钱有普遍强烈欲求的场合下,罚金刑对于世俗人的威慑效能不仅没有降低,反而有所增强。据此,针对犯罪尤其是涉及经济财产利益的犯罪,适用罚金刑甚至一定程

---

[1] 李中良:《威慑理论认知视野的转向与进路》,鲁东大学2019年博士学位论文。

[2] F. R., *Bienenfeld. Rediscovery of Justice*, London, 1947, pp. 21~22.

[3] 李中良:《威慑理论认知视野的转向与进路》,鲁东大学2019年博士学位论文。

[4] Ehrlich, I., "The deterrent effect of capital punishment: A question of life and death", *The American Economic Review*, 1975, 65 (3), pp. 397~417.

[5] Phillips, D. P., "The Deterrent Effect of Capital Punishment: New Evidence on and old controversy", *The American Journal of Sociology*, 1980, 86 (1), pp. 139~148.

度上加强罚金刑的力度,仍是可取的抑制犯罪的重要手段。

(三) 渎职罪刑罚的新定位

功利主义与威慑理论都是刑罚设置的内在根据,之所以对二者在渎职罪刑罚与渎职犯罪预防效果研究中再次申明和引入,对渎职罪的刑罚机能进行重新定位,主要出于三个方面的考量:其一,就功利主义与威慑理论在刑罚设定上的效能而言,功利主义为刑罚的设置提供"原动力",为了实现功利目的应提高刑罚的惩戒与威慑力度;威慑理论则为刑罚设置提供"限速表",刑罚幅度的上限达到实现威慑效果的目的即可而不能过高。其二,就普遍性而言,大多数犯罪人对实施犯罪是有"权衡利弊"的功利主义衡量的,故意类渎职罪的这个特征则更为明显,因而从功利主义的立场出发,一方面应适当提高渎职罪的刑罚幅度,增加犯罪"成本",另一方面应构建渎职犯罪预防性机制,消解或萎缩犯罪动机,让渎职犯罪成为一种普遍性的"得不偿失"。其三,刑罚本身具有威慑效能,为有效应对渎职犯罪率不断上升,重特大渎职犯罪频繁发生的局面,应适时转变渎职罪刑罚态度,充分发挥不同刑罚种类的威慑效能,这也是渎职犯罪打击与预防的现实需要。

四、与刑罚并行的举措:渎职罪预防机制的构建

监察体制改革以来,在强有力的反腐机构和国家高压反腐政策之下,腐败存量日益减少,职务犯罪的增长率得到了有效控制,这在很大程度上得益于制度改革与刑法(渎职罪)的密切配合。但是从我国近年来渎职犯罪的总量来看,犯罪基数依然巨大,渎职罪的控制与预防仍有很长的路要走。这里面有诸多原因:其一,制度存在自身的局限性。监察体制改革大大增强了职务犯罪的惩戒与预防力量,并且树立了"惩防并举、注

重预防"的新理念,对打击和预防渎职犯罪无疑起到了至关重要的作用。但是,也不可否认,纪委监委作为专门的反腐机构,对于职务犯罪侧重外部的监督、预防和惩戒。就渎职犯罪的特性而言,其犯罪是以公权力依托和由特定犯罪动机所推动的,隐匿性很强,应针对公权力的运行特征和特定犯罪动机这个特点构建内在的制约机制,以有效弥补外部制度的不足,形成内外合一的渎职罪控防体系。其二,刑罚(渎职罪)存在自身的局限性。刑罚的犯罪预防机能是不完整的机能,即作为特殊预防(对犯罪分子本身的管控)可以有效实现,但是对于一般预防,却不能够完全实现。因为犯罪预防是一种旨在拆解罪因结构、堵遏致罪因素的社会控制活动,也是人类自我调节的自组织行为,从而牵扯到关于秩序和规制的方方面面,这使得犯罪预防具有更强烈的适用性与实践性,并且倚恃这一特征。[1]关于这一点,以渎职犯罪的预防为例,根据我国古代渎职犯罪预防的经验,采取"礼""法"结合的方式,礼预防未然犯罪,法惩戒已然犯罪,实行刑律与制度并重的双重预防模式;国外渎职犯罪的预防经验,如新加坡能取得渎职犯罪(尤其是贪污贿赂犯罪)预防的成功,也是高薪养廉与严刑峻法相结合的结果,即体制机制与刑罚并用的双向举措。其三,我国渎职罪预防的机制性建设缺失。关于渎职罪预防机制,有关于贪污贿赂犯罪预防、司法渎职犯罪预防等研究,数量很少,研究程度不深,尚无结合渎职罪性质、特点的针对性预防机制的研究。因此,应借助刑事一体化理论,构建我国渎职罪预防机制,刑法(刑罚)手段充其量是必要的外部性强制措施,并非根本之策,从社会、体制机制层面消除犯罪契机、降低犯罪率才是根本。

组织整合理论为解决上述问题,实现从预防到惩治的"惩

---

〔1〕 许章润主编:《犯罪学》(第 4 版),法律出版社 2016 年版,第 247 页。

防并举"机制的构建提供了理论可能性。基于管理学中的组织整合理论的基本构架,即一个人(个体)的努力是"加法",组织(团体)的努力却是"乘法",按照组织整合理论,构建具有我国特色的刑罚与特别预防机制,实现双管齐下、多措并举,才能够为我国渎职犯罪的预防构筑坚实的制度基础。说到整合,意思是指"由部分结合而生成具有特定功能的有机整体的过程或状态"。[1]可以看出,整合实际上是系统性重构,即各组元之间相互联系、结合、作用而形成一个完整的系统整体,以实现各部分之间相互联系的过程与状态,最终发挥组元所不具备的整合性体系功效。组织整合理论是组元、结构、功能等要素的关系构建模型化,使系统分析深化有了可供遵循的具体路径。组织整合理论的子理论"三元整合理论"持这样一种立场,由于社会系统是通过三种"元整合的方式"及其组织整合来运行的,三元行为相互作用和巧妙组合使社会系统成为一个有机整体,并在复杂多变的环境中表现出高度的适用性与创造性。[2]本书尝试借助组织整合理论,将渎职罪的立法规范、刑罚设置与预防机制进行体系化重构,搭建完整的渎职犯罪惩防一体化系统,一方面有利于加强各组元(规范、刑罚、预防机制)之间的协调、配合与统筹,充分发挥渎职罪各组元本身的机能;另一方面将各组元进行体系化构筑形成有机统一的惩防系统,以实现各组元无法实现的整体机能。具体理论模型构建,在后文详细论述,在此不再赘述。

---

〔1〕 卜园:《基于组织整合理论的武汉市经济适用房政策失效研究》,华中科技大学2010年硕士学位论文。

〔2〕 参见卜园:《基于组织整合理论的武汉市经济适用房政策失效研究》,华中科技大学2010年硕士学位论文。

本章小结

本章研究了渎职罪主要问题解决的经验和理论依据,为渎职罪构成要件争议问题的厘清、刑罚的完备以及犯罪预防机制构建等的深入研究奠定理论基础。在经验借鉴层面,我国古代注重渎职罪刑律的承袭延续和逐步完善,渎职罪的预防注重礼法结合的综合措施;西方国家的渎职罪立法呈现出各具特色、体系完备的特征,渎职罪预防采取法律与制度并举、惩戒与预防相结合的策略。在理论基础层面,探究了渎职罪的本质系职务性行政犯,明确了行政犯视域下渎职罪的保护法益,公务行为的公正性与公共财产、国家和人民利益,渎职行为只有同时侵犯了上述两种法益才能构成犯罪。通过对不同法域渎职行为的界定的研究,分析对渎职罪认定的影响。渎职犯罪的惩戒与预防是一体两面的关系,结合监察体制改革"惩防并举、注重预防"的理念,依托刑事一体化理论,提出并重构渎职犯罪惩防并举观念,即实现从"渎职行为的认定→渎职犯罪的规制→渎职罪刑罚打击→渎职犯罪的预防制度"的体系来构建法律与制度相结合、"内部抑制"与"外部制约"相配合的渎职犯罪惩防体系。

第三章　渎职罪构成要件争议问题的厘清

本章尝试解决来源于立法和司法实践中的渎职罪构成要件方面的旧问题。立法是基础和前置的，立法本身存在的争议或问题不能得到妥善解决，必将严重影响对犯罪行为的规制与预防效果。从司法实践以及相关学术研究来看，渎职罪立法方面的争议问题较多且由来已久，本章选取争议最多、影响较大的三个主要问题，即渎职罪的主体范围的争议问题、因果关系的认定问题与主观罪过的界定问题展开研究。并提出，主体范围的界定应以"面对现实与有限扩张"为解决路径；因果关系的认定应以"理论选择与缓和认定"为解决路径；主观罪过的确定应以"抽象拟制与明确界定"为解决路径。

第一节　渎职罪主体问题之消解：面对现实与有限扩张

我国渎职罪主体为"国家机关工作人员"，从司法实践与我国行政体制特点来看，这个主体存在范围狭窄、界限模糊的问题，为此，立法和司法机关陆续出台一系列解释，但未能解决普遍性问题。关于渎职罪具体罪名的主体范围，如司法工作人员、税务机关工作人员等都是在国家机关工作人员基础上的进一步界定，只有"国家机关工作人员"这个逻辑前提清楚明了，具体罪名主体范围的界定才更为容易。以往"国家机关工作人员"范围的界定进路，多是以刑法规范推导或抽象解释的方式来实现，本书尝试从我国行政机关即实际行使行政职权的事实主体与刑法规定的主体相匹配的视角，提出"面对现实与有限扩张"的进路来界定渎职罪的主体范围。

一、渎职罪主体界定的实证依据

社会存在决定社会意识，社会意识反映社会存在。法律规范是否合理、存在何种问题以及如何完善都要以社会存在为抓手。1997年《刑法》将渎职罪主体规定为"国家机关工作人员"，这个主体范围是否合理、是否能够适应司法实践需求，需要结合我国行政体制下实际履行行政管理职能的主体而定。

(一)"国家机关工作人员"主体范围问题突破的靶向

1997年《刑法》将渎职罪主体由"国家工作人员"修改为"国家机关工作人员"，造成了如下问题：其一，我国《刑法》第93条规定，该法所称国家工作人员，是指国家机关中从事公务的人员，并以列举的方式明确了国家工作人员的范围。这样一来，我国《刑法》就同时包含了"国家工作人员"和"国家机关工作人员"两个概念，他们存在着怎样的关系、界限与差别就成为问题。有学者指出："然而，自1997年《刑法》实施以来的司法实践表明，对国家机关工作人员的范围的认识并没有因刑法的修订而统一，对第93条如何理解？学界争议较多，分歧较大；司法机关对国家机关工作人员的范围掌握同样宽严不一，这种现状直接影响法律的严肃性和执法的统一性。有必要弄清楚《刑法》第93条的真实内涵，准确界定国家工作人员的范围。"[1]其二，我国《刑事诉讼法》规定的渎职罪主体仍为"国家工作人员"，这与《刑法》规定的"国家机关工作人员"产生了难以消解的冲突。其三，就我国目前行政体制而言，绝

---

[1] 胡云鹏：《刑法中"国家工作人员"的范围界定》，载《山东行政学院山东省经济管理干部学院学报》2009年第3期。

不限于"国家机关工作人员"单一主体实际履行行政管理职责，狭窄的主体范围与社会实际严重脱节，如果严格执行这个主体范围势必造成漏罪。其四，监察体制改革确定了监察委员会的监察对象为"所有行使公权力的公职人员"，这个范围与渎职罪主体的范围存在怎样的逻辑关系，在实际司法实践中如何操作，也是需要探讨和进一步说明的问题。

对于上述问题，全国人民代表大会常务委员会、最高人民法院、最高人民检察院陆续出台一系列立法和司法解释试图对"国家机关工作人员"的范围予以明确。如 2000 年最高人民检察院《关于合同制民警能否成为玩忽职守罪主体问题的批复》和最高人民检察院《关于属工人编制的乡（镇）工商所所长能否依照刑法第 397 条的规定追究刑事责任问题的批复》明确了"合同制民警"与"工人编制的工商所所长"的渎职罪主体资格。2006 年最高人民检察院《关于渎职侵权犯罪案件立案标准的规定》附则第 3 条对"国家机关工作人员"的范围进行了界定。2012 年全国人民代表大会常务委员会《关于〈中华人民共和国刑法〉第九章渎职罪主体适用问题的解释》规定了三类渎职罪主体。虽然立法机关、司法机关都对"国家机关工作人员"的范围作出了解释，但从各种解释来看，有的侧重"身份"，有的侧重"公务"，见解不一，范围把握不同。上述问题直接导致司法实践中出现大量的申诉、重审案件，集中表现为行为人对司法机关认定的渎职罪主体资格有异议，主张不构成渎职罪。如在前述案例 1 至 3 中，陈某以自己作为生物机电学校的校长并非国家机关工作人员为由，否认具有滥用职权罪的主体资格；冯某以自己是事业单位聘用人员，认为不具备滥用职权罪主体身份；张某以自己是临时聘用人员，没有相应的权力和责任为由，认为不具备玩忽职守罪的主体资格。渎职罪主体的争议损害了司法权威,影响了法律的严肃性和统一性。

(二) 实然主体之一:公务员

公务员一般是指国家依照法定方式任用的,在中央和地方各级国家机关中工作的,依法行使国家行政权、执行国家公务的人员。[1]我国公务员的概念与西方国家有所不同,不仅包括政府的公职人员,还包括执政党——中国共产党机关,各参政党——民主党派机关,人大机关、政协机关、司法机关等的公职人员。我国《公务员法》第2条第1款规定,该法所称公务员,是指依法履行公职、纳入国家行政编制、由国家财政负担工资福利的工作人员。其一,公务员是经法定程序和方式任命的人员,包括选任、考任、聘任、调任四种。除了以上四种,目前实践中还有一种较为常见的方式,即政府对所需法律、财会、审计等专业人才,以合同聘任制方式建立公职关系。其二,公务员是在国家及地方各级机关中从事公务的人员,依法履行公职。所谓"公职",是指提供公共管理、公共服务等公共物品,以实现公共利益的职务,这种职务是通过法定方式设立,并通过法定程序取得的。[2]其三,公务员是纳入国家行政编制,由国家财政负担其工资及福利待遇的人员。在外部行政管理法律关系中,公务员代表国家机关以所在机关的名义行使国家权力,享有相应权力、履行相关义务。《公务员法》第14条规定,公务员应当履行下列义务:①忠于宪法,模范遵守、自觉维护宪法和法律,自觉接受中国共产党领导;②忠于国家,维护国家的安全、荣誉和利益;③忠于人民,全心全意为人民服务,

---

〔1〕 姜明安主编:《行政法与行政诉讼法》(第4版),北京大学出版社、高等教育出版社2011年版,第125页。

〔2〕 姜明安主编:《行政法与行政诉讼法》(第4版),北京大学出版社、高等教育出版社2011年版,第126页。

接受人民监督等。公务员是履行国家公共管理职能（可能构成渎职犯罪）的最典型、最广泛的实然主体。

（三）实然主体之二：其他行政主体的公职人员

其他行政主体，是指行政机关以外的行使一定行政职权的法律、法规授权的组织和其他公权力组织。这些组织的公职人员代表所在组织履行相应的行政职权，拥有一定的国家或公共事务管理权力，因而从实然上有实施渎职犯罪的可能性。

1. 法律、法规授权主体

法律、法规授权组织是依照法律、法规授权而行使特定行政职权的非国家行政机关组织。首先，它们不属于国家行政机关，不具有国家行政机关地位，只有在国家法律、法规授权的职责范围内才具有国家行政权力和法律责任。其次，授权组织拥有的行政职权特定，职权范围通常较为狭窄和有限。第三，授权组织的权力来源于法律而非行政机关，授权范围通常具体、有限，且具有一定的不稳定性。社会进入行政国家阶段后行政职能大大增加，这些职能如果都由国家行政机关集中行使，势必助长官僚主义、腐败和权力滥用。[1]因此，法律、法规授权组织作为行政机关的重要补充，对分担国家管理职权、提高行政管理效能、防止权力滥用都具有重要意义。在我国，法律、法规授权组织的范围相当广泛，大致可以分为以下几类：①基层群众自治组织，如城镇的居民委员会和农村的村民委员会；②行业组织，如篮球协会、足球协会；③工青妇等社会团体，如工会、妇联、青联；④事业与企业组织，如公办学校、福利院、救助站；相对于事业组织，企业作为授权组织的场合较为少见，因为企业主要以营利为目的，但不排除特定大型企业具

---

[1] 姜明安主编：《行政法与行政诉讼法》（第4版），北京大学出版社、高等教育出版社2011年版，第115页。

有一定的行政管理职权,如中国烟草总公司作为企业就具备"烟草标准"制定与管理等行政管理职权;⑤行政机关的内设机构和派驻机构,如派出所、税务所、司法所等。

2. 行政委托主体

行政委托是指行政机关委托行政机关系统以外的社会公权力组织或私权力组织行使某种行政职能、承担某种行政事务。其一,由于经济社会的发展、行政事务繁多,单独依靠行政机关自身的力量很难有效完成"事无巨细"的工作任务要求;其二,行政事务具有一定的可变性、不稳定性和不可预期性,可能临时增加很多具体、突发的工作任务。如"新冠疫情"突然暴发,政府需要大量的人员进行疫情防控,又没有必要成立常设机构,行政委托便是高效、节约、可行的办法;其三,行政机关在处理日常行政事务时,经常会遇到许多专业性、技术性很强的问题,需要委托给专业组织或人员来处理。受委托组织不是行政主体,其必须以委托行政机关的名义行使行政职权,由委托行政机关对其行为向外部承担责任。[1]受委托组织的主要义务有:①在委托行政机关委托的范围内行使职权,不得超越委托权限;②依法办事,不徇私舞弊、以权谋私;③接受委托行政机关的监督、指导,向委托行政机关请示、汇报和报告工作;④认真履行被委托的职责;[2]⑤其他约定的事项。如税务机关委托审计师事务所对企业财务账目等进行审计,受委托的(工作人员)徇私舞弊不依法履行审计职能,弄虚作假、伪造账目的,就是有违委托义务的行政违法行为,如果造成严重后果,

---

[1] 姜明安主编:《行政法与行政诉讼法》(第4版),北京大学出版社、高等教育出版社2011年版,第124页。

[2] 姜明安主编:《行政法与行政诉讼法》(第4版),北京大学出版社、高等教育出版社2011年版,第124页。

至少可以构成渎职事实行为。

3. 其他公权力主体

其他公权力主体是在没有法律、法规授权场合下行使公权力的组织。此类公权力主体与前述法律、法规授权主体在范围上有一定的交叉和重叠。比如，律师协会进行律师执业证书的颁发、吊销以及管理会员律师的权力是法律、法规授予的，即作为授权主体；律师协会还有处理当事人与律师之间的纠纷、争议的职能，此项权力并非法律、法规授予，即作为其他公权力主体。再如，消费者协会受理消费者的投诉，处理销售者、生产者与消费者之间的争议、纠纷是根据自身章程行使行政管理职权，代表其行使行政管理职权的人员在行使上述职权并造成严重后果的场合下亦有可能构成渎职事实行为。

上述诸类实际具有并行使公权力的主体，均具有侵害渎职罪保护法益"公务行为的公正性"的可能性，因此，在渎职罪主体范围界定的问题上，上述事实主体就成为需要考虑的对象。

二、渎职罪主体界定的理论依据

渎职罪是身份犯，其主体范围的界定要借助身份犯理论。"法条上，主体只规定为'者'。如，杀人罪、盗窃罪等都属于此类。但是，也存在着要求主体具有一定的特别属性、对其范围予以限定的场合，这称为身份犯。"[1]"国家机关工作人员"如果严格按照文义解释会导致范围过于狭窄，如果超出语义扩张解释又有违反罪刑法定原则之嫌，因此，需借助身份犯理论予以分析、阐释与合理界定。

---

[1] [日]山口厚：《刑法总论》（第3版），付立庆译，中国人民大学出版社2018年版，第135页。

(一) 特殊主体（身份犯）及根据

一般而言，自然人与法人属于一般主体，与此相对，"某些犯罪主体可能不是任何一个符合法律规定年龄的有责任能力者，而只能是具有一定特性的人：具备某种社会地位、职务、职业及其他"。[1]具备这种特殊资格的主体便是特殊主体。上述一般主体与特殊主体，在德日刑法理论中被称为普通犯与身份犯。渎职罪的主体是特殊主体，特殊主体"不是只有'者'这个表述一般主体的词语，也存在表明只具有'子女''公务员或仲裁人'、'医师、辩护人、公证人……'这样的特别的身份者。即构成要件上行为者有一定的身份被认为必要的犯罪，叫身份犯"。[2]特殊主体（身份犯）分为两类：纯正身份犯和不纯正身份犯。纯正身份犯是主体限于一定身份者，如渎职罪以"国家机关工作人员"为必要。不纯正身份犯，是指行为人的特殊身份并不是构成要件的必备要素，但是基于身份的特殊性规定了较重或较轻刑罚的场合。如，对于诬告陷害罪，我国《刑法》规定了"国家机关工作人员犯前款罪的，从重处罚"。严格意义上的特殊主体（身份犯）是指纯正身份犯，因为纯正身份犯的主体"特殊"体现在违法性上，即特殊身份（资格）的存在与否，决定法益侵害的危险或有无。而不纯正身份犯的"特殊"身份则对法益无实质影响，只是特殊身份影响行为人的非难程度。渎职罪"国家机关工作人员"的身份就是纯正的身份，如果不具备这一身份将无法侵害渎职罪所要保护的法益。关于特殊主体界定的依据，有①侵害特别义务说。该说认为身份犯重罚的

---

[1] 马克昌：《比较刑法原理——外国刑法学总论》，武汉大学出版社2002年版，第135页。

[2] 马克昌：《比较刑法原理——外国刑法学总论》，武汉大学出版社2002年版，第135页。

根据在于行为人侵害了他所负担的特别义务。身份犯就是义务犯，行为人由于具有特殊身份，处于承载社会期待的特定地位，自身就置于刑罚加重或减轻的状态。②身份者可能侵害法益说。该说认为违法性的本质在于法益侵害（危险），如果行为人不具备某种特定的地位或身份，则不可能侵害法益。③身份者侵害特别法益或期待说。这是一种折中学说，对于纯正身份犯来说，其存在的特别的身份、地位或资格可能侵犯到特别的法益。如受贿罪所保护的法益是职务的廉洁性，如若行为人不具备"国家机关工作人员"这一身份就无法侵害职务的廉洁性。在不纯正身份犯中，一般主体可以构成本罪，但是"国家机关工作人员"身份被给予更强避免犯罪的期待。

（二）特殊主体理论对渎职罪主体范围界定的机能

关于身份犯的界定依据，侵害特别义务说以行为人具有特殊地位应当负担特别义务来奠定身份基础的见解存在逻辑上的冲突，因为身份犯是违反了特别义务而不是侵害了特别义务。身份者侵害特别法益或期待说，对纯正身份犯和不纯正身份犯分别加以考察，将不纯正身份犯"对身份者适用较强的期待"作为加重处罚的见解，尚有探讨的余地。身份者可能侵害法益说，即以法益侵害的有无或危险为决定要素来界定特殊主体（身份）的见解是可取的，因为渎职罪作为行政犯，其罪名设置的初衷或最初目的就是保护某种特别行政秩序，而渎职罪就是在这个框架下保护职务行使秩序的正当性、合法性或公正性，据此，以渎职罪保护的基础法益（公务行为的公正性）为指引来界定渎职罪主体"国家机关工作人员"的范围是可行的路径。"国家机关工作人员"的范围的界定受渎职罪保护法益——"公务行为的公正性"制约，如果行为人不具备特定身份，就无法侵害"公务行为的公正性"，则必须肯定渎职罪主体资格，并以此来划定"国家机关工作人员"范围的最内界限；反之，行为人即便具备某种特殊身份，也无法侵害"公务行为的公正性"这一法益，就没有必要承认渎职罪主体资格，并以此来划定"国家机关工作人员"范围的最外界限。法律规范与社会发展是相互调试的过程，法律规范调整社会运行，反过来法也随着社会变迁而不断调适自身，但作为"经济基础"的社会更具有本源性。因此，必须在法益论的指导下使法律规范的内容（渎职罪主体范围）适应社会需要（事实履职主体）具有实质和形式上的合理性。

三、"国家机关工作人员"范围的界定路径

在对某个问题提出解决方案之前，首先要探究既有的尤其是最新的解决方法，如果现有方法能够有效地解决问题，则消解了进一步探讨的余地；如果现有方案不能有效地解决问题，就需要进一步研究问题的本质，提出新的解决方案。新方案的提出需要经过实践试验，以验证其可行性与妥当性。本书提出渎职罪主体范围问题的解决方案坚持两项具体原则，其一是应当能够涵摄复杂多样的事实主体；其二是在刑法规范语义射程内，不至于损害刑法的安定性与可预测性。

（一）既有解决方案与合理性探讨

关于"国家机关工作人员"主体范围的界定，主要的学说有身份论、公务论、身份兼公务论和新公务论等。

1. 身份论

渎职罪的主体"国家机关工作人员"以"身份"为界定标准，即列入国家行政编制的公务员才符合这一主体资格。身份论的最大优点在于具体明确、司法操作简便，不至于出现界限模糊的问题。但"身份论"也存在范围过于狭窄、很难适应司

法实践需要的明显缺陷,如前文"渎职罪的实然主体"指出,随着我国政治体制改革,"服务型政府"和"简政放权"的推行,国家行政管理体制发生了翻天覆地的变化,承担行政管理职能和国家社会管理职责的主体已远远超越了单一的具有行政"编制"的人。没有行政"编制"或不具备正式行政"编制"但实际行使行政管理职权者占据相当大的比例。如公安机关的"辅警"虽然不具备正式国家编制,不具有国家机关工作人员身份,但却实际拥有一定权力,行使行政管理职权,承担相应的行政职责。又如"疾控中心"的事业编制人员,也是具有一定的行政管理职权,行使相应的职能,但却不具备国家机关工作人员的身份。以上述两类主体为例,其都能够通过自身的职务行为侵害或威胁渎职罪的保护法益,损害公务行为的公正性,如果不将其纳入渎职罪的打击范围,势必会造成法律漏洞,不利于渎职犯罪的惩治与预防,与此相对,身份论恰恰无法解决这个问题。

2. 公务论

公务论认为,衡量是否为"国家机关工作人员"应当以是否从事国家机关公务为准。[1]公务论突出的是职务(公务)性特征,以刑法保护法益"公务行为的公正性"为核心,行为人只要侵犯了"公务行为的公正性",就符合渎职罪主体资格要求,毋宁说,渎职罪主体是否具备"行政编制"。以法益论为基础,强调渎职罪的主体应当以实际执行职务为标准的见解,应当说抓住了渎职罪主体的本质,但是公务论片面强调从事公务的特征忽略了主体的"资格(身份)"要素特性同样存在重大缺陷。即只要是从事公务的人员都具有主体资格的符合性,势

---

[1] 武小凤:《论渎职罪主体构成的统一性要求》,载《兰州大学学报(社会科学版)》2003年第2期。

必造成渎职罪主体范围的无限扩大，司法机关在具体案件的认定中对此无法准确把握，进而可能导致错案的发生。如甲去某行政机关找其朋友乙，乙由于工作繁忙便要求甲帮忙处理手头事务，按照"公务论"似乎甲也符合渎职罪主体资格要求，因为甲确实在从事"公务"，这样的结论恐怕难以具有合理性。再者，"公务"本身就是一个较为模糊的概念，按照不同的价值观念、不同领域分工或管理层级都可能得出不同的结论，所以想用一个本身就较为模糊的概念来界定另一个概念的范围，显然无法得出令人满意的结果。

3. 身份兼公务论

身份兼公务论认为，"从事公务"是国家工作人员的本质，然而从事公务活动又要以一定的"资格（身份）"为前提，并且这种资格（身份）不能片面地只限于"国家机关工作人员"，还应包括依法取得从事公务资格的人员。因此，在界定国家机关工作人员范围时，应将"身份"和"公务"有机地结合起来，不可偏废任何一个。[1] 该说还提出按照"资格"和"公务"双重要素标准来界定渎职罪主体范围，其优点在于克服了单纯"身份论"的过度僵化与公务论的概念模糊和外延过宽的问题，但存在的问题是身份与公务是并列的关系吗？还是哪个要素更重要？应该怎样解释与适用？即产生了"身份"与"公务"关系的争议，这在司法解释中体现得尤为明显，最高人民检察院在司法解释中以"公务论"为核心，最高人民法院却以"身份论"为核心。

4. 新公务论

新公务论认为，渎职罪主体的界定应以资格为前提，以职

---

[1] 李希慧、贾济东：《关于"国家机关工作人员"的本质论》，载《中南大学学报（社会科学版）》2003年第3期。

责或职权为基础，以职务名义从事国家管理、社会管理、公共事务管理等为内容。如下表所示：

表3-1 新公务论关于"渎职罪主体"的认定标准[1]

	资格（身份）	职权（职责）	以职务名义
国家机关工作人员的主体资格	法定身份	+	+
	合法授权	+	+
	受有权机关委托	+	+

按照新公务论，取得资格是前提条件。所谓资格，是指为获得某一项特殊权力而必须具备的先决条件。[2]国家机关工作人员的资格获得包括三种方式，即法定身份、合法授权、受有权机关委托。所谓具有法定身份的国家机关工作人员，是指依照法律规定在国家机关中从事公务的人员，主要是指依照《宪法》规定的"国家机关工作人员"的范围，包括在各级国家权力机关、行政机关、审判机关、检察机关和军队中从事公务的人员。所谓经合法授权的国家机关工作人员，一是指在法律、法规规定的或国家机关授权的事业单位、国有公司、企业以及在国家机关性质的机构中从事公务的人员，如社会主义学院的工作人员等；二是指在国家机关中依法短期或临时从事公务的人员，如在会议进行中履职的人大代表或政协委员；所谓受有权机关委托的国家机关工作人员，是指有权机关以合同制形式聘用、委派从事公务的人员，如公安机关以劳务合同形式聘用的辅警等。"新公务论"借鉴了"身份兼公务论"的合理内核，

---

[1] 图表来源于本书整理。
[2] 李希慧、贾济东：《关于"国家机关工作人员"的本质论》，载《中南大学学报（社会科学版）》2003年第3期。

即侧重"公务"本质,兼顾"身份"的要素,为渎职罪主体范围的界定提供了切实可行的标准。但是,新公务论把"以职务名义"这样典型的行为方式纳入主体的认定中是否合理还有待进一步考察。原因在于,国家机关工作人员的认定要么依据"身份"要么依据"公务"抑或兼而有之,无论哪一种标准都是一种静态的、客观的判断。更进一步说,所谓"以职务名义"不过是"公务"的外在表现形式,因而渎职罪主体的认定就不需要"以职务名义"这个要素。比如,在道路上指挥交通的交警(辅警),只要其获得合法委托"资格",实际履行行政职务就应符合渎职罪主体资格的要求,是否"以职务名义"影响不到本罪保护的法益。

(二)"国家机关工作人员"范围界定的"解释"路径探讨

第一,身份(资格)来源于法益。违法性的本质在于法益侵害(危险),如果行为人不具有某种特定的地位(资格)或身份(状态),就不具有法益侵害的可能性,应以渎职罪保护法益为基础来解释渎职罪主体即"国家机关工作人员"的范围。对"公务行为的公正性"这一法益造成侵害或危险的人即属于"国家机关工作人员",而不是任何人。如,失职致使在押人员脱逃罪,是指司法工作人员由于严重不负责任,致使在押的犯罪嫌疑人、被告人或者罪犯逃脱,造成严重后果的行为。此处的"司法工作人员"应理解为具有对在押人员负有直接或间接监管职责的人,对于没有此项职责的人即便属于司法工作人员也不属于适格主体。又如,民事、行政枉法裁判罪,是指司法工作人员在民事、行政审判中故意违背事实和法律作枉法裁判,情节严重的行为。这里的"司法工作人员"也是指对行政、民事的公正裁判负有职责的人,而不是泛指所有在司法机关工作的人员。因此,渎职罪主体是具备某种特定的"职责或职权",

侵害或威胁渎职罪保护法益的人。

第二，职责（职权）来源于身份。依据"权利义务相对性"的原理，没有人可以平白无故地负有义务，行为人拥有某项职责（义务）必定是通过某种"资格或身份"这个媒介获得，行为人拥有一定的资格或身份却未必具有实际从事社会管理、公共事务管理的职权，但是拥有某一项职权必定以具有某种身份或资格为前置条件。

第三，身份与职责共同构成渎职罪主体的要素。按照我国现行行政体制与行政管理实际状况，承认资格（身份）来源的多样性是必然的要求，如前文提到的法定身份、合法授权和受有权机关委托等三种或更多资格（身份）来源。因此，渎职罪主体是以获得特定"身份"或"资格"为前提，实际具有职权从事公务的人。

综上，渎职罪主体应以"资格"+"职责或职权"这两个核心要素为认定基准，承认身份来源的多样性是关键。后者与"身份兼公务论"的区别不在于"职责（公务）"的内涵，也就是说，"职责或职权"要素与"身份兼公务论"和"公务论"中所指的"职责（公务）"的内涵是一致的，但"身份（资格）"的内涵却有较大差异，本书认为必须承认身份来源的多样性，"身份兼公务论"中的身份指的是狭义的身份概念，即法定身份。而本书认为的"身份（资格）"应包括法定身份、合法授权、受有权机关委托等多种来源，只有这样才能够囊括性质不一、复杂多样的实然主体。如最高人民检察院所作的《关于合同制民警能否成为玩忽职守罪主体问题的批复》《关于属工人编制的乡（镇）工商所所长能否依照刑法第397条的规定追究刑事责任问题的批复》明确了"合同制民警"与"工人编制的工商所所长"渎职罪主体资格。全国人民代表大会常务委员会《关于〈中华人民共和国刑法〉第九章渎职罪主体适用问题的解释》明确了渎职罪的三类主体：①在依照法律、法规规定行使国家行政管理职权的组织中从事公务的人员；②在受国家机关委托代表国家机关行使职权的组织中从事公务的人员；③虽未列入国家机关人员编制但在国家机关中从事公务的人员。这些立法、司法解释都支持了"国家机关工作人员"资格来源的多样性。按照"身份（资格）"和"职责或职权"两个核心要素规范地界定渎职罪主体的范围，具有"射程范围广"、能够应对纷繁复杂多元化主体的优势，且认定标准具有统一性，最大限度地保障了案件的公平性、规范性和可预测性。

（三）"国家机关工作人员"范围界定的"非解释"路径探讨

刑事司法具有形式合理性优先的要求，在刑事司法活动中，应旗帜鲜明地坚持形式合理性优先，若坚持合法性优先，不允许在法规之外寻找罪与非罪的评价根据。[1]因此，只要"国家机关工作人员"这一主体在我国刑法中的"形式"没有变动，对这个主体进行界定的合理、可行的方式就只有解释。现有研究思路也大多是围绕"国家机关工作人员"这一概念进行合理的扩张解释。但是，进行学术探讨时完全可以沿着"非解释"路径对"国家机关工作人员"的界定展开研究。

（1）现有"解释"路径存在一定缺陷。其一，针对"国家机关工作人员"在司法认定中的障碍，首先出现的便是司法解释，但司法解释都是针对个案而言的，即便解决了"个别"问题，"普遍"问题还是存在。另外，司法解释有的侧重"身份"有的侧重"公务"，一定程度上存在分歧，导致下级司法机关在适用法律时左右为难。其二，全国人民代表大会常务委员会的"普遍"性立法解释，即《关于〈中华人民共和国刑法〉第九

---

[1] 董玉庭：《刑法前沿问题探索》，人民出版社2010年版，第86页。

章渎职罪主体适用问题的解释》，在相当程度上明确了我国渎职罪主体的范围，给司法适用带来了极大的便利。立法解释的最大理由在于，刑法是立法机关制定的，由立法机关来解释当然是最妥当的。但是，根据罪刑法定原则，罪由刑法规定或确定，"刑法"与立法者、立法机关并非一体，具有法律效力的是由文字表达出来的、具有外部形式的刑法，而不是存在于立法者大脑中的内心意思。[1]据此，以立法解释的方式界定渎职罪主体的范围，虽然符合《立法法》"法律的规定需要进一步明确具体含义的"之要求，但是仍有"解释剥夺立法"之嫌。其三，现有解释范围与我国《宪法》规定不完全契合，与人们的普遍观念相抵触，萎缩了刑法的指引机能。根据我国《宪法》关于"国家机构"的规定，我国国家机构包括：全国人民代表大会，中华人民共和国主席，国务院，中央军事委员会，地方各级人民代表大会和地方各级人民政府，民族自治地方的自治机关，监察委员会，人民法院和人民检察院。只有在上述机关工作的人员，才属于"国家机关工作人员"。据此，即便在上述机关工作的非正式的、聘用的等工作人员能被解释为"国家机关工作人员"，将不在上述机关工作的人员解释为国家机关工作人员也超出了人们的普遍观念。如司法案例中将"中学校长"解释为国家机关工作人员，引起行为人的强烈抵触，以至于不断申诉。其四，对刑法的法律主义、明确性造成了一定的冲击。罪刑法定原则首先要求，处罚必须依据议会制定的"法律"，[2]依据法律主义，裁判所作出的法律解释、适用之间的关系也存在问

---

[1] 张明楷：《立法解释的疑问——以刑法立法解释为中心》，载《清华法学》2007年第1期。

[2] [日] 松原芳博：《刑法总论重要问题》，王昭武译，中国政法大学出版社2014年版，第21页。

题。虽然允许扩张解释,但是这种扩张并非无限制地任意允许的,而要限定在条文用语的可能理解的框架范围之内。[1]据此,这个立法解释是否包含在语义范围内就成为问题。不明确的罚则实际上违反了罪刑法定原则,是不被允许的。罚则的不明确性包含两方面的内容,一是构成要件的不明确性,二是刑罚的不明确性,但实际上有争议的是前者。某个构成要件要素的语义模糊,不能为一般人展示出能够识别禁止行为与非禁止行为之间的界限,不能发挥向国民预先告知的机能。因此,通过解释的方式划定渎职罪主体的界限范围总是存在一些缺憾。

(2)"非解释"路径未必不可行。我国渎职罪主体的问题与争议本质上源于应然规范与实然主体不匹配,即1997年修订《刑法》时将渎职罪主体修改为"国家机关工作人员",不能有效涵盖实际履行行政职权、具有侵害法益可能性的全部行政主体。因此,本书认为"面对现实与有限扩张"是解决我国渎职罪主体问题的可行路径。其一,我国《刑法》第93条、第94条以列举的方式规定了"国家工作人员""司法工作人员"的范围,同样,可以依照此类以列举的方式明确规定"国家机关工作人员"的范围。俄罗斯的渎职罪主体范围就是在刑法附录中以列举的方式予以明确的。其二,将渎职罪分别规定,即"国家机关工作人员"渎职罪与"非国家机关工作人员"渎职罪(特别渎职罪),增强渎职罪主体的包容性与可预测性,最大限度地消解行为人对"主体不适格"抗拒的冲击力。德国、美国刑法关于渎职罪主体就有类似的分类处理方式。其三,将渎职罪主体修改为"公职人员"更符合现今的行政体制与司法实践。前文已多次提及,按照我国目前的行政体制,实际享有社

---

〔1〕[日]山口厚:《刑法总论》(第3版),付立庆译,中国人民大学出版社2018年版,第13~14页。

会管理职权并履行公共管理事务的主体远远不限于"国家机关工作人员",因此,就主体的包容性而言,"公职人员"比"国家机关工作人员"的范围更宽、含义更广、辐射面更大,因而更具优势。

(3)延伸探讨:参照监察法的监察对象范围。《监察法》第1条规定,"……加强对所有行使公权力的公职人员的监督,实现国家监察全面覆盖……"第15条规定,"监察机关对下列公职人员和有关人员进行监察(一)中国共产党机关、人民代表大会及其常务委员会机关、人民政府……(二)法律、法规授权或者受国家机关依法委托管理公共事务的组织中从事公务的人员……(四)公办的教育、科研、文化……从事管理的人员;(五)基层群众性自治组织中从事管理的人员;(六)其他依法履行公职的人员"。《监察法实施条例》第37条规定,监察机关依法对所有行使公权力的公职人员进行监察,实现国家监察全面覆盖。同时,《监察法实施条例》第38条至第44条则进一步以列举的方式明确了"所有行使公权力的公职人员"的范围。本书认为,监察体制改革后所确定的监察对象范围具有相当的科学性与合理性,理由在于,一是涵盖范围广,覆盖了所有行使公权力的公职人员,符合我国目前国家管理体制的现实情况,为最大限度地防范公权力滥用奠定了基础。二是明确性,不仅明确规定了"所有行使公权力的公职人员"的范围,还以列举的方式进一步确定了具体"行使公权力的公职人员"的类型,符合现代法治要求的明确性。三是监察法的监察对象与渎职罪的犯罪主体在本质上具有高度的一致性,都是能够通过公职身份来损害公权力的正当行使,侵害国家公务行为公正性的法益,进而危及国家、社会或个人的合法权益。站在一元违法论的立场,"违纪"或"行政违法"与渎职犯罪并无本质区别,只是程度上有所不同。因此,本书认为监察对象的范围直接适用或移植为渎职罪的主体范围未尝不可。

(四)"国家机关工作人员"范围界定路径的案例检视

按照"解释"的认定路径,参照前文针对主体问题列举的案例,如案例1,依据渎职罪主体"资格"+"职责或职权"的认定标准,资格包括:法定身份、合法授权、受有权机关委托。陈某作为公办学校的校长,符合资格中的"受有权机关委托"的条件,"职责或职权"即"学校国家助学金和免学费补助金工作"是代表学校和财政部门履行具有教育行政管理性质的职权,因此,陈某既符合资格条件,也符合职责条件,是滥用职权罪的适格主体。又如案例2,按照"资格"+"职责或职权"的认定标准,冯某符合资格中的"受有权机关委托"的条件,其职责是"冬羔羊验收"且具有行政管理性质,符合渎职罪主体资格要求。再如案例3,李某作为看守所文职人员,既具有授权身份,又具有"建议变更强制措施、外出就医时与民警共同落实安全措施等"监管职责,因此可以被认定为司法工作人员。按照立法(非解释)的路径,案例1、2、3中,陈某作为公办学校的校长,冯某作为事业单位人员,冯某作为看守所文职人员,如果在刑法列举的渎职罪主体范围内或属于"非国家机关工作人员"特别渎职罪主体范畴,或属于"公职人员",都能够在一定程度上消解行为人对其是否属于"国家机关工作人员"的冲击力。

第二节 渎职罪因果关系问题之解决:理论选择与缓和认定

渎职罪是职务性行政犯,行政违法与刑事违法的特殊不法构造导致其因果关系存在多因一果、多因多果、间接性等显著特点，其认定难以完全套用通说的因果关系理论，因此，选择适当的因果关系理论，采取缓和的认定态度是解决渎职罪因果关系认定问题的可取路径。

一、渎职罪因果关系的特点与认定困难

因果关系认定是渎职罪较为复杂和棘手的问题。在理论层面，由于因果关系理论本身的复杂性，关于刑法因果关系的认定理论历来有条件说、相当因果关系说、危险的现实化理论、客观归责理论等，但哪个理论能够更好地解决刑法因果关系的认定问题、哪个理论更具优势，始终争论不休。在事实层面，由于渎职罪的行政违法与刑事违法双重违法性构造，事实因果关系复杂，即存在多因一果、多因多果、间接的因果关系。渎职罪是行政犯，其规制的对象是行政管理中滥用职权、玩忽职守或徇私舞弊的行为，在行政管理法律关系中行政主体与行政相对人的法律关系多种多样、纷繁复杂，渎职罪的因果关系比自然因果关系要复杂得多。综上，由于渎职罪因果关系存在理论与事实的双重复杂性，其研究与界定就要在选择恰当因果关系认定理论（学说）的前提下，结合渎职罪行政犯特征予以缓和认定。在司法实践中，时有行为人对自己的渎职行为是否与损害后果存在因果关系产生争议，辩护人也往往以此为由，提出无罪辩护意见。这一争议在滥用职权罪中尤为显著。如在申某滥用职权案（前文案例4）[1]中，申某以自己审批商品房预售款的行为与造成危害结果之间没有必然因果关系为由，提出无罪辩护意见；在周某滥用职权案[2]中，周某以没有参与最终决策，国家财产造成任何损失与周某渎职行为之间并不存在直

---

[1] 案例来源于中国裁判文书网：[2018] 云刑终243号。
[2] 案例来源于中国裁判文书网：[2017] 苏刑终333号。

接的、唯一排他的因果关系为由，提出上诉；在陈某某滥用职权案[1]中，陈某某以渎职行为与危害后果之间没有因果关系为由，提出上诉。上述案件的争议，实际上体现出渎职罪因果关系的复杂性，尤其是滥用职权罪特殊不法构造导致的因果关系的特殊复杂性。本书的研究，一方面为渎职罪因果关系的认定选择适当的理论工具；另一方面尝试为渎职罪因果关系的认定提出标准。

二、渎职罪因果关系认定的理论障碍

由于因果关系学说众多，在此选取影响较大的"相当因果关系说"及较新的并且处于有力地位的"客观归责理论"予以探讨。

（一）"相当因果关系说"在渎职罪因果关系认定中存在一定障碍

相当因果关系理论是在条件因果关系的基础上以相当性为标准来判断因果关系有无的理论。相当性又以因果流程是否异常作为具体判断标准，在自然犯因果关系认定中实用性很强。对于相当因果关系说的批评在于：一是对"相当性"的判断，很大程度上取决于判断资料的多少，甚至有时依赖行为人的特殊认知。对于一个结果实现的考察，客观上存在的条件考虑得越多，相当关系成立的可能性就越高，而在今天的科学理解能力下，除非是绝无仅有的奇迹，否则日常生活中几乎并无偶然。[2]行为人的主观认识也会对"相当性"的判断产生重要影响。"结果归属于行为的规范性归责判断，考虑行为人主观并无不可……即

---

[1] 案例来源于中国裁判文书网：[2014] 粤高法刑二终字第20号。
[2] 黄荣坚：《基础刑法学》（第3版·上），中国人民大学出版社2009年版，第184页。

便介入情况罕见，但若行为可支配、诱发介入的行为，则异常性也可转化为普通性。"[1]二是"相当性"是否存在，往往取决于看不见的价值判断，容易造成法官的恣意，难以保障法的安定性，尤其是存在介入因素的场合下更是如此。如，医疗过失的介入行为往往不阻断因果关系，而其他行为介入往往阻断因果关系流程，背后理由无从得知。三是从结果到行为的思考流程，几乎所有场合都可以肯定因果关系，不仅不当地扩大了因果关系的范围，甚至会造成因果关系名存实亡。在介入第三人行为的场合，如果行为人当时不可能预见到后来发生的事情、一般人也无法预料的话，那么相当因果关系说可能将一般观念视为偶然的情况也认定为具有因果关系，违反相当因果关系本来的宗旨。[2]总之，相当因果关系说在存在复杂的介入因素以及多重原因多个结果的场合，受价值影响过大，判断标准模糊。相当因果关系说结论产生的过程往往就是预设答案的过程，不论是根据条件因果关系预设答案，或通过过失概念（欠缺预见可能性）预设答案，相当因果关系说都是在进行一种没有意义的循环论证。[3]渎职行为大多没有直接创设法益侵害（风险），并且以故意犯罪模型预设的滥用职权罪呈现的却是过失犯的违法性特征，行为人无法把控从行为到损害后果的因果流程，这是相当因果关系理论难以克服的障碍。

（二）"客观归责理论"难以匹配渎职罪因果关系的认定

以克劳斯·罗克辛为代表的客观归责理论的设计者，试图

---

[1] [日] 西田典之：《日本刑法总论》，刘明祥、王昭武译，中国人民大学出版社2007年版，第80页。

[2] 喻浩东：《论故意犯的结果归责：反思与重构》，载《比较法研究》2018年第6期。

[3] 黄荣坚：《基础刑法学》（第3版·上），中国人民大学出版社2009年版，第183页。

在归责方面提供层次鲜明和内容明晰的检验流程，设计了"制造法不容许的风险""实现法不容许的风险""构成要件效力范围"三个步骤来认定结果责任。相较于相当因果关系，因果关系认定机制尽力呈现体系化、层次化和明确化特征。然而，客观归责理论也受到了广泛的批评，被认为是专门为过失犯因果关系的认定（归责）而量身定制的理论。"制造法不容许的风险"实质是界定过失行为。法律不能禁止所有的风险，否则社会将会停滞，在现代生活中诸如医疗行为、科学实验行为、体育竞技行为等都被视为法所容许的风险，因此，只有过失行为造成的风险才可能存在容许或不容许的问题。如果是故意制造了风险，即便是符合社会日常生活的习以为常的行为，也很难被论证为具有社会相当性。一旦行为被认为是故意侵害法益的行为，都会为刑法所禁止，故意违法行为不具有制造"法所容许的风险"的余地。"实现法不容许的风险"规则下的注意规范保护目的，本质也是适用于限制过失犯的处罚范围。规范目的保护说最初是继受于侵权法领域的理论，即应该通过探究侵权行为法律的保护目的来决定侵权行为所造成损害的赔偿责任范围。刑法原则上处罚未遂犯，一旦行为人故意开启了犯罪行为，即使结果未能实现一般也予以处罚。以故意状态实施的直接通向结果的行为，其行为主体所承担的损害后果范围要远远大于过失，据此，客观归责理论对于故意状态下行为的"扩张"结果归责不能完全适用。本书认为，故意犯的结果归责原就不是客观不法的问题，即使行为人"制造法不容许的风险"，还要看行为人对该"风险"是否具有意志支配能力，否则按照责任原则不能把该"风险"归于行为人。故意犯的本质，是行为人在规范上体现对法秩序的敌对态度，因此仅当结果位于意志支配范围时，才能征表这一敌对意识，从而影响到法秩序中一般大众情绪上对制裁强度的需求感受。[1]除了客观归责理论本身的问题,其不能完全运用于渎职罪因果关系认定的理由还在于,如滥用职权罪的特殊不法构造即行为的故意与结果的过失相结合,其因果关系具有故意因果的色彩,又有过失因果的痕迹,作为为过失犯因果关系认定量身定做的客观归责理论在滥用职权罪以及其他故意类渎职罪的因果关系认定中所发挥的作用极为有限。

三、因果关系的犯罪论归属、定性与选择[2]

(一) 从事实到规范、从归因到归责:对条件说的批判与修正

条件说为刑法因果关系的认定提供事实基础和逻辑前提。按照这个立场,①原因说,是为了避免条件说不适当地扩大刑事责任范围而产生的。该说在具体考察案件的场合,区分原因与条件,认为原因对损害后果的发生具有原因力,而条件则不具有原因力。原因说为限制条件说"宽广"的因果流程范围提供了具体标准,在这个意义上有其进步性。但是,其一,依据自然原因力标准区分原因与条件,又回到了自然因果关系论的窠臼而无法达到预期目的。其二,以本身就没有明确边界的原因和条件作为标准,来限制因果流程范围则又陷入了无边无际循环论证的泥沼。原因说随着相当因果关系说的抬头,完全消失形影,之后直到现在,其主张者一个也没有发现而成为过去的理论。[3]②相当因果关系说作为一直存在的通说见解,以承认条件关系为基础,以是否具有"相当性"即自身经验上的通

---

[1] 喻浩东:《论故意犯的结果归责:反思与重构》,载《比较法研究》2018年第6期。

[2] 参见韩子昌、于逸生:《刑法因果关系新论:解构、归属与定性——以渎职罪因果关系为分析对象》,载《学习与探索》2020年第11期。

[3] [日] 西原春夫:《刑法总论》(改订准备版·上卷),成文堂1995年版,第111页。

常性（因果流程是否异常）来限制因果关系范围。在相当性的判断上，该说又区分为主观说、客观说和折中说。对该说的批判，如"相当性与否"的判断很大程度上取决于判断资料的多少，有时甚至依赖于行为人的特殊认知。一方面，对于一个结果实现的考察，客观上存在的条件考虑得越多，相当关系成立的可能性就越高，而在今天的科学理解能力下，除非是绝无仅有的奇迹，否则日常生活中几乎并无偶然。[1]"结果归属于行为的规范性归责判断，考虑行为人主观并无不可……即便介入情况罕见，但若行为可支配、诱发介入的行为，则异常性也可转化为普通性。"[2]进而导致，现实就是有了该行为才有了该结果，这样的行为和结果，几乎在所有场合都有因果关系，从而不当扩大了因果关系范围。[3]据此，相当因果关系说因其"相当性"判断标准的模糊性与不确定而受到广泛诟病。本书认为，其一，相当因果关系说承认条件因果关系的前提，主张在刑法因果关系场域内基于"相当性"规范评价这个立场，无疑在所有因果关系理论中是极具优势的，因而得到广泛认同。其二，各批判学说并未完全抓住本质。各批判学说均是围绕着因果关系本身作为论证起点，但是在刑法场域内基于融贯性和体系性的要求，无论如何也不能抛开犯罪论这个基础。也就是说，只有在犯罪论场域下界定因果关系的性质、应发挥的作用以及构造模式，才能构建符合刑法要求的因果关系认定"公式"。所以，在没有弄清上述问题前而径行讨论相当性的问题无疑是缘

---

[1] 黄荣坚：《基础刑法学》（第3版·上），中国人民大学出版社2009年版，第184页。
[2] [日]西田典之：《日本刑法总论》，刘明祥、王昭武译，中国人民大学出版社2007年版，第80页。
[3] [日]大谷实：《刑法讲义总论》（新版第2版），黎宏译，中国人民大学出版社2008年版，第199页。

木求鱼。③客观归责理论（危险现实化），是客观地判断行为与结果关系的理论。该说鉴于相当因果关系说没能够为刑法因果关系的认定提供具体可操作规则，试图构建有层次和具体内容的检验流程。以克劳斯·罗克辛为代表的客观归责理论设计者提出了"制造法不容许的风险""实现法不容许的风险""构成要件效力范围"三个步骤来认定。客观归责理论并没有否定"责任是一种评价，而事实是一种描述"这一刑法教义学的基本区分，因此，也就没有否认"不法"与"责任"判断阶层区分对于保护法益与保障人权的积极意义。[1]对此，有学者指出，在多数情况下，客观归责理论对风险是否被制造、被实现的判断，与相当因果关系理论的相当性判断没有实质差别，客观归责理论是对行为和结果之间的相当性判断的另外一种说法。[2]从这个意义上讲，没有必要在事实判断（条件说）、法律判断（相当因果关系说）之外，另外再构建一套实质地评价行为与后果关系的理论。[3]

可以看出，刑法因果关系理论大体上历经了批判与修正的"条件说—相当因果关系说—客观归责理论"演进过程，实现了从事实到规范，从归因到归责的嬗变。在这一过程中，始终成为问题被激烈讨论的是，刑法因果关系是否需要考虑行为人的主观因素，必然因果关系说、相当因果关系说中的主观说和折中说对此持肯定立场；偶然因果关系说、客观归责理论、相当因果关系说中的客观说则持否定立场。不难发现，持肯定立场的学说都是在运用条件说划定因果关系范围之后进一步进行客

---

[1] 刘涛：《客观归责理论与系统反思性》，载《黑龙江社会科学》2018年第3期。
[2] 周光权：《结果回避义务研究 兼论过失犯的客观归责问题》，载《中外法学》2010年第6期。
[3] 周光权：《客观归责理论的方法论意义兼与刘艳红教授商榷》，载《中外法学》2012年第2期。

观归属判断,而持否定立场的学说是对刑法因果关系作一次性判断。[1]本书认为,对于因果关系的判断,是否要考虑行为人的主观要素,根本上取决于刑法因果关系的性质定位。即其判断模式究竟是只考虑客观要素还是同时考虑主观要素与客观要素不过是因果关系的外在构造的差别,决定其外在构造样式的却是内在的原理。站在违法与责任构建起的刑法大厦面前,如果认为因果关系只纯粹解决从行为到结果的法益侵害(威胁)问题以为归责提供违法性事实基础,那么因果关系就应是客观判断的过程而不应包含主观要素;如果认为因果关系同时解决责任问题,那么其判断就无可避免地包含主观因素。因此,刑法因果关系在犯罪论场域中的定位与设计是极其重要的核心问题。

(二) 现存各说因果流程模型

为了进一步更为深入地研究因果关系本质问题及各学说之间的关系,本书梳理出现存各因果关系流程图,如下所示:

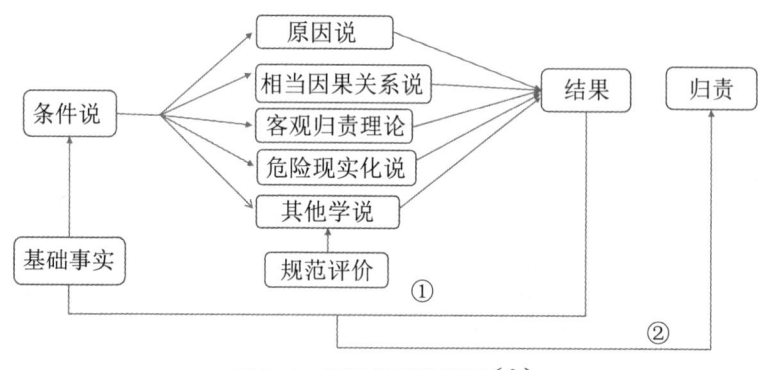

图 3-1　因果关系流程图[2]

---

[1] 邹兵建:《刑法因果关系的司法难点——基于刑事司法判例全样本的实证研究》,载《政治与法律》2015 年第 12 期。

[2] 图表来源于,韩子昌、于逸生:《刑法因果关系新论:解构、归属与定性——以渎职罪因果关系为分析对象》,载《学习与探索》2020 年第 11 期。

从上图可以看出，其一，在刑法领域，条件说作为因果关系理论的逻辑起点和现实基础始终被坚持，所谓的原因说、相当因果关系说或客观归责理论，不过是在条件说的基础上规范地限制因果流程范围以达到更加适合刑法社会伦理性特征的目的。其二，因果关系在犯罪论场域内的性质，即作为构成要件要素的因果关系是被看作影响违法的要素还是影响责任的要素是一个十分关键的问题。站在"违法是客观的，责任是主观的"立场，如果认为因果关系流程是违法问题，那么作为实质决定责任的主观要素就被排除在因果流程之外，应放置在因果关系外部即②的位置予以讨论。反之，如果认为因果流程作为责任（或同时解决责任）问题，那么在因果流程中就必然包含主观要素，主观要素就应放在因果关系内部即①的位置予以讨论。其三，如果站在前一个立场，即因果关系作为违法领域的问题，那么即便因果流程无可避免地介入"规范判断"即社会伦理价值评价，实质上也是客观的判断过程。

（三）因果关系的犯罪论归属：违法的本质属性

现代刑法是以违法和责任为支撑搭建起来的大厦，明确的是违法有责的行为类型。那么，作为构成要件要素的因果关系[1]，究竟是违法要素，还是责任要素？对这一问题的探讨或许在理论和实践上均鲜有认为有必要。但是因果关系的不同性质归属，不仅决定刑法因果关系本身构造的差异以及功能的实现，更为具体案件因果关系的认定提供不同的指引路径。详而言之，如果因果关系作为为违法提供根据的要素，那么因果关系的认定

---

[1] 因果关系在刑法体系中的定位并不是完全没有争议，通说的见解如日本学者小野清一郎、大谷实、山口厚、大塚仁及我国学者马克昌、张明楷等均认为因果关系应作为构成要件要素；但是也有见解认为因果关系是连接行为与结果的事实，不应作为构成要件要素，本书坚持构成要件要素立场。

只应基于纯粹客观的立场来判断,因果关系存在与否不受主观要素的影响;反之,如果认为因果关系作为责任要素,那么因果关系有无的判定就可能受到主观要素的影响。如,A用刀捅刺具有血友病的B致B流血不止死亡的场合,判断A的行为与B死亡之间是否具有因果关系,如果站在违法属性立场,因果关系的有无与A的主观认识无关,只需在客观层面上进行判断;与此相对,如果站在责任属性立场,那么A对B身体状况的认识或预见就会左右因果关系的判断。如此看来,界定因果关系的犯罪构成属性,是研究刑法因果关系的逻辑起点而非终点。

第一,在犯罪构造中的应然定位。按照一贯的见解,行为(状况)、行为对象、损害后果、因果关系等都是构成要件要素;晚近以来,故意、过失和主观超过因素被部分学者归入构成要件要素并逐渐变得有力。客观的构成要件要素包括:行为、结果、因果关系、犯罪主体、行为客体、行为环境;主观的构成要件要素包括:故意、过失、特殊的主观违法要素(目的、倾向和状态)[1],前者规制故意认识内容(故意规制机能),后者使犯罪个别化(个别化机能)。[2]行为与结果向来是毫无疑问的客观构成要件要素,因果关系作为连接二者的桥梁介于二者之间,从体系位置来看处于客观的构成要件要素范围之中,故意的判断应当在这个范围内进行。构成要件作为违法有责的行为类型,其内部又可分为作为违法类型的要素与作为责任类型的要素。按照"违法是客观的,责任是主观的"基本立场,大体而言,作为违法类型的构成要件要素以客观要素为中心;

---

[1] 参见[日]西原春夫:《刑法总论》(改订准备版·上卷),成文堂1995年版,第166~167页。
[2] 张明楷:《犯罪构成体系与构成要件要素》,北京大学出版社2010年版,第118页。

作为责任的构成要件要素则以主观要素为中心。因此，将以客观形式存在的因果关系作为违法类型的客观构成要件要素来把握，至少在犯罪构成的体系中是没有什么障碍的。

第二，决定法益侵害（威胁）的客观违法事实。结果无价值论认为犯罪的本质是法益侵害，刑法是对社会生活中被认可的各种利益进行保护的，这种利益被称为法益或保护法益，只要是对法益的攻击行为，即侵害法益或者使法益蒙受危险的行为，就是犯罪。[1]因此，法益侵害（威胁）为违法性提供了实质根据，为犯罪奠定了基础。构成要件结果不过是抽象法益在具体案件中的形象展示，刑法因果关系成为问题，正是为了解决某种行为与结果（法益侵害）之间的关系。基于融贯性和逻辑自洽性的要求，因果关系倘若要在犯罪论中找到恰当的位置，其性质的界定就要基于法益理论进行体系性论证。按照这个观点，违法与责任是针对符合构成要件的行为的两项评价，这两项不仅是关于各个不同内容的评价，而且评价的阶段也不相同，即首先考察是否违法，如被评价为违法，其次才考察是否有责，在刑法上不存在不违法而有责的行为。[2]所以，某一行为是否违法，原则上要由其客观外部方面来决定，而关于主观违法要素的存在，日本学者小野清一郎持怀疑态度。[3]按照这个见解，如前例，A用刀捅刺具有血友病的B致B流血不止而死亡的场合，无论A对B（血友病）的事态是否有认知，都不能否定A的行为对B的死亡（生命法益侵害）产生了实质性作用。基于

---

[1] [日] 大塚仁：《犯罪论的基本问题》，冯军译，中国政法大学出版社1993年版，第4页。

[2] 参见 [日] 阿部纯二等编：《刑法基本讲座》（第3卷），法学书院1994年版，第4页。

[3] [日] 小野清一郎：《犯罪构成要件理论》，王泰译，中国人民公安大学出版社1991年版，第33页。

此,因果关系属于实质影响法益侵害的违法性要素。对于这个结论,要完成自我证成还须经受严格的教义学检验。在一个兼具目的性与理性的刑法体系中,这一检验应包含三项要求:其一,坚持现有犯罪论的体系性指导。无论是作为方法论还是知识论,法教义学论证的展开都应在某种犯罪论体系理论的指导下进行。因果关系作为连接行为与结果的客观存在,决定了法益侵害(威胁)的有无,这就在法益上找到了其存在的根据。其二,确保因果关系(违法)与责任相协调。只要我们仍然承认违法与责任划分的阶层犯罪构成意义,那么就有必要区分违法与责任。将因果关系作为违法的构成要件要素就可排除主观因素对因果关系的影响,进而也能合理地解决因果关系认定与责任的混淆不清、漫无边界的问题。其三,基于刑事政策的考虑,为合理地限制因果关系范围奠定基础。无论是犯罪论体系的构建,还是特定条文的解释,都应避免刑事政策上的评价与法教义学上的评价发生冲突。[1]由于具体罪刑规范的保护目的指向特定法益,故刑事政策对刑法解释的塑形,主要借助方法论意义上的概念来实现。[2]因此,倘若采取违法论因果关系说,可以为限制因果关系的范围提供更为鲜明的路径指引。

(四)规范判断与主观要素

如前文所述,因果关系是客观违法要素,接下来要讨论的话题便是在这个立场下如何处理行为与结果之间"事实"上的联系以及在此基础之上的规范评价问题。虽然本书一再强调,应排除主观要素在因果关系认定中的作用,但是仅仅进行事实

---

〔1〕 劳东燕:《受贿犯罪的保护法益:公职的不可谋私利性》,载《法学研究》2019年第5期。

〔2〕 劳东燕:《功能主义刑法解释论的方法与立场》,载《政法论坛》2018年第2期。

判断还是不够的，无论如何也不能否定因果关系判断的规范性即在刑事司法这个社会化实践活动中基于伦理价值的规范判断。犯罪构成要件是违法有责行为事实的法律定型，那么其中就必然包含规范和主观要素。但是，构成要件主要是从被客观化了的事实方面来把握行为的，而且已经将其类型化、抽象化并概念性地规定，所以，在违法性方面的规范性十分明显。[1]规范的构成要件要素，不仅要有事实，而且要以规范评价为必要。比如，"猥亵""淫秽""他人的"之类的要素，表面上看是记述性的法律概念，但在具体解释与适用时，对于其的理解却无论如何也离不开包含价值伦理的、道义的规范性判断。在这个立场下，显而易见，如卖给杀人犯刀具等行为，都非刑法意义上的实行行为，进而都应否定因果关系的存在。

四、渎职罪因果关系的认定路径

如前文所述，渎职罪因果关系的认定需要满足事实归因与规范归责，即损害后果与渎职行为之间存在事实"条件"关系且损害后果在规范上可以被视为渎职行为的"产物"，这是因果关系认定的一般路径。滥用职权罪的特殊不法构造导致其因果关系具有特殊性，因而滥用职权罪因果关系的认定需要特别的路径。

（一）渎职罪因果关系认定的一般路径

在归因层面，可以借助条件因果关系公式来予以认定。条件说认为造成结果的所有原因都是条件，都是结果发生的原因，因而各条件对结果的贡献力具有等价性；主张"一定的前行事实（行为）与一定的后行事实（结果），如有所谓'如无前者，

---

[1] [日]小野清一郎：《犯罪构成要件理论》，王泰译，中国人民公安大学出版社1991年版，第28页。

即无后者'的论理的条件关系时,则其行为即为对于结果的原因,两者之间有因果关系"。[1]条件说作为认定刑法因果关系的理论,无疑有其科学的一面。因为,如果行为与结果甚至条件关系都不存在,那么无论如何都无法承认因果关系的存在。从哲学的立场来看,行为与结果之间的因果关系本质上属于"联系"的范畴,条件说正是以承认这种"联系"为前提,如果行为与结果之间不存在条件关系,那么两个事物之间就不存在基础的"联系",完全割裂的两个事物又何谈因果性呢?据此,渎职行为与重大损失之间,如果存在着"非A则非B"的关系,则应肯定二者之间的事实归因。在归责层面,以"相当因果关系"理论为基础。相当因果关系为了确认刑法上的因果关系,指出单有行为和结果之间的条件关系还不够,必须以条件关系为前提,根据社会生活的一般经验,行为足以引起结果时就认为二者之间具有因果关系。[2]以条件关系为前提,行为引起结果在经验上是通常的,但限定于被认为具有"相当性"场合才能肯定刑法上的因果关系。在此意义上,排除虽然存在条件关系但实际上非盖然的、异常的因果流程,对因果关系进行限定。刑法是赋以伦理的、规范意义的主观与客观评价,相当因果关系说认识到仅存在作为自然意义的条件关系还不够,还应从规范评价上对条件关系加以限定。从生活的一般经验来看符合规范判断要求的归责,通常需要考虑三个要素:一是以客观上能否预见为标准,判断渎职行为与损害后果是否具有经验上的通常性;二是结果现实化的危险是否与渎职行为所创造的风险具

---

[1] 马克昌:《比较刑法原理——外国刑法学总论》,武汉大学出版社2002年版,第186页。

[2] [日]大谷实:《刑法总论》(新版第2版),黎宏译,中国人民大学出版社2008年版,第196页。

第三章 渎职罪构成要件争议问题的厘清

有一致性；三是是否合乎刑事政策预防的考虑。

认定渎职罪因果关系的意义就在于能够将损害后果归因于渎职行为，为追究行为人的刑事责任奠定基础。对此，需从以下三个方面把握：其一，在进行因果关系"相当性"的判断之前，首先需要肯定条件关系，即渎职行为通向损害后果的客观事实。其二，进行相当性的规范判断，即结合职务行为本身要求与期待判断行为对结果的发生是否为通常的。其三，判断的具体公式为：因果关系＝相当因果关系（理论选择与改造）＋行为创造结果风险达到一定程度，实行行为的危险性是否向结果现实地转化（缓和认定）。按照这个立场，如应急管理局工程监理人员的渎职行为与工人冒险作业造成重大安全事故结合的场合，不是当初渎职行为，而是介入行为才是招致结果的直接原因，若能够肯定当初渎职行为具有诱发上述介入行为的危险，就可以肯定渎职行为的危险性是通过介入因素现实化的结果。即便是在行为人实行行为后介入了第三人的行为并因此发生了构成要件结果，判例也仍将实行行为的危险性是否现实化为结果作为因果关系的判断基准。[1]只要当初渎职行为直接创造出引起结果的原因，那么，即便其后因果流程出乎意料，这种情形仍然可以被认为是实行行为的危险性已经现实化的结果。如公安局侦查科科长F自身行为介入（因果关系错误）的场合，即便F在行为实施后，又介入了自身新的行为并引发了构成要件结果，根据当初实行行为的危险性是否现实化为结果的判断，尽管不能说通风报信行为直接致使X逃脱，F一再拖延侦查也是X逃脱的重要（共同）原因，但通风报信行为无论如何也不能否定对X的逃脱发挥了重要作用，"一再拖延"侦查也可以被

---

〔1〕〔日〕山口厚：《刑法总论》（第3版），付立庆译，中国人民大学出版社2018年版，第63页。

认为是通风报信所诱发的行为,如此也就可以认定行为人前一行为的危险性通过后一行为而最终现实化为了结果。

(二)滥用职权罪因果关系认定的特殊路径

以故意犯罪模型预设的滥用职权罪呈现的却是过失犯的违法性构造,其结果归责的判断以渎职罪一般因果关系的复杂性为基础,又具有自身的特殊性。在承认具备事实归因的前提下,归责层面因果关系的认定有两种进路:一种是造成型,也称支配型,即损害后果是由行为人直接导致或者行为人操纵了从行为到结果的全部因果流程。造成型因果关系适用于一般的、直接的故意犯,如故意杀人罪,认定杀人行为与死亡结果是否存在因果关系,大体上要看行为人是否操控(支配)了人死亡的结果,一旦行为人对死亡结果的操控没有达到支配程度,则否定存在因果关系。一般故意犯,属于意志归责的不法类型,意志归责将人的意志作为归责核心,外在的因果流程是作为这一动机驱动之心理过程的流出物,构成意志支配的对象,由是之故,行为人的主观认知对于归责而言极为重要。[1]然而,就以故意犯罪模型预设的滥用职权罪而言,行为人对重大损失结果并不具有支配力,加上存在"间接性、多因一果、多因多果"的复杂性,因而不能肯定行为人操控了从渎职行为到损害后果的全部因果流程,故按照支配型因果归责的进路则会否定所有滥用职权行为与损害后果的因果关系。相反,行为人如果通过滥用职权行为能够直接支配人员死亡或者导致重大财产损害的后果,那就有可能构成故意杀人罪、故意损害财产罪,而不是滥用职权罪。另一种是引起型,也称效果型,是指行为人的行

---

〔1〕 劳东燕:《刑法中的客观不法与主观不法——由故意的体系地位说起》,载《比较法研究》2014年第4期。

为为损害后果的发生创造了机会或提供了理由。[1]引起型因果关系适用于一般的过失犯罪，如过失致人死亡罪，只要能够承认行为人对致人死亡的后果具有预见性即承认行为人存在过失，就能肯定过失行为与死亡结果之间的因果关系。滥用职权罪既非典型的故意犯罪，亦非典型的过失犯罪，具有行为故意和结果过失的特点，对于其的结果归责可以适用过失结果归责类型的引起型因果归责理论，只要渎职行为对损害后果具有贡献力或者提供了相当理由，即可肯定滥用职权行为与损害后果之间的因果关系。在其他故意类渎职罪的场合，尤其是对结果没有故意或者无法把控全部因果流程的渎职类犯罪，其因果关系的认定也可以考虑从"造成型"因果关系向"引起型"因果关系转换。

第三节 渎职罪主观罪过问题之克服：抽象拟制与明确界定

由于刑事责任的追究秉承主客观相统一的原则，而行政责任的承担以过错责任原则为主，无过错责任或者严格责任为辅，因而刑法对于严重违法行为所确立的犯罪构成，不仅在客观行为类型上往往少于行政违法行为，而且即便是相同的行为样态，犯罪行为类型的主观罪过形式和内容，也一般有别于行政违法行为的构成。[2]行政处罚的目的在于维护行政管理秩序，注重不法行为的客观危害性，而刑罚是建立在报应与预防基础之上的，如果没有主观的恶（故意或过失），报应和预防的目的将成

---

[1] 劳东燕：《事实因果与刑法中的结果归责》，载《中国法学》2015年第2期。

[2] 田宏杰：《行政犯的法律属性及其责任——兼及定罪机制的重构》，载《法学家》2013年第3期。

为空中楼阁。渎职罪主观罪过问题，集中体现在滥用职权罪与玩忽职守罪中。我国《刑法》将滥用职权罪与玩忽职守罪并行规定在一个条文，没有明确主观罪过形式。这就造成如下问题：滥用职权罪是故意犯还是过失犯？滥用职权罪与玩忽职守罪如何界分？渎职罪的一般罪名与具体罪名属于法条竞合关系，如何保持罪名体系的协调性？这些问题都是需要予以讨论解决的。

一、渎职罪主观罪过的学说及应然定位

我国《刑法》第 397 条并行规定了滥用职权罪和玩忽职守罪且未明确两罪的主观罪过形式，据此，这两个罪名的主观罪过问题受到学术界的广泛关注，长期以来提出各类学说。

（一）主观罪过的学说争议及评价

关于滥用职权罪与玩忽职守罪的主观罪过的学说主要有单一罪过说和复杂（复合）罪过说两类。

（1）单一罪过说。单一罪过说认为，滥用职权罪与玩忽职守罪的罪过形式只能是单一的，即在同一个犯罪构成要件中，罪过形式要么是故意要么是过失，只能有一个。滥用职权罪的主观方面只能是过失，不应该是任何类型的故意。[1]玩忽职守罪的罪过形式是过失，既可以是疏忽大意的过失，也可以是过于自信的过失，但不能是任何形态的故意。[2]居通说地位的见解认为，滥用职权罪的罪过形式为故意，既可以是直接故意又可以是间接故意；玩忽职守罪的罪过形式仅为过失。在滥用职权罪的罪过为故意的前提下，有学者认为只包括直接故意，有学者则认为同时包含直接故意与间接故意，还有学者认为只能

---

[1] 陈忠林：《滥用职权罪的罪过形态新论》，载《人民检察》2011 年第 23 期。
[2] 参见张明楷：《刑法学》（第 3 版），法律出版社 2007 年版，第 900 页；高铭暄主编：《刑法专论》（下编），高等教育出版社 2002 年版，第 903 页。

是间接故意。甚至还有一种观点认为，滥用职权罪与玩忽职守罪的罪过形式都只能是过失。

（2）复杂罪过说（复合罪过说）。复杂罪过说，也称复合罪过说，认为滥用职权罪与玩忽职守罪的罪过形式既可以是故意也可以是过失，同时还可以表现为间接故意与过失。并且认为直接故意不能成为玩忽职守罪的罪过形式，只有少数学者认为滥用职权罪的罪过形式除了间接故意和过失，还可以为直接故意。[1]有学者提出，可在复杂罪过说的基础上发展出复合罪过说，即在同一犯罪构成内既包括间接故意又包括过于自信的过失，在犯罪构成中并不表明哪种罪过形式，而是在实际司法案件中根据案情以及证据情况具体认定为故意或过失。更有学者提出模糊罪过说，认为对滥用职权罪应适用严格责任，其罪过形式状态在所不问，[2]其理论根据是"风险社会"，即在现代高度风险社会的状态下，国家机关工作人员违背法律所实施的渎职行为所造成损害后果的场合，行为人对损害后果的态度极为复杂，有时候很难套用现有的故意或过失犯理论，面对这种情况，严格责任是可行的解决办法。

（3）学说探讨与评价。滥用职权罪与玩忽职守罪的主观罪过界分标准并没有取得一致见解，总体形成两种观点。基于犯罪论的基本原理，单一罪过说关于滥用职权罪的罪过形式为故意，玩忽职守罪的罪过形式为过失的见解是较为合理的。理由在于，其一，从立法原意来看，1997年修订《刑法》时增设滥用职权罪，目的就是应对1979年《刑法》只规定玩忽职守罪而

---

[1] 齐文远主编：《新刑法概论》（第2版），中国方正出版社1998年版，第457页。

[2] 缪树权：《渎职罪疑难问题研究》，中国检察出版社2006年版，第180页。

导致无法解决故意类滥用职权行为的司法认定问题。从立法目的来看，增设滥用职权罪就是为故意类渎职行为的刑法规制提供法律依据。其二，按照通常的社会语言习惯来理解"玩忽"的意思，应该是疏忽、大意、失误，最高也就到"严重不负责任"这个程度，而"滥用"却包含着积极的意思，即蓄意、刻意，至少要有"明知"的态度，单一罪过说符合社会通行的语言习惯，能够被一般语言含义所涵盖。若主张滥用职权罪的罪过形式为过失，既然犯罪行为能够以故意心态实施，那么就有以过失心态实施的余地或从1997年《刑法》将滥用职权罪与玩忽职守罪统合规定，没有明确主观罪过形式的规定中推出滥用职权罪的罪过形式可以是过失，其逻辑前提虽然没有问题，但是没有充分考虑到社会语言的通行含义。其三，复杂罪过说甚至用"复合"罪过的概念"概括"了故意与过失，貌似成功地解决了滥用职权罪与玩忽职守罪主观罪过的模糊状态，但实际上使犯罪没有了故意和过失之分，量刑上更是无法根据主观罪过形式（故意、过失）予以区别。在同一个犯罪构成要件中，只能有一种主观罪过形式，不可能存在既是故意犯罪又是过失犯罪的场合。比如杀人罪，故意致人死亡的是故意杀人罪，而过失致人死亡的就是另外一个犯罪构成要件，即过失致人死亡罪。因而，复合罪过说既违背罪刑法定原则也不符合犯罪论的基本原理，更冲击了构成要件的模型设定。其四，模糊罪过说由于违背了责任主义原理难以具有合理性。其五，滥用职权罪与玩忽职守罪的主观罪过形式不仅对这两个罪名本身有重大影响，而且由于这两个罪名与具体渎职罪名存在法条竞合且呼应关系，也涉及罪名体系的融洽性与协调性问题，复合罪过说恰恰不能妥善处理这层逻辑关系。

（二）滥用职权罪的主观罪过应定性为偏向故意的"明知"

虽然通说见解认为滥用职权罪的主观罪过形式为故意，但否定故意的见解也非常有力。因为：其一，如前文所提的《刑法》条文规定的不明确，即没有明文规定为故意；其二，滥用职权罪的特殊不法构造也是重要原因。滥用职权罪的损害后果虽然以构成要件结果的面目出现，但是却不同于其他故意犯的结果。如故意杀人罪，人的死亡结果是行为人认识与意志的对象，并且这个结果是犯罪既遂的条件。滥用职权罪的重大损失结果既不是渎职行为人意志的对象也不单单是犯罪既遂的条件，其地位类似于过失犯的结果。从因果关系来看，故意犯要求行为人对犯罪结果具有把控能力，即在行为人的支配下实现了从行为到结果的因果流程，但滥用职权罪却不存在这样的特点。滥用职权行为与损害结果归责在作为的形态下不要求行为支配导致结果出现的因果流程，而只需行为对结果的出现具有一定作用力即可。[1]所以，从因果归责的不法构造上来看，滥用职权罪具有故意与过失两种罪过形式混合的犯罪类型特点，在坚持单一罪过说的前提下将滥用职权罪的主观罪过定性为故意并不妥当。

（1）过失说显然不合理。其一，从《刑法》第397条之规定来看，该条同时规定了滥用职权罪与玩忽职守罪，两罪虽然可以从客观行为方式的路径上作出界分，但按照主观罪过形式界分不仅非常有力，而且在司法实践上也切实可行。如果将滥用职权罪归为过失犯的范畴，那么玩忽职守罪的主观罪过该如何定性呢？据此，滥用职权罪与玩忽职守罪将无法区分。其二，滥用职权罪中的"滥用"，无论是从语言习惯还是法律一般推理，都是指以一种作为或者不作为方式违反程序或不按照法律规定行使职权，体现出行为人积极的主观态度，故解释为故意

---

[1] 劳东燕：《滥用职权罪客观要件的教义学解读——兼论故意·过失的混合犯罪类型》，载《法律科学（西北政法大学学报）》2019年第4期。

更为合理。其三,从渎职罪的体系性来看,滥用职权罪具有故意类渎职罪的预设机能,对具体渎职罪名如故意泄露国家秘密罪、徇私枉法罪、放纵走私罪等故意犯具有涵摄性。如果将滥用职权罪界定为过失犯,就会造成渎职罪的一般罪名只有过失犯,而具体罪名却有故意犯和过失犯的逻辑冲突。其四,从立法原意来看,1997年修订《刑法》时将滥用职权罪从玩忽职守罪中分离出来,就是为了应对故意类渎职罪无法解释为玩忽职守罪的司法窘境。综上,无论是从《刑法》的规定、文意表述、立法原意抑或罪名协调性,将滥用职权罪界定为过失犯均不具有合理性。

(2)故意说与滥用职权罪的客观不法构造不完全对应。滥用职权罪是"行为故意、结果过失"的混合犯罪类型。行为人的滥用职权行为是在其主观意志的操控下实施的,行为人对滥用职权行为既有认识要素、也有意志要素,因而可以肯定行为的故意。但是对于损害后果,虽然能够肯定认识因素,即要求行为人必须有预见的可能性,但却难以确定意志要素。从期待可能性的立场来讲,滥用职权罪的损害后果是对行为人发动刑罚的必要条件,没有人会追求一个可能对自己造成损害或不利后果的"犯罪结果",因而行为人对损害后果不可能持有积极的追求态度,最大限度也就是放任的心态。显然,滥用职权罪固然有故意犯罪的一些特点,但同时在重要方面也表现出明显的偏离,夹杂过失犯罪的特性。[1]由是之故,鉴于滥用职权罪兼有故意犯与过失犯的违法性特点,尤其是犯罪结果与因果归责的过失犯构造,因此,将其归入典型的故意犯亦有明显困难。

(3)偏向故意犯类型的"明知"罪过形式之提倡。立足于

---

[1] 劳东燕:《滥用职权罪客观要件的教义学解读——兼论故意·过失的混合犯罪类型》,载《法律科学(西北政法大学学报)》2019年第4期。

第三章　渎职罪构成要件争议问题的厘清

报应刑，古典刑事立法以自然犯为中心，彻底贯彻结果主义的立场，结果在犯罪论中处于举足轻重的地位。因此，虽然故意的对象是犯罪事实，但本质还是犯罪结果。在德国，人们把犯罪结果理解成这样一些行为构成，即在这些行为构成中，结果存在于一种在空间上和时间上与行为人的行为分离的损害效果或者危险效果之中。[1]美国按照犯罪构成双层模式，认为结果包含在行为当中，从广义上说，犯罪行为（actus reus）是除犯罪心态以外的一切犯罪要件，也就是犯罪构成的客观要件，包括犯罪行为、犯罪结果和犯罪情节。[2]在英国刑法中，"犯罪行为包括除被告人主观因素以外的一切犯罪要件。因此，它不仅仅指行为，也有可能由'事实状态'组成，而根本不含行为。而且，犯罪行为经常要求有作为或不作为（行为）的证据。通常必须证明犯罪行为产生特定的结果"。[3]损害后果与法益是互为表里的关系，法益是内在实质，损害后果则是外在表现。随着近代风险社会的到来，目的刑论崛起，刑罚的犯罪预防机能被提到了更高的位置。刑法的重心逐渐从自然犯转向行政犯，从结果转向行为，在这个场合下行为故意论应运而生。行为故意，是指明知自己的行为属于违法的符合构成要件的事实，而决意并以意志努力支配实施该种行为的心态。行为故意以行为人对构成要件行为的明知及意志为主要内容，如具备则构成犯罪故意，并不要求行为人对行为的结果有所认识，也不考察行

---

〔1〕 [德] 克劳斯·罗克辛：《德国刑法学　总论（第1卷）：犯罪原理的基础构造》，王世洲译，法律出版社2005年版，第216页。

〔2〕 储槐植、江溯：《美国刑法》（第4版），北京大学出版社2012年版，第30页。

〔3〕 [英] J. C. 史密斯、B. 霍根：《英国刑法》，马清升等译，法律出版社2000年版，第37页。

为人对行为结果的意志态度。[1] 从结果到行为这种刑罚态度的转向给传统刑事法理论造成巨大冲击，这一点在滥用职权罪上体现得尤为明显。滥用职权罪是法定犯（行政犯），刑罚规制的重心在行为，其犯罪的成立要求对行为具有故意，对于损害后果具有预见即可，犯罪结果（损害后果）在不法与罪责上的评价作用均有所下降，因此，才可以将滥用职权罪的主观罪过形式从故意降到明知。综上，鉴于滥用职权罪的特殊不法构造，将其主观罪过定性为故意或过失都存在一定的无法克服的问题，所以对滥用职权罪的主观罪过形式应定性为故意类型下的明知。

（三）玩忽职守罪的主观罪过应为过失

有学者认为，玩忽职守罪的主观罪过是过失，既可以是疏忽大意的过失，也可是过于自信的过失，但不能是任何形态的故意。[2] 有学者则认为，玩忽职守罪的主观罪过可以是疏忽大意的过失、过于自信的过失、间接故意、直接故意任何一种罪过形式。[3] 还有学者认为，玩忽职守罪的主观罪过为过失（包括疏忽大意的过失和过于自信的过失）和间接故意，但绝不能是直接故意。[4] 纵观上述观点，玩忽职守罪的主观罪过存在争议，本书认为过失说更为合理。理由在于：其一，从《刑法》第397条的规定来看，该条同时规定了滥用职权罪与玩忽职守罪，将玩忽职守罪定性为过失犯与滥用职权罪对应，符合刑法体系自洽性的要求。其二，从文意来看，所谓"玩忽"，是指疏忽、大意、轻率，因而是一种过失心态，与故意的意欲态度相

---

[1] 贾宇：《刑法学应创制行为故意概念》，载《法学》2002年第7期。
[2] 张明楷：《刑法学》（第3版），法律出版社2007年版，第900页。
[3] 孙谦主编：《国家工作人员职务犯罪研究》，法律出版社1998年版，第175~176页。
[4] 李希慧：《关于玩忽职守罪几个问题的思考——以洛阳东都商厦大火案为中心》，载《湖北警官学院学报》2003年第2期。

去甚远。其三,从立法原意来看,1997年修订的《刑法》区分了"滥用职权罪与玩忽职守罪",增加滥用职权罪就是为了解决故意类渎职罪无法归入玩忽职守罪的尴尬局面。其四,玩忽职守罪作为渎职罪的一般罪名,其主观罪过的界定需要考虑到与具体的渎职罪名相协调,如过失泄露国家秘密罪、执行判决失职罪、失职致使在押人员脱逃罪等典型的过失犯罪,将玩忽职守罪的主观罪过界定为过失,可以与上述具体的过失类渎职罪形成呼应。综上,将玩忽职守罪的主观罪过认定为过失更为合理。

二、以主观罪过界分滥用职权罪与玩忽职守罪的可行性与合理性

主观罪过在滥用职权罪与玩忽职守罪中的作用尤为特殊,一是,主观罪过作为构成要件要素对于罪与非罪的认定具有决定意义;二是,主观罪过作为界分两罪的标准对于此罪与彼罪的划分也具有重要意义。第一个问题在前文已经说明,在此着重讨论第二个问题。

(一)以主观罪过界分滥用职权罪与玩忽职守罪的可行性证成

客观要素与主观要素都能决定行为类型。客观要素有,行为主体、行为状况、损害后果、因果关系等;主观要素有,行为人的内心态度,包括作为罪过的故意和过失的一般主观要素,与作为目的犯的目的、表现犯的心理状态的特殊主观要素。[1]在"违法是客观的、责任是主观"的立场下,主观要素被看作责任的东西排除在构成要件要素之外。近代以来,主观罪过对违法性的影响逐步得到认可,认为构成要件是违法有责的行为类型,主观要素被纳入构成要件之中。行为必须是从主观和客

---

[1] [日]大谷实:《刑法总论》(新版第2版),黎宏译,中国人民大学出版社2008年版,第116页。

观两个方面进行全面考察,如针对致人死亡的客观事实,就可以分为故意杀人行为和过失致人死亡行为。客观要素完全相同的,可以借助主观要素来界定行为类型。

故意与过失决定行为类型。故意和过失本来是作为行为人值得受非难的心理态度属于责任范畴,但是,正如故意杀人罪和过失致人死亡罪的区别在于主观要素(故意、过失)的不同,主观要素在此发挥犯罪个别化的机能。反过来说,如果不承认这个机能,在构成要件领域将无法区分故意犯与过失犯。自然行为论认为,行为人只要是基于内心意思发动外部动静即可,至于具体的意思是什么在所不问,行为不应包含心素只应注重客观外部行为。目的行为论认为,行为的本质是在目的指引下的外部动静,是意思对身体的操纵,不仅包含体素更包含心素。"贝林格认为构成要件本身是客观的,与所谓的主观要素没有任何关系,主观构成要件要素是构成要件之外的责任问题。麦耶、麦兹格则认为,构成要件是违法的类型,主观要素对违法的判断意义重大,必须作为构成要件内容,否则故意杀人和过失致人死亡在行为论上会无法区别。"[1]构成要件作为违法类型的同时也应当作为责任类型,不仅应当把构成要件视为违法性的类型化,还应视为道义责任的类型化。按照此见解,为了实现行为的类型化机能,必须将心素(故意、过失)作为构成要件要素。"……我认为就是构成要件性故意和构成要件性过失,以构成要件性故意实施了客观方面的作为、不作为时就是故意的作为、不作为犯,以构成要件性过失实施了客观方面的作为、不作为就是过失的作为犯不作为犯。"[2]我国的"四要件"犯罪

---

[1] 董玉庭:《刑法前沿问题探索》,人民出版社2010年版,第58页。
[2] [日]大塚仁:《犯罪论的基本问题》,冯军译,中国政法大学出版社1993年版,第80页。

第三章 渎职罪构成要件争议问题的厘清

理论并没有进行构成要件的该当性、违法性和有责性的层次划分，是一种一体化的犯罪评价体系，更应该坚持完整的行为的态度，故意、过失必须作为实行行为的必备要素，成为实行行为的具体内容，充分发挥其在构成要件个别化中的机能。"构成要件对于犯罪成立来说，具有什么样的理论机能呢？在构成要件是违法性和责任的类型的立场上，构成要件不仅指导违法性和责任的内容，而且也规制未遂犯、共犯以及罪数。行为只要符合构成要件，原则上就可以肯定具有违法性和责任，构成要件具有推定违法性和责任的机能。"[1]据此，构成要件的机能分为理论机能、社会机能、个别化机能和诉讼法上的指引机能等。构成要件的个别化机能是刑法人权保障机能的外延，要求犯罪构成明确化、个别化和差异化，进而区分罪与非罪、此罪与彼罪、罪轻与罪重。例如，在断绝他人生命的行为发生时，由于构成要件主观要素的差异，可能存在故意杀人罪、过失致人死亡罪或故意伤害致人死亡罪等不同的犯罪类型，行为人仅在各犯罪成立的范围内负刑事责任，个别化机能在这一点上起到了保障人权的作用。构成要件个别化的机能，又可分为客观构成要件机能和主观构成要件机能。客观构成要件机能有：罪刑法定主义机能；体系的机能；限制故意的机能；推定违法机能。主观构成要件机能有：犯罪个别化机能；对违法性的意识的控诉机能。对这种将构成要件机能肢解开来的见解我们不能完全赞同，因为构成要件是诸要素的统一体，不能区分为"客观构成要件"和"主观构成要件"两个构成要件，区分开来就不能

---

[1] [日] 大谷实：《刑法总论》（新版第2版），黎宏译，中国人民大学出版社2008年版，第102页。

称其为构成要件了。[1]构成要件固然是主客观要素的统一体,不能将其分割开来,但不可否认的是,客观构成要件与主观构成要件确实有各自发挥作用的范围。比如一辆车,其总体性能不能将各构成部件拆开评价而实现,但不可否认的是,各部件如发动机、变速箱、轮胎在整体车辆中有各自的作用范围。客观行为本身就可以划分为不同的类型,盗窃行为和故意杀人行为通过外在行为类型就可明确区分,因而盗窃罪和故意杀人罪容易区分。主观构成要件要素中的故意与过失的个别化机能主要体现在"近似行为"或"相同行为"之下犯罪类型的划分,如同为伤害人身体的客观行为,因主观罪过不同就可以划分为故意伤害行为、故意杀人行为、过失致人重伤行为等类型。综上,主观要素可以决定行为类型,行为类型又为滥用职权罪与玩忽职守罪的界分提供理论工具,由此,借助主观罪过界分滥用职权罪与玩忽职守罪具有理论上的可行性。

(二)以主观罪过界分滥用职权罪与玩忽职守罪的合理性证成

滥用职权罪与玩忽职守罪在客观行为方式上交叉重叠甚至完全一致,要从外在行为方式上界分两罪相当困难,即便在理论上提出区分的方法与标准,在实践上也难以执行。滥用职权行为与玩忽职守行为并不像故意杀人与盗窃那样具有显著的行为差异性,而更像故意杀人与过失致人死亡的场合。因此,必须借助行为类型的工具予以分析,行为类型是一种事先塑造的观念形象,其本质来源于生活中的种种事实行为,但观念模型一旦产生,便与作为其"母体"的基础事实分离开来,成为上升到另一层高度的抽象事物。这一原理映射在刑事法领域中则表现为,当立法者对生活中的诸多危害行为加以评价归类,就

---

[1] 马克昌:《比较刑法原理——外国刑法学总论》,武汉大学出版社2002年版,第115页。

第三章 渎职罪构成要件争议问题的厘清

是以刑事违法性的形式开列出一个犯罪清单，即立法者通过抽象思维，将生活中纷繁复杂的危害行为"类型化"的共同特征以符号化的观念进行系统抽象类型化拟定。而在对生活"原型"的行为抽象归纳基础上得来的类罪及个罪的"共同特征"，在立法中就表现为成立犯罪的最基本的、起码的条件性叙述，由此而建立起一种类型化的"犯罪构成"或"构成要件"的标准、规格或模型。[1]类型化理论的意义在于，将千姿百态、形形色色的行为借助类型这个桥梁上升为模型。模型是诸多繁杂的具体行为的抽象，同时具有价值判断的规范意义，不可能与所有具体行为严丝合缝完全对应，任何法律都需要"解释"就印证了这一点。

模糊学理论认为，在认识论中，世界上许多事物都不可能得到非此即彼的、绝对单值的结论，大多数事物的变化是通过一系列中介环节（模糊地带）从此岸过渡到彼岸，通过使事物原有界限逐步模糊而达到超越原有界限的清晰。过渡阶段事物的基本特征是，类属的不清晰、性态的不确定，也就是模糊性。[2]虽然有学者将渎职罪的客观行为方式概括为擅权、越权、弃权三种类型，但问题是即便从理论上能够生硬地划分出这三种类型，但在实际司法操作中却难以实现。在模型理论的指导下，将滥用职权罪统一拟制为故意行为类型，将玩忽职守罪统一拟制为过失行为类型，虽然在一定程度上超越了事实原型，但却是切实可行的。从行为的一般理论来看，行为是在主观意识支配下的具有社会意义的身体动静，故区分故意行为和过失行为还是容易把握的。所谓滥用职权行为，是指国家机关工作人员

---

〔1〕 冯亚东、张丽：《模型建构视野下的滥用职权罪——与玩忽职守罪之区别》，载《西南政法大学学报》2006年第2期。

〔2〕 苗东升编著：《模糊学导引》，中国人民大学出版社1987年版，第26页。

超越职权，违法决定、处理其无权处理的事项的行为，行为人主观上是明知且意欲的。所谓玩忽职守行为，是指国家机关工作人员由于严重不负责任，应当采取审慎态度而漠视、轻率或疏忽，行为人主观上是过失的。

按照主观罪过界分滥用职权罪与玩忽职守罪，不仅是类型化理论与模糊理论推导出来的结果，而且也是渎职罪罪名体系融贯性上的要求。渎职罪的一般罪名，如滥用职权罪为故意犯，玩忽职守罪为过失犯；对应的具体罪名，如故意泄露国家秘密罪、过失泄露国家秘密罪，私放在押人员罪、失职致使在押人员脱逃罪，商检徇私舞弊罪、商检失职罪等在逻辑上具有一贯性。另外，《刑法修正案（十一）》将"食品监管渎职罪"修改为"负有食品药品安全监督管理职责的国家机关工作人员，滥用职权或者玩忽职守……"，对此可以理解成将食品、药品监管渎职罪区分为食品、药品监管滥用职权罪（故意犯）与食品、药品监管玩忽职守罪（过失犯）。总之，按照主观罪过界分滥用职权罪与玩忽职守罪，并且将滥用职权罪拟制为故意犯，将玩忽职守罪拟制为过失犯，无论在理论还是逻辑自洽性上，抑或司法实践中都具有相当的合理性。

三、滥用职权罪与玩忽职守罪最新立法动向评析

鉴于滥用职权罪与玩忽职守罪界分的难题，学界始终有这样一种思考动向，即既然我国《刑法》将滥用职权罪与玩忽职守罪并行规定在一个条文，没有明确主观罪过形式，可以不必刻意区分径行适用即可。渎职罪的各具体罪名（包含故意犯与过失犯），也可不必区分按照"滥用职权罪与玩忽职守罪"的一般规定"类比"适用。如有学者认为，在现实生活中行为人往往既有滥用职权行为又有玩忽职守行为，对这种情形仅以滥用

第三章　渎职罪构成要件争议问题的厘清

职权或玩忽职守一罪论处不够充分，数罪并罚又过于苛刻，尤其是行为人只造成一个重大损失后果的场合，因此把滥用职权罪、玩忽职守罪当作一个选择罪名，既符合犯罪的现状又便于司法机关操作。如果行为人以滥用职权行为或玩忽职守行为之一造成重大损失，按照滥用职权罪或玩忽职守罪处罚。[1]关于滥用职权罪与玩忽职守罪，有学者在复合罪过说基础上，提出模糊罪过说，认为对滥用职权罪应适用严格责任，其罪过形式状态在所不问。[2]滥用职权罪与玩忽职守罪的基本责任形式都是过失，即对滥用职权行为与玩忽职守行为造成严重后果虽有认识或认识可能性，却仍然滥用职权或玩忽职守的，作为即构成滥用职权罪，不作为即构成玩忽职守罪。[3]在司法实践中，意图通过区分滥用职权罪与玩忽职守罪的主观罪过形式来表达明确界分两种不同犯罪的目的将不可避免地面临巨大困难，对两罪主观罪过的探知，更多是通过客观外在行为得出高度盖然性的结论。[4]据此，对两罪采取不必界分的态度。这种学说动态，或多或少地影响了立法实践。

《刑法修正案（十一）》

（2021年3月1日起施行）

四十五、将刑法第四百零八条之一第一款修改为："负有食品药品安全监督管理职责的国家机关工作人员，滥用职权或者玩忽职

---

[1] 阮齐林：《论刑法第三百九十七条的若干问题》，载《中央检察官管理学院学报》1997年第4期。

[2] 缪树权：《渎职罪疑难问题研究》，中国检察出版社2006年版，第180页。

[3] 黄国盛：《滥用职权罪与玩忽职守罪之区分新解》，载《人民检察》2010年第19期。

[4] 王志祥、敦宁：《科学把握滥用职权罪与玩忽职守罪的区分标准——以闫某玩忽职守案为例的分析》，载《学习论坛》2011年第7期。

守,有下列情形之一,造成严重后果或者有其他严重情节的……

早在《刑法修正案(八)》设立食品监管渎职罪之时,理论界和实务界就曾围绕食品监管渎职罪的主观罪过形态以及是否区分食品监管滥用职权罪和食品监管玩忽职守罪产生了巨大争议。[1]对此,支持者认为,两种行为都是违背职责、严重不负责任的渎职行为,但考虑到两种情形下行为人主观恶性的区别,不同情形下所受到的谴责程度应有所不同,这一区别应体现在量刑上,而不能体现在罪质上。[2]但持反对意见的学者指出,滥用职权型的食品监管渎职罪是故意犯罪,而玩忽职守型的食品监管渎职罪则是过失犯罪,司法解释将这两种类型的行为规定为一个罪名实属不当。[3]本书认为,立法将食品、药品监管渎职罪区分为食品、药品监管滥用职权罪和食品、药品监管玩忽职守罪,并分别设置不同幅度的刑罚,规定具有"徇私舞弊"情节的从重处罚,不仅符合刑法基本原理和司法实践要求,而且也体现出立法的科学性、精密性和逻辑融贯性,有利于渎职罪具体罪名的精细化。

最高人民法院、最高人民检察院、公安部《关于办理涉窨井盖相关刑事案件的指导意见》

(2020年3月16日起施行)

八、在窨井盖采购、施工、验收、使用、检查过程中负有

---

[1] 刘仁文、王林林:《食品药品监管渎职罪立法评析及司法适用——以〈刑法修正案(十一)〉为视角》,载《法治研究》2021年第2期。

[2] 李兰英、龙敏:《也论食品安全监管渎职罪的责任认定》,载《法学评论》2013年第3期。

[3] 安文录、虞浔:《食品监管渎职罪疑难问题司法认定研究——以〈刑法修正案(八)〉第49条为主线》,载《政治与法律》2011年第9期。

决定、管理、监督等职责的国家机关工作人员玩忽职守或者滥用职权，致使公共财产、国家和人民利益遭受重大损失的，依照刑法第三百九十七条的规定，分别以玩忽职守罪、滥用职权罪定罪处罚。

九、在依照法律、法规规定行使窨井盖行政管理职权的公司、企业、事业单位中从事公务的人员以及在受国家机关委托代表国家机关行使窨井盖行政管理职权的组织中从事公务的人员，玩忽职守或者滥用职权，致使公共财产、国家和人民利益遭受重大损失的，依照刑法第三百九十七条和《全国人民代表大会常务委员会关于〈中华人民共和国刑法〉第九章渎职罪主体适用问题的解释》的规定，分别以玩忽职守罪、滥用职权罪定罪处罚。

最高人民法院《关于审理走私、非法经营、非法使用兴奋剂刑事案件适用法律若干问题的解释》

（2020年1月1日起施行）

第六条 国家机关工作人员在行使反兴奋剂管理职权时滥用职权或者玩忽职守，造成严重兴奋剂违规事件，严重损害国家声誉或者造成恶劣社会影响，符合刑法第三百九十七条规定的，以滥用职权罪、玩忽职守罪定罪处罚。

依法或者受委托行使反兴奋剂管理职权的单位的工作人员，在行使反兴奋剂管理职权时滥用职权或者玩忽职守的，依照前款规定定罪处罚。

总体而言，上述《刑法修正案（十一）》、意见和解释实际上与学说动态具有相当的契合性，即对于某种渎职行为不问主观罪过状态，可径行选择适用滥用职权罪或玩忽职守罪。其优势在于，肯定了某类渎职罪名既可以由故意构成又可以由过失构成，如原来的食品监管渎职罪只能由过失构成，《刑法修正案（十一）》则肯定了食品、药品监管渎职罪可以由故意和过失分别构成。上述意见和解释也遵循这一进路，同样肯定某种具体渎职罪名可以由故意和过失两种罪过形式分别构成。但这绝不意味着滥用职权罪与玩忽职守罪，以及其他具体渎职罪就不必区分故意犯与过失犯。滥用职权罪与玩忽职守罪毕竟是两个罪名，即便不按照主观罪过区分，在客观行为类型上也要找出一条边界；如果不以主观罪过界分滥用职权罪与玩忽职守罪，那么渎职罪的一般罪名与具体罪名的体系协调性就成为问题；在司法实践中，某个渎职案件的行为人是否构成滥用职权罪或玩忽职守罪抑或其他的具体渎职罪，标准还是构成要件符合性的判断，因此，无论如何都绕不开对主观罪过形式的界定；如果滥用职权罪与玩忽职守罪不作具体划分（不区分主观罪过形式），其完全有可能沦为渎职罪的"小口袋罪"，将所有近似渎职犯罪的行为全部囊括其中，危及刑法的安定性与明确性。综上，"行为符合构成要件并使所有构成要件都满足，这是刑事责任的基本条件……，并不是所有的违法行为都要受到处罚，它只是宣布，只有那些被构成要件所定型化的行为才可罚"。[1] 主观罪过作为构成要件的必备要素，如果不作区分则是构成要件虚无主义的表现。犯罪论体系最好能做到，就其内部而言，体系上不相矛盾，具备尽可能将思维过程予以可视化，且可加以验证的明晰性；对其外部而言，该体系能够更好地反映属于社

---

[1] 参见[日]小野清一郎：《犯罪构成要件理论》，王泰译，中国人民公安大学出版社1991年版，第9~11页。

会事实的犯罪实质，有助于解释与适用刑法。[1]就这种对内的"理论性"和对外的"机能性"而言，关于滥用职权罪与玩忽职守罪的主观罪过形式问题的争论，仍未丧失理论意义与现实意义。所以，滥用职权罪与玩忽职守罪按照主观罪过界分，并类比适用于各具体渎职罪，不仅十分必要而且现实可行。综上，不仅滥用职权罪与玩忽职守罪应该以主观罪过形式进行界分，作为具体罪名如食品、药品监管渎职罪，为了保持逻辑上的一贯性和体系上的严密性，也应当按照这个路径予以构建。

本章小结

本章主要围绕渎职罪的主体、因果关系以及主观罪过等构成要件问题进行分析、论证，并尝试提出解决方案。渎职罪主体问题按照"面对现实与有限扩张"的思路，从刑法的实质解释论出发，依据"身份（资格）"与"职责或职权"两个核心要素来认定。"非解释"论的界定进路是，以列举的方式明确"国家机关工作人员"范围；或将渎职罪分别规定为"国家机关工作人员"渎职罪与"非国家机关工作人员"渎职罪（特别渎职罪）；或修改渎职罪主体为公职人员。渎职罪因果关系问题按照"理论选择与缓和认定"的解决思路，渎职罪的结果归责必须满足事实归因与规范归责两个方面的要求；滥用职权罪既非典型的故意犯亦非典型的过失犯，其结果归责应适用"引起型"因果关系理论。渎职罪的主观罪过问题按照"抽象拟制与明确界定"的思路，滥用职权罪因其特殊的违法构造，其主观罪过形式应定性为故意类型下的"明知"，玩忽职守罪的主观罪过形

---

[1] [日]松原芳博：《刑法总论重要问题》，王昭武译，中国政法大学出版社2014年版，第33页。

式应定性为过失。滥用职权行为与玩忽职守行为在客观行为方式上交叉重叠甚至完全一致,试图从外在行为上界分相当困难,应将滥用职权罪统一拟制为故意行为类型,将玩忽职守罪统一拟制为过失行为类型,这虽然在一定程度上超越了事实原型,却现实可行。

第四章 渎职罪刑罚的体系化重构

刑罚是打击与预防犯罪的重要手段，基于我国当前渎职犯罪的严峻形势，应结合打击渎职犯罪的现实需要，尝试查找、分析并解决渎职罪刑罚轻缓化导致其刑罚机能萎缩的问题，并以"功利主义"与"威慑理论"为理论基础进一步完善刑罚对渎职犯罪的打击与预防机能。"刑罚是刑事法官根据现行法律就犯罪人的犯罪行为而给予犯罪人的惩罚，以表达社会对行为及行为人的否定评价。刑罚包含两项内容，行为人侵害了受法律保护的利益，如生命、自由、财产等；同时又是对行为及行为人的显而易见的指责。"[1]"刑罚，在形式上就是对犯罪的法律效果，是国家对犯人科处的法益剥夺；在实质上，是对犯罪的报应，以痛苦、恶害为内容。但是，刑罚并不是以其自身为理由的存在，而是为实现一定目的所采用的国家制度。刑罚具有各种伴随机能，但是其目的在于通过保护法益来维护社会秩序。"[2]刑罚就是以犯罪为前提的由国家强制力保障实施的对犯罪人施以痛苦、恶害为内容的惩戒。渎职罪作为职务性行政犯，其刑罚除了具有打击与预防犯罪的机能，还在维持国家行政管理秩序、保障国家行政机关高效有序运行、限制行政权力膨胀等方面发挥着不可忽视的作用。本章以"重典治乱与体系协调"

---

〔1〕 [德] 弗兰茨·冯·李斯特著，[德] 埃贝哈德·施密特修订：《德国刑法教科书》，徐久生译，何秉松校订，法律出版社2000年版，第401页。

〔2〕 [日] 大谷实：《刑法总论》（新版第2版），黎宏译，中国人民大学出版社2008年版，第457页。

为总体方向,着重探讨我国渎职罪刑罚完善的路径以及为充分发挥其机能而应采取的体系性构建措施。

第一节 体系化动议:树立"重典治乱"的刑罚态度

刑罚具有打击与预防犯罪的机能,这些机能的实现与刑罚的科学设置以及刑罚轻重有着密切关系。1997年《刑法》关于渎职罪的修订,较为突出的问题就体现在刑罚领域,刑罚体系性构建缺失、刑罚幅度设置不合理、刑罚种类偏少;各罪名之间刑罚态度矛盾;没有对故意犯、过失犯的刑罚作出区分;第399条第3款[1]的刑罚规定不合理等。上述问题导致渎职罪刑罚的机能难以有效发挥,严重影响了渎职犯罪的惩戒和预防效果。因此,应先树立"重典治乱"的刑罚态度,再来解决渎职罪刑罚的具体问题。

一、有利于纠正司法实践中刑罚适用的轻缓化倾向

渎职罪刑罚的问题来源于立法与司法两个维度,但集中体现在司法适用维度,"重典治乱"的刑罚态度有利于纠正司法适用中刑罚的轻缓化倾向。如,在宋某玩忽职守案(案例10)[2]中,一审法院认定,宋某身为林业部门的工作人员,负有森林资源保护监管职责,却严重不负责任,致使国家森林遭受严重破坏,构成玩忽职守罪。鉴于宋某自首,依法予以从轻处罚。判处有期徒刑1年,缓刑1年6个月。二审法院认定,原判认定事实清楚,适用法律正确,量刑适当,维持原判。再审法院认定,宋某自首且犯罪较轻,依法可免除处罚,一审判决和二审

---

[1] 现为《刑法》第399条第4款。
[2] 案例来源于中国裁判文书网:[2018]粤刑再10号。

裁定认定基本事实清楚，证据确实、充分，定罪准确，但对量刑情节未充分考虑，予以纠正。在颜某、祝某、余某滥用职权案（案例11）[1]中，一审法院认为，颜某、祝某、余某身为国家机关工作人员，滥用职权造成公共财产损失1 082 353.8元，构成滥用职权罪。对颜某判处有期徒刑1年6个月，缓刑3年；祝某免予刑事处罚；余某免予刑事处罚；符某犯非法吸收公众存款罪，判处有期徒刑3年，并处罚金20万元。在蒋某、马某放纵制售伪劣商品案（案例12）[2]中，一审法院认为，蒋某、马某在任职期间不履行法律规定的职责，放纵生产和销售有毒、有害食品，构成放纵制售伪劣商品犯罪行为罪。考虑到产品质量监管存在工商部门与其他相关行政职能部门职责不明、多头监管的漏洞情况，认定蒋某、马某的犯罪情节轻微，免予刑事处罚。公诉机关认为，量刑明显不当，本案是食品安全领域的职务犯罪案件，社会影响重大，不应判处免予刑事处罚。二审法院认为，根据最高人民法院、最高人民检察院《关于办理职务犯罪案件严格适用缓刑、免予刑事处罚若干问题的意见》之规定，综合本案的事实以及蒋某、马某自愿认罪的情形，对蒋某、马某免予刑事处罚符合法律规定，维持原判。在严某受贿、滥用职权案（案例13）[3]中，严某利用职务便利为他人谋取利益，非法收受他人财物数额特别巨大，构成受贿罪；在代表国家机关行使管理事务工作过程中滥用职权致使国家财产遭受3158.998万元损失，情节特别严重，构成滥用职权罪。严某一人犯两罪依法应当数罪并罚，犯受贿罪判处有期徒刑12年，并处罚金150万元；犯滥用职权罪判处有期徒刑5年6个月。

---

[1] 案例来源于中国裁判文书网：[2021]赣11刑终179号。
[2] 案例来源于中国裁判文书网：[2020]湘05刑再4号。
[3] 案例来源于中国裁判文书网：[2019]桂09刑终224号。

上述判例反映出渎职罪刑罚在司法适用方面存在的一些具有倾向性的共性问题：其一，刑罚司法适用的轻缓化，缓刑的适用比例较高。除了上述列举的判例，笔者在中国裁判文书网查阅的相关判例，以滥用职权罪和玩忽职守罪为例，判处3年以下有期徒刑的刑罚占了极大比例，玩忽职守罪判处缓刑率相当高。渎职罪刑罚适用的轻缓化，一定程度上萎缩了渎职罪刑罚的打击与预防犯罪机能，降低了已然渎职犯罪人的"犯罪代价"，削弱了潜在未然渎职犯罪人的威慑效果，近年来我国渎职犯罪总体案件查处量不断上升不能说与此没有关联。其二，由于渎职罪不是"进自己腰包的犯罪"且相当比例的渎职犯罪是过失犯，社会及司法部门对其普遍持包容心态。比如案例10、案例12，法院以行为人的渎职行为"情节轻微"或存在"多头监管"为由，对被告人适用了极为轻微的刑罚，这种"姑息"态度放纵了渎职犯罪。其三，渎职罪刑罚适用过于轻缓造成渎职罪与其他罪名刑罚之间的不协调。又如案例11，同在一个判决中，三个滥用职权罪要么是判处缓刑要么是免予刑事处罚，一个非法吸收公众存款罪判处有期徒刑3年，并处罚金20万元；再如案例13，同为职务犯罪的受贿罪判处有期徒刑12年，并处罚金150万元；造成国家重大损失的滥用职权罪却判处有期徒刑5年6个月。其四，渎职罪刑罚种类单一。如上述案例11和案例13中，对于涉及财产类的犯罪都判处了不同幅度的罚金刑，而渎职罪中存在着相当比例的贪利型犯罪（如徇私舞弊的财利之私），又往往导致国家或公民重大财产损失，却没有罚金刑，极不合理。判例中展示出的渎职罪刑罚适用轻缓化的状况，一方面反映出我国渎职罪刑罚设置（立法）存在一定问题；另一方面表明司法机关适用刑罚的态度本身也存在一定问题。

二、有利于实现犯罪与刑罚相接洽的体系融贯性

"重典治乱"的刑罚态度是基于渎职犯罪本身特性而提出的。犯罪与刑罚作为支撑整个刑法大厦的支柱，二者互为表里、相辅相成，共同为刑法大厦的构建和功能的实现奠定基础。犯罪是刑罚发动的前提，刑罚是犯罪的回应，刑罚的合理性需要犯罪理论来检验，因为人们所关注、关心的问题不仅在于社会安定以及较低的犯罪率，而且还关心犯罪对社会造成的危害能尽量少一些。作为惩戒与预防犯罪的必要手段的刑罚，在一定程度上与犯罪呈正向相关性，即犯罪的法益侵害性越大（法益价值的位阶越高）、犯罪的暴力性越强，作为反制手段的刑罚也就必须随之更加严厉。如果不这样，罪与罚不匹配，就会引起容易被人们所忽视却普遍存在的那种冲突，即刑罚的对象正是其自己造成的犯罪。同时，如果不同程度侵害法益的犯罪行为处以同质甚至同量的刑罚，不仅为犯罪人以"最小的代价"行最大的"恶"敞开了大门，而且人们也不能够再找到更强有力的手段去制止能使犯罪人获得更大"快乐"的更为严重的罪行。1997年《刑法》对渎职罪的修订，侧重犯罪构成要件体系与罪名设计的完善，与之相配套的刑罚并没有完全同步跟进，未能实现犯罪与刑罚的协同发展。

现行《刑法》针对渎职罪，共设置25个条文、37个罪名，包括滥用职权罪与玩忽职守罪等一般罪名和诸如故意泄露国家秘密罪、徇私枉法罪、私放在押人员罪等30多个具体罪名。在这些罪名中，有2个罪名可判处"十年以上"有期徒刑（最高刑罚）；10个罪名可判处"五年以上十年以下"有期徒刑；3个罪名可判处"五年以上"有期徒刑；16个罪名可判处"五年以下"有期徒刑；12个罪名可判处"三年以上七年以下"有期徒

刑；21个罪名可判处"三年以下"有期徒刑；37个罪名可判处拘役，未设置财产刑、资格刑、无期徒刑和死刑。从上述渎职罪立法关于刑罚的规定看来，存在着这样的疑问：其一，渎职罪的刑罚只设置了有期徒刑和拘役两种自由刑，不仅种类略显单一，且这两类刑种能否对渎职犯罪行为予以完全评价也是疑问。大陆法系国家针对渎职罪都规定了种类齐全的刑罚，如德国、日本和俄罗斯都规定了不同程度的财产刑，俄罗斯还规定了"剥夺担任一定职务或从事某种活动权利"的资格刑。其二，与同为职务犯罪的贪污贿赂罪相比，渎职罪的刑罚幅度过于轻缓。从刑罚体系的协调性出发，渎职罪的刑罚幅度畸轻与整个刑罚体系不协调。进一步而言，如前文所述渎职罪侵害的法益未必比贪污贿赂罪侵害的法益轻，从保护法益这个本质出发，渎职罪的刑罚显著轻于贪污贿赂罪也存在刑罚体系的协调性问题。其三，各罪名的刑罚互有矛盾，如第397条滥用职权罪和玩忽职守罪，对故意犯与过失犯实行的是同一个刑罚幅度，而第413条动植物检疫徇私舞弊罪和动植物检疫失职罪，对故意犯与过失犯却实行的是不同的刑罚幅度。尤其是滥用职权罪与玩忽职守罪作为故意犯与过失犯，无论是出于"报应刑""目的刑"或是"报应兼目的刑"等考量，对于不同罪过形式下的犯罪显然都能够得出刑罚应具有差别的结论。如，同为侵害生命法益的故意杀人罪与过失致人死亡罪，侵犯财产法益的故意损坏财物罪与过失损坏财物罪（我国刑法不认为是犯罪因而没有刑罚）刑罚的巨大差别就是有力的证明。其四，对于《刑法》第399条第4款的规定理论界争议很大，这种场合完全可以依照罪数认定的理论予以解决，而不必特别规定。退一步说，即使刑法作为特别的提示性规定也未必要采取"从一重罪处罚"的立场。其五，渎职罪的许多罪名包含"徇私舞弊"动机，自由刑并不能完全评价，因而财产刑和资格刑作为补充就是必要的。因此，树立"重典治乱"的从重刑罚态度、考虑增设资格刑与罚金刑是与渎职犯罪性质相接洽的要求。

三、具有"纵向"与"横向"的合理性

"重典治乱"的刑罚态度和我国历史上与国外对待渎职犯罪的态度具有一致性。①从历史上来看，我国素有"知法犯法、罪加一等"的历史传统，在各个朝代，基本都对官员的渎职类犯罪采取严厉处罚的态度。如夏代《夏典》记载："先时者杀无赦，不及时者杀无赦。"[1]对于不按"天时"行事或者怠于行事而贻误"天时"的官吏，一律处以死刑。再如，秦代"见之不举"罪。秦代禁书令规定："有敢偶语诗书者弃市。以古非今者族。吏见知不举者与同罪。"[2]官吏明知有上述行为而不履行查禁职责，弃市。[3]对渎职类犯罪的严厉处罚，甚至不受"刑不上大夫"的限制。汉代"泄露省中语"，即泄露国家秘密罪，也规定了极为严厉的腰斩、弃市等刑罚。直至隋唐、两宋、明清时期，虽然渎职罪立法不断完善，但严厉的处罚态度却基本没有变化。②就当下来看，一方面，当前我国渎职犯罪查处量不断上升（当然，这与当前国家大力反腐有关，但也不可否认渎职犯罪案件基数在增长），重特大渎职犯罪案件频发，给国家和人民造成重大损害，从抑制犯罪高发态势的立场来说，应适当加强渎职罪刑罚的力度。③比较来看，从各国的立法现状看，其基本都对渎职犯罪采取较为严厉的刑罚态度，刑罚种类多样。如《俄罗斯联邦刑法典》第285条针对滥用职权罪，不

---

[1] 曾宪义主编：《中国法制史》，中国人民大学出版社2000年版，第27页。
[2] 《史记·秦始皇本纪》。
[3] 弃市，是指杀之于市，与众弃之。

仅规定了"10年以下""4年以下""3年以下"等不同档次的自由刑，同时规定了"10万以上30万卢布以下"的财产刑和"剥夺担任一定职务或从事某项活动的权利"的资格刑。再如，《日本刑法典》规定，犯特别公务员滥用职权罪，处以"6个月以上10年以下的惩役"。又如，《德国刑法典》的职务犯罪章，针对不为职务上的行为、职务上的身体伤害、刑讯逼供、对无罪的人执行刑罚等罪，规定了"1年以上10年以下"等不同档次的自由刑，同时，还广泛规定了罚金刑。④从规范来看，渎职罪的刑罚应与现行刑罚体系相协调。从同为职务犯罪的贪污贿赂罪的刑罚来看，其最高刑为死刑，并广泛规定"三年以上十年以下""十年以上""十五年以上"较重的自由刑，同时还规定了没收财产和罚金两种财产刑；从法益立场来看，渎职罪所保护的法益并不比贪污贿赂罪保护的法益轻。因此，适度调整或加重渎职罪的刑罚，在历史与当下、比较与规范各个维度，都具有一定的合理性。

四、具有实现渎职罪刑罚机能的必要性

刑法具有保护法益与维护秩序的双重机能，渎职罪"重典治乱"的刑罚态度不仅是打击与预防渎职犯罪的现实需要，也是维护国家管理秩序，保障国家公务活动公正、高效、有序运行的必然要求。随着我国经济发展和社会进步，利益主体多元化的社会格局早已形成且社会贫富不均问题加剧，民众将维护社会公平正义、缩小贫富差距、构架合理利益分配格局等重任寄希望于政府的管理与调节，这就无可避免地造成行政权力的扩张与膨胀。面对国家机关工作人员在履行行政职责上的滥用职权、玩忽职守等渎职行为，我国制定了细致的行政处罚与党纪处理措施，同时还规定了严密的渎职罪刑罚体系，体现出渎

职罪刑罚在维护国家行政管理秩序方面的一些独特价值。

第一，有利于维护国家行政管理秩序。渎职罪属于职务性行政犯，具有维护国家行政管理秩序的价值。如日本学者福田平指出，法律秩序的内部有两个层面：一为国民生活秩序层面，即基本生活秩序；一为根据行政作用不断创造出的层面，即派生生活秩序。与此相对应，刑法也可以分解为刑事性和行政性两个部分，前者是刑事犯，后者是行政犯。[1]正是为了维护这种派生秩序，法律把这一任务交给了行政刑法。我国渎职罪在维护国家行政管理秩序方面，设置有滥用职权罪、玩忽职守罪，维护一般行政管理秩序；徇私枉法罪，民事、行政枉法裁判罪，私放在押人员罪等，维护司法行政秩序；徇私舞弊不征、少征税款罪等，维护国家税收征管行政秩序；此外，为了维护国家环境监管秩序、食品安全监管秩序、传染病防治管理秩序、边境管理秩序等，还规定了其他的具体渎职罪名。刑罚本质上是一种恶，是以生命、自由或财产为代价的基于功利主义来"换取"特定价值的手段，渎职罪作为维护行政管理秩序的最后保障，以刑罚手段督促公职人员恪尽职守、履职尽责。

国家各职能部门是一个有机统一整体，是一个由各个"部件"密切衔接配合的"大机器"。其中，任何一个部件的损害或不能有效运转都会影响"机器"的整体效能。法律规范（尤其是刑事法律规范），是内植于机器中的"预警阀"与"监测器"，随时监控各部件的运行状态，保障国家"机器"安全有序运转。按照权力制约与平衡原理，行政权和司法权各司其职，各有担当，对于一些程度较低的行政违法行为交由行政法律规范处理，适用较为简单的行政处罚程序和较为宽缓的行政处罚

---

[1] 金泽刚、黄明儒：《日本有关行政犯性质的学说及其评析》，载《政治与法律》2004年第6期。

措施，不仅能够提高社会运转效率，也是构建和谐社会的应然之义。但是，当一些行政违法行为超越了行政法的规制范围，外溢出属于刑事法律规范保护的法益，此时，就需要把这种"行政违法+加重后果"的行为上升到刑事违法行为，由刑事法予以规制，发动刑罚措施予以制裁。刑罚通过与行政处罚密切配合，共同为维护国家行政管理秩序提供坚强保障。

第二，有利于防止行政权力的膨胀。行政行为对社会秩序的维持和人类福祉的增进具有不可替代的作用，但行政权力膨胀又导致公民权利与自由的萎缩，因此"法治国家的行政，为了以法治方式来决定，人必须最大的可能通过法律来加以约束。宪法应将此任务赋予立法机关，立法机关应尽最大可能制定法规或命令来约束行政权，这是法治国无可怀疑的第一任务"。[1]通过刑罚惩戒与预防那些严重违反行政法律规范并造成严重后果的行为，保证行政机关在宪法和法律的框架内履行职权，保障代表行政机关履行职责的公职人员不弃权、不越权、不擅权，在法律与职责范围内履行义务，最大限度保障公民权利与自由。如新冠疫情防控，就是公共安全管理与公民自由之间利益的权衡与妥协，且二者处于二律背反的关系。西方国家重视个人的自由权利，主张不能限制公民的行动自由，如不对进出公共场所作限制、不对防疫手段（戴口罩、接种疫苗等）作限制，导致疫情防控效果不佳；我国更加重视社会整体安全，必然要限制公民一定的自由权利，也取得了良好的疫情防控效果。那么，究竟安全与自由哪个重要？显然这是一个见仁见智的问题，至少在不同的价值观、不同的社会制度甚至不同的政治立场下都会得出不同的结论。但是可以肯定的是，只注重自由而完全不

---

[1] 姜涛：《行政犯与二元化犯罪模式》，载《中国刑事法杂志》2010年第12期。

顾疫情防控断不可取；而过度防控（尤其是在疫情处于常态、长期流行的场合下），部分地方政府过分限制个人自由也并非明智之举。因此，在类似疫情防控的公共行政管理行为高度偏离正常裁量范围，严重超越了行政法授权范围并造成严重后果的场合，动用刑罚手段限制行政权力的恣意就成为迫不得已的可选手段。

第三，有利于提高公职人员履职的道德意识。一般认为，行政犯是不违反伦理道德的犯罪，是法定的犯罪。但法与道德始终处于往返互动之中，彼此关联影响，道德是法得以普遍遵行的内在根基，法是主流道德观念的外在表现形式。当某种被创设出来的价值已经内化为人们普遍认同的社会观念之后，外化的行为规范就逐渐内化为人们的价值观念和道德标准。日本学者大塚仁指出，行政犯并非和社会伦理完全无关，即便是原本与社会伦理无关的东西，当它在刑法上被作为犯罪来处罚时，遵守这种法律就成为社会伦理的要求，在这个意义上也可以说行政犯和社会伦理具有关联性。[1]在我国，国家机关工作人员特别是中国共产党党员，履行公职时有"为人民服务""勤政务实""清正廉洁"等要求，渎职犯罪当然有违上述要求，反过来，刑法通过对严重的渎职行为进行打击，也有助于强化上述"公职伦理"，逐渐形成根植于公职人员内心的特殊"伦理道德"，提升公职人员对履职尽责的道德期待。如云南省德宏傣族景颇族自治州副州长、州公安局局长徐某某在疫情防控工作中失职失责被立案调查，案件报道后，很多负有疫情防控职责的官员表示，要依法依规、严格履行防控职责，切实担当起自身的防疫使命。

---

〔1〕［日］大塚仁：《犯罪论的基本问题》，冯军译，中国政法大学出版社1993年版，第18~20页。

第二节 体系化标靶：渎职罪刑罚的逻辑自洽性构建

一、构建融贯的渎职罪刑罚体系

渎职罪刑罚的完善方向，首先应体现在体系融贯性的构建上，应在"重典治乱"的一贯刑罚态度下，构建协调融洽的渎职罪刑罚体系。基于融贯性要求，刑罚体系的构建应当符合逻辑自洽性和法益保护的双重目的。刑罚体系是按照有利于实现刑罚目和发挥刑罚机能的标准，选择一定的惩罚方法作为刑罚方法并加以归类[1]，在此基础上按照刑罚轻重次序和种类差别进行体系化的排列组合。科学的刑罚体系构建不仅是教义学上逻辑严密、没有冲突的体系化目的要求，而且也有利于更好地实现打击和预防犯罪目的。

（一）整体：渎职罪刑罚与整个刑罚体系冲突的消解

刑罚，是国家对不法行为作为法律上的效果给予个人科处的法益剥夺。[2]刑罚设置是否科学合理，应接受犯罪论和刑罚论的双重理论检视，并依据功利主义打击与预防犯罪的目的进行适时调整。依照刑法的报应机能，犯罪是刑罚的原因，刑罚是犯罪的后果，刑罚通过惩罚犯罪而使公平正义得以实现，社会秩序得以维护。报应的尺度是"恶害"，有多大恶害就有多大报应，恶害与报应基本保持质量均衡。报应刑基于"报应＝恶害"的原理为刑罚的正当化提供根据。"在与法益权衡的部分领

---

〔1〕 高铭暄、马克昌主编：《刑法学》（第3版），北京大学出版社、高等教育出版社2007年版，第250页。

〔2〕 [日] 牧野英一：《日本刑法》（第64版·上卷），有斐阁1939年版，第573~574页。

第四章 渎职罪刑罚的体系化重构

域有关的范围内，人们必须使用关于法益关系的一般规制，来补充这种刑罚幅度的比较。这种价值关系能够表示在三个原理之中：秩序性规定后撤到对具体损害的保护之后；人格的价值应当优于实物财产；面对保护其他人格价值或者超个人法益，对身体和生命的保护处于一种更高利益的基础之上。"[1]也就是说，刑罚的幅度应与刑法所保护的法益价值成适当的正向比例。根据一项调查报告，渎职罪平均每个案件的损失为258万元，而贪污罪仅为15万元，前者是后者的17倍。渎职罪所造成的法益侵害至少不逊于同为职务犯罪的贪污贿赂罪，甚至不亚于故意杀人罪、抢劫罪和绑架罪等恶性自然犯罪，据此，渎职罪的刑罚显然是过于轻缓了。依照目的刑论，刑罚的目的是预防犯罪。刑罚本身并没价值，只是在作为实现预防犯罪的工具时才具有价值，刑罚的尺度只有在预防犯罪的必要限度内才是正当的。贝卡里亚指出："刑罚的目的既不是要摧残一个感知者，也不是要消除业已犯下的罪行。刑罚的目的仅仅在于：阻止罪犯再重新侵害公民，并规诫其他人不要重蹈覆辙。"[2]目的刑重视行为人的人身危险性和再犯可能性。目的刑作为刑法新派（主观主义）的必然结论，认为犯罪是由犯罪人各自不同的生理和心理特征所造成，因而犯罪人的主观危险性是各不相同的，对犯罪人判处刑罚的轻重，不能根据犯罪行为即犯罪事实大小来决定，而应根据罪犯人身危险性的大小来决定。[3]我国渎职罪的犯罪主体是"国家机关工作人员"，刑法对其本身就赋予特别

---

[1] [德] 克劳斯·罗克辛：《德国刑法学 总论（第1卷）：犯罪原理的基础构造》，王世洲译，法律出版社2005年版，第475页。

[2] [意] 切萨雷·贝卡里亚：《论犯罪与刑罚》，黄风译，北京大学出版社2008年版，第42页。

[3] 马克昌：《比较刑法原理——外国刑法学总论》，武汉大学出版社2002年版，第36页。

的更高的守法期待，根据：①侵害特别义务说，特殊主体予以重罚的根据在于行为人侵害了所负担的特别的义务，使自身置于刑罚加重或减轻的地位、资格或状态；②侵害特别法益说，如果行为人不具有某种特定的地位（身份）、资格或状态，则不具有侵害法益的可能性；③特别期待说，认为特别的地位（身份）或资格可能侵犯特别的法益，因而具有更强的守法期待。如《公务员法》对国家机关工作人员所具备的资格条件和履职要求作了特别规定，国家机关工作人员在就职前对如何行使职务上的权力以及基于权力、职位而产生的职务行为后果、社会效应有着清楚的认知。[1]因此，在相同的场合下，国家机关工作人员的渎职犯罪与一般人犯罪相比具有更强的人身危险性和可谴责性。另外，从我国社会历史的生活价值来看，历来有"知法犯法，罪加一等"的提法，如清·佚名《赛红丝》第八回曰："禁役朱贵，监守得财谋命，知法犯法，罪加一等，亦杖一百，流三千里。"[2]据此，我国渎职罪的刑罚幅度总体偏轻，既不符合刑法（法益保护）的一般原理，亦不符合我国社会历来遵循的"知法犯法，罪加一等"的社会通行理念。

同为职务犯罪的贪污贿赂罪体现出从重处罚的立法态度，贪污贿赂罪共15个条文，16个罪名。其中，最高刑罚可判处死刑，有3个罪名可判处"无期徒刑"，3个罪名可判处"十年以上有期徒刑"，几乎所有罪名都有附加刑。相比之下，渎职罪轻刑所占的比重过高，刑罚种类单一，导致同为职务犯罪的这两个类罪名的刑罚在整个刑罚体系上有失均衡。另外，渎职罪相较于贪污贿赂罪，由于不是"进自己腰包"的犯罪，社会包容度更高，导致司法实践中经常出现重罪轻罚，轻罪免罚，使犯

---

〔1〕 高虹、刘涛：《浅谈渎职罪刑罚完善》，载《学术研究》2013年第2期。
〔2〕 张鲁原编著：《中华古谚语大辞典》，上海大学出版社2011年版，第377页。

罪人有恃无恐，致使渎职罪刑罚的犯罪预防机能下降。这种矛盾的刑罚态度，不仅表现在与贪污贿赂罪的差别上，也表现在与《刑法》分则的其他渎职类犯罪的相关规定上。从重处罚的场合，如《刑法》第 238 条、第 243 条和第 245 条规定的非法拘禁罪、诬告陷害罪和非法侵入住宅罪，都明确规定国家机关工作人员（司法工作人员）利用职权犯这几类罪的，从重处罚。相同刑罚的场合，如《刑法》第 167 条签订、履行合同失职被骗罪与第 406 条国家机关工作人员签订、履行合同失职被骗罪。两罪在客观行为方式上完全相同，主观罪过也没有差别，均表现为疏忽的过失心态，唯一的差别是前者为一般主体，后者为特殊主体（国家机关工作人员）。那么，就会产生这样的疑问，即对国家机关工作人员这一特殊主体的地位如何评价？刑罚更轻的场合，如《刑法》第 159 条、第 160 条规定的虚假出资、抽逃出资罪；欺诈发行证券罪与《刑法》第 403 条规定的滥用管理公司、证券职权罪。《刑法》第 159 条、第 160 条、第 403 条规定的罪名的客观行为方式、犯罪对象、主观心理态度也几乎相同，其差别在于前两者为一般主体，后一者为国家机关工作人员，三者的主刑相同，前两者有附加刑——罚金。又如，《刑法》第 345 条盗伐林木罪与第 407 条违法发放林木采伐许可证罪，这两个罪名有很大的关联性，前者为一般主体，后者为特殊主体（林业主管部门的工作人员），前者的最高刑罚为 7 年以上有期徒刑并处罚金，后者的刑罚为 3 年以下有期徒刑或者拘役。对此，行为主体的特殊身份（国家机关工作人员），使其具有更强的守法期待可能性，却被规定了更为轻缓的刑罚，理由不得而知。上述规定，反映出渎职罪刑罚在整个刑罚体系构建上的不协调，因此，应在"重典治乱"的一贯刑法态度下，适当提高其刑罚幅度以缓和与整个刑罚体系的矛盾。

(二) 局部：渎职罪刑罚体系自身矛盾的化解

渎职罪刑罚的问题不仅体现其在刑罚体系中的不融贯性，更加突出的表现在其刑罚内部。如《刑法》第397条滥用职权罪、玩忽职守罪与第398条故意泄露国家秘密罪、过失泄露国家秘密罪。这两个条文规定的四个罪名有一个共同特点，即对故意类渎职罪与过失类渎职罪采取一个法定刑、一个刑罚幅度。然而，《刑法》第400条私放在押人员罪、失职致使在押人员脱逃罪，第412条商检徇私舞弊罪、商检失职罪，第413条动植物检疫徇私舞弊罪、动植物检疫失职罪，对故意类渎职罪与过失类渎职罪采取了不同的刑罚幅度。这样一来，一方面给体系解释造成困难。体系性是刑法解释学极为关注的问题，基于立法的滞后性以及人类智识的有限性，在将成文法适用于司法实践的过程中难免发生成文法与司法案件不完全匹配的现象，这就无可避免地产生了作为连接成文法与现实案件"黏合剂"的司法解释。进行体系解释，可以保证妥当处理各种犯罪构成要件之间的关系，使各个罪之间保持均衡。然而，进行体系解释有一个逻辑前提，那就是作为解释根基的刑罚体系是协调一致、逻辑严密、无明显矛盾冲突的。体系解释有四个要求，不应有矛盾，基于法律自身自洽性要求；无需赘言，法律言简意赅；体系严密，不允许存在明显法律漏洞；体系秩序要求，编排体例有规律可循。[1]据此，渎职罪刑罚的协调性具有特别重要的意义，即无论是在整个刑罚体系中，还是渎职罪刑罚自身都应具备无矛盾、不冲突的基本要求。另一方面，即使抛开故意犯与过失犯的刑罚是否应有差别的问题不论，至少在同一个类罪名中，故意犯与过失犯的刑罚应该秉持一贯的态度，在同一个条款中同

---

[1] [德] 英格博格·普珀：《法学思维小学堂—法学方法论密集班—》，蔡圣伟译，元照出版公司2010年版，第77页。

时包含故意犯与过失犯的场合，要么都按照一个法定刑处罚，要么都区别对待，才能符合体系逻辑自洽性的要求。据此，对于故意类渎职罪与过失类渎职罪的刑罚的规定矛盾，不能说没有问题。另外，《刑法》第399条第4款与罪数认定的基本理论也不完全符合；渎职罪的刑罚只规定了有期徒刑与拘役两种自由刑，并不能对渎职罪的犯罪特点和性质完全评价。后述两种场合，同样体现出渎职罪刑罚体系内部的矛盾与不严密。因此，渎职罪刑罚体系自身也应当全力化解内部的矛盾，构建协调一致、没有冲突的刑罚体系。

二、滥用职权罪与玩忽职守罪刑罚的差别化构建

滥用职权罪与玩忽职守罪的刑罚设置，应遵循一般的故意犯与过失犯刑罚配置的基本原理。在展开论证之前，需要先确定一个假定前提，即滥用职权罪为故意犯，玩忽职守罪为过失犯。之所以需要这个前提：一方面，是因为滥用职权罪与玩忽职守罪的界分不仅有以"罪过形式"作为界分标准的见解，还有以"行为方式（类型）"作为界分标准的提法；[1]另一方面，只有以"罪过形式"作为界分标准，本书论证才有了逻辑前提。接下来要探讨的问题实际上就转化为故意犯与过失犯在犯罪论上是否具有差别以及其刑罚随之如何设置的问题。

故意与过失，在犯罪构成中的作用以及应属于犯罪构成阶段中哪个领域，尤其是能否作为主观违法要素的争议，至今仍是行为无价值论与结果无价值论争论的焦点。贝林格认为构成要件仅仅包含客观记述的要素，而不包含规范的、主观的要素。

---

[1] 关于滥用职权罪与玩忽职守罪的界分标准，通说见解基于立法原意和现实可操作性考量，按照主观罪过形式即故意、过失界分两罪，但也不乏以客观行为作为界分两罪的标准。

因此，犯罪是违法类型，作为主观要素的故意、过失只是责任问题。按照这个观点，故意、过失对刑罚的影响，只能在责任阶段找到根据。"然而，构成要件原本是被特殊化了的犯罪概念，我国[1]刑法把它作为'罪'来规定，不能认为有所谓无责任的'罪'。构成要件不能不是佐伯博士所说的'可罚的'违法类型，既然可罚性包含有责任性，那么最终就不得不认为构成要件既是违法性的类型化，同时，也是道义责任的类型化。"[2]据此，犯罪是违法有责的行为类型，故意、过失对刑罚的影响，不仅能在责任领域找到根据，在违法领域同样可以。"违法是客观的、责任是主观的"这一经典见解应该得到坚持，但是行为一旦成为犯罪类型或违法类型被规定在具体犯罪构成要件中，就成了与犯罪的法律后果即刑罚相联系和特殊化了的概念，因而必然包含来自道义责任的评价。行为是否违法的判断是外部的、客观的，但是要对违法行为施以某种制裁（不利法律后果），就绝不能单纯地停止在客观的违法性判断上，而必须深入到道义谴责的主观责任内部。那么，故意与过失实质属于违法还是责任呢？或者说在违法或责任领域如何发挥作用？实际上，这个问题并非一定要得到确切答案，因为在具体案件的判断中违法与责任本就是一种伦理上的区分，紧密结合一体判断。更为重要的是，与其纠结主观要素到底属于哪个领域的问题，倒不如弄清主观要素在违法与责任领域如何发挥作用。

即使承认主观要素在违法性判断上的作用，这一作用也是次要的，是附着于客观行为判断基础之上的，通过法益是否受到损害或威胁这个途径来个别地实现主观要素在违法领域的作

---

[1] 鉴于该表述出自日本学者的著作，故此处指日本。
[2] [日]小野清一郎：《犯罪构成要件理论》，王泰译，中国人民公安大学出版社1991年版，第31页。

用。在责任领域，主观要素是核心内容，主观要素（故意与过失）的有无直接决定了责任的有无与强弱。既然承认了主观要素在违法和责任领域都有可能发挥作用，那么作为犯罪后果的刑罚就通过违法和责任的"桥梁"与故意和过失建立了联系。现代各国刑法典无一不对故意与过失加以规定，明确指出以处罚故意为原则，处罚过失为例外。《美国模范刑法典》按照主观罪过从强到弱，将犯罪心态分为四个层级，依次为蓄意、明知、轻率、疏忽。对应我国刑法理论，蓄意即为有预谋的故意，明知就是故意，而轻率和疏忽则对应过于自信的过失和疏忽大意的过失，同时，《美国模范刑法典》对于在不同层级心理状态下的犯罪规定了显著差异的刑罚幅度。《俄罗斯联邦刑法典》也明确规定了犯罪的主观心态为故意和过失，并规定"因过失而实施的行为，只有在分则的相应条款有专门规定时，才被认为是犯罪"。作为责任的故意，行为人持有时具有更强的可谴责性，而过失的可谴责性一般较弱。"从罪过的角度看，故意犯罪总是比过失犯罪更应受谴责：因为故意与过失不同，它涉及法律规范的效力问题，故意的存在表明行为人不愿意以法律的规定来指导自己的'个人'行为，从而从根本上威胁到作为整体的法律制度。"[1]这个见解是中肯和妥当的，故意与过失在犯罪论责任阶段的差别是巨大的。"在惩罚的制度性安排中，我们发现了一种不是以罪责为导向的，而是纯粹特殊预防的行为人刑法的强烈影响，不过，这种影响被保留在罪责标准之后。"[2]这里所说的"不是以罪责为导向的"实质上就是指故意、过失在违法

---

[1] [意] 杜里奥·帕多瓦尼：《意大利刑法学原理》（注评版），陈忠林译评，中国人民大学出版社2004年版，第203页。
[2] [德] 克劳斯·罗克辛：《德国刑法学 总论（第1卷）：犯罪原理的基础构造》，王世洲译，法律出版社2005年版，第475页。

领域的差别而导致对刑罚的影响。关于违法性的本质,争论的焦点在是否应当承认主观的违法要素?应当在多大程度上承认?结果无价值论认为,违法性的本质在于侵害法益,[1]站在客观主义立场根本性地否定了主观违法要素。可见,故意、过失在结果无价值论中的违法论立场基本被否定,发挥的作用极为有限。行为无价值论站在主观主义立场,认为故意、过失是违法性要素,对是否侵害作为违法性本质的社会伦理规范具有决定性意义。因此,故意、过失在违法阶段的显著差别应在刑罚上予以体现。

综上,故意与过失,无论是在违法阶段(行为无价值)还是在责任阶段的差别都是十分显著的,刑罚作为犯罪附随性后果就理应体现出这种差别,这也是"罪刑相适应"和"刑罚个别化"的要求。由此,作为故意犯与过失犯的滥用职权罪与玩忽职守罪的刑罚应予差别化规定,以充分发挥渎职罪刑罚打击与预防不同性质犯罪的机能。

三、司法工作人员收受贿赂类渎职罪的刑罚适用

我国《刑法》第399条前三款规定了四个司法类渎职罪名,第4款规定了同时构成受贿罪与渎职罪场合下的刑罚适用规则。按照该条规定,行为人实施受贿行为构成受贿罪又有渎职行为构成该条前三款规定之罪的,从一重罪处罚。对于这条规定的疑问有:其一,罪数的认定标准有通说见解,即使没有该条第4款的规定,罪数认定问题也能够妥善解决;其二,退一步来讲,即便对罪数予以特别规定,那么径行从一重罪的处罚方式是否合理也有值得探讨的余地。

---

[1] 马克昌:《比较刑法原理——外国刑法学总论》,武汉大学出版社2002年版,第288页。

罪数论是研究犯罪行为是构成一罪还是数罪的问题，当行为构成数罪时还存在对罪数如何处理的问题。[1]所谓罪数，是指犯罪的个数。先对犯罪的个数（罪数）加以判断、进而在实施了数个犯罪的场合再考虑对其如何适用刑罚的问题。[2]罪数认定的理论，有犯意标准说、行为标准说、法益标准说和构成要件标准说等。上述学说尽管可能存在各自的不足，采取哪种认定标准也存在争议（犯意标准说与行为标准说由于存在重大缺陷而成为过时的理论），但不可否认的是，采取上述任何学说都能够为罪数认定提供标准，解决罪数的认定问题。以构成要件标准说（通说）为例，"罪数的认定以构成要件为标准，即充分满足一次构成要件的事实就是一罪，充分满足多次构成要件的事实即为数罪。以意思、行为或结果为标准都会偏重犯罪事实的某一要素或局部"。[3]按照此说，即可完全解决《刑法》第399条第4款所规定的情况。对于第二个问题，该条第4款规定的"从一重罪"涉及在认定数罪前提下如何适用刑罚的问题。本来，一个行为符合一个构成要件就是一罪，实现数个构成要件就是数罪，但是有些特殊的介于一罪与数罪之间的场合，如何确定罪数就需要特别加以考虑，这就是刑罚法规中的评价问题，在与量刑相关的同时，还必须以保证量刑更加合理化为目的。《刑法》第399条第4款（以下称"本款"）如此规定，从刑法理论上来说，应认定为牵连犯或者想象竞合或法条竞合。所谓牵连犯，是指犯罪手段行为或者结果行为触犯其他罪名的

---

[1] 张明楷：《外国刑法纲要》（第2版），清华大学出版社2007年版，第342页。
[2] [日]山口厚：《刑法总论》（第3版），付立庆译，中国人民大学出版社2018年版，第388页。
[3] [日]小野清一郎：《犯罪构成要件理论》，王泰译，中国人民公安大学出版社1991年版，第108页。

情况。[1]构成牵连犯有两个必要条件：一个是要求行为触犯了数个罪名，另一个是数个行为之间具有手段与目的、原因与结果的关系。本款规定情况，触犯了"前三款罪"的同时又触犯了受贿罪符合数个犯罪构成要件，本来就应该数罪并罚。但是，如果受贿罪与"前三款罪"具有上述手段与目的或原因与结果的关系如此规定倒也说得通。数个行为之间具有手段与目的、原因与结果的关系是指，原因行为是造成结果所必要，手段行为是达到目的所必要。典型的牵连犯如票据诈骗罪，行为人首先需要伪造票据然后才能实施诈骗行为，伪造票据是实现诈骗的必要手段。反过来说，如果行为人不实施伪造票据的行为，其根本无法实施票据诈骗行为，前者是后者的先决条件。因此，虽然两个行为符合数个构成要件应当构成数罪，但是基于刑罚合理化的考虑应作为牵连犯从一重罪处罚。而本款规定的受贿行为与"前三款罪"并不具备"手段与目的或原因与结果"这样的必然关系，因为即使不实施"前三款罪"，受贿的目的仍然可以实现，反过来说，受贿行为也并非渎职罪的先决条件。可见，受贿罪与渎职罪并不具有作为先决条件的目的或手段关系，因而本款规定的场合不符合刑法理论上的牵连犯。

那么，是否属于想象竞合或法条竞合呢？所谓想象竞合，是指"一个行为同时触犯二个以上的罪名的情形"。[2]如行为人甲对执行公务的乙实施伤害行为，同时涉嫌构成故意伤害罪和妨害公务罪，属于想象竞合，从一重罪处罚。想象竞合的本质是"一个行为"。《刑法》第399条第4款规定的情形，即司

---

[1] 张明楷：《外国刑法纲要》（第2版），清华大学出版社2007年版，第355页。
[2] [日]西田典之：《日本刑法总论》，刘明祥、王昭武译，中国人民大学出版社2007年版，第348页。

法人员收受贿赂又实施司法渎职行为，显然是数个行为，而且符合数个犯罪构成要件。法条竞合，是指行为符合数个法条（数个犯罪构成要件），但法条之间存在特别的关系（交叉、重合或包容），因而仅成立一个犯罪（评价一罪）。如我国《刑法》规定的侵占罪（第270条）和职务侵占罪（第271条）的情形，二个犯罪构成要件之间存在着交叉、重合或包容关系，即职务侵占罪的构成要件包含了侵占罪的构成要件，若行为符合职务侵占罪的构成要件，那么一定符合侵占罪的构成要件。再如，《刑法》第397条滥用职权罪与玩忽职守罪的一般规定，与第398条至第419条具体的渎职罪之间，也属于法条竞合的关系。法条竞合的特征是数个法条之间存在着逻辑上的交叉、重合或包容关系。《刑法》第399条第4款规定的受贿罪与渎职罪，显而易见不具备法条竞合所要求的构成要件在"理论上的关系"。

综上，《刑法》第399条第4款所规定的情况因不符合牵连犯、想象竞合和法条竞合，因而采取从一重罪处罚的处罚方式就没有合理依据。另外，从刑罚体系上来看，如果本款的规定合理，那么行为人只要实施了"受贿行为"构成受贿罪又实施了其他渎职犯罪的，便也能"参照适用"从一重罪处罚的方式，这个结论恐怕也是让人难以接受的。

第三节 体系化补充：渎职罪刑罚种类的增益

刑罚具有打击与预防犯罪的机能，基于遏制我国渎职犯罪高发态势的基本需求，依据功利主义与刑罚威慑理论增加渎职罪财产刑与资格刑，完善职罪刑罚体系。我国刑罚分为主刑和附加刑，主刑5种，附加刑3种。渎职罪的主刑只有有期徒刑和拘役，没有死刑和无期徒刑，也没有附加刑，因而渎职罪的刑罚种类略显单一。不过，刑罚单一也未必就是问题，只要刑罚的配置能够符合犯罪论要求以及能够实现刑罚目的即可。丰富渎职罪的刑罚种类，不仅是为了构建一致的刑罚体系，更是结合渎职罪的社会危害性和犯罪特点，更好地实现渎职犯罪的预防与打击机能的现实需要。据此，针对故意类渎职罪，尤其是具有"徇私舞弊"动机的渎职罪设置财产刑和资格刑是必要的。

一、贪利型犯罪——财产刑

前文指出，财产刑具有特殊的威慑效能。财产刑历史悠久，在刑法理论中占有重要地位并被世界各国刑法所广泛采用，是仅次于生命刑和自由刑的刑罚种类。尤其是随着刑罚轻缓化趋势的到来，财产刑大有广泛取代自由刑之势。财产刑作为刑罚的一个种类，有其他刑种无可替代的作用和功能，尤其是针对贪利型犯罪。如有学者指出："罚金所造成的刑罚痛苦重心并不在于被迫地缴纳一定数额的金钱，而是，在于因罚金的缴纳，致使其物质享受减损而造成的间接之痛苦。因此，罚金刑与自由刑的等值在于强制受刑人于一定时间内放弃物质享受。当然，这种刑罚也有其适用限制，就是要在行为人以获取金钱或物质利益为目的的犯罪，其科处之罚金数额具有相当高度的场合下，才能实现。"[1]就财产刑的功能而言，财产刑可以被看作"凝固化或实物化的自由"，即限制或剥夺行为人金钱享受上的自由。因此，财产刑的适用对象就是贪利型犯罪。所谓贪利型犯罪，包括经济犯罪、财产犯罪和主观上以获利为目的的其他犯

---

〔1〕 林山田：《刑罚学》，台湾商务印书馆1983年版，第279页。

第四章 渎职罪刑罚的体系化重构

罪,这些犯罪的共同特点就是企图通过各种违法行为获取财产性利益。[1]比如,我国《刑法》第 383 条对贪污犯罪的刑罚,就有"并处没收财产"的财产刑;同样,受贿罪、私分国有资产罪等贪利型犯罪,也都规定了"并处没收财产"或"罚金"的财产刑。就渎职罪而言,此类犯罪尤其是指含有"徇私舞弊"情节的故意类渎职罪。对于徇私的性质,有人认为是客观要素,有人认为是内在动机,周光权教授认为,"徇私属于犯罪动机,包括追求与职责宗旨相违背的一切物质利益与非物质利益"。[2]这里所说的徇"一切物质利益"之私,其实就是贪利型犯罪的典型表现。司法实践中的诸多判例表明,对于故意类渎职罪而言,行为人冒着遭受法律制裁的风险而违背法定职责滥用职权或者违背程序行使职权,就是为了利用渎职行为获取财产性利益。因此,针对渎职罪,无论是出于对"贪利"动机的考虑,还是出于犯罪预防的目的,财产刑的设置都是必要的。对渎职罪设置财产刑除了能够在犯罪论上找到依据,还具有相当的合理性:

第一,从比较法的立场来看,《德国刑法典》"职务犯罪"章第 336 条不为职务上的行为、第 340 条职务上的身体伤害、第 343 条刑讯逼供等罪名,均规定了罚款和罚金的财产刑。《俄罗斯联邦刑法典》"反对国家政权罪"章第 285 条滥用职权罪、第 285 条-1 不按专项开支预算资金罪、第 286 条逾越职权罪,均规定了处以 8 万卢布至 30 万卢布不等的罚金刑。除此之外,法国、意大利、美国等,其渎职罪的刑罚也都广泛规定了罚金类财产刑。因此,国外立法通例都能为我国渎职罪增加财产刑提供借

---

[1] 陈兴良:《刑法适用总论》(下卷)(第 2 版),中国人民大学出版社 2006 年版,第 206 页。

[2] 周光权:《渎职犯罪疑难问题研究》,载《人民检察》2011 年第 19 期。

鉴支持。

第二，从制度与法律衔接的立场来看，我国监察体制改革以抑制"腐败动机"为重要突破口来预防腐败（职务）犯罪，腐败动机是公职人员实施腐败行为的内在诱因，国家监察委员会将原来行政监察机关的廉政宣传教育职能和检察机关的开展预防职务犯罪教育职能等廉政教育职能充分整合起来，有助于通过更加多样的廉政教育活动和更加充足的廉政教育资源来更加有效地预防公职人员的腐败动机，从而消除滋生权力腐败的内在诱因。[1]因此，监察体制改革是从制度上抑制公职人员的腐败动机，对渎职罪设置财产刑既是从法律上抑制公职人员的腐败动机，也是与制度衔接、配合的具体要求。

第三，从刑事政策的立场来看，党的十八大以来，确立了"零容忍"的反腐败政策，通过监察体制改革实现对所有行使公权力的公职人员的监察全覆盖，构建不敢腐、不能腐、不想腐的惩戒与预防腐败体系。相对于刑事政策所有的目标设定而言，刑法体系的工作具有不同的乃至相反的任务。法律科学必须"成为并保持其作为一种真正的体系性科学；因为只有体系性的认识秩序才能够保证对所有的细节进行安全和完备的掌控，从而不再流于偶然和专断，否则，法律适用总是停留在业余水平之上"。[2]对渎职犯罪的惩戒与预防，是反腐败工作的重要内容。对渎职罪设置财产刑，实际上是加强对渎职犯罪的打击力度，回应了全面从严治党、党风廉政建设和反腐败斗争严峻形势的需求。据此，对渎职罪设置财产刑，既符合我国当前反腐

---

[1] 吕永祥：《国家监察委员会的预防腐败职能研究》，吉林大学2019年博士学位论文。

[2] [德] 克劳斯·罗克辛：《刑事政策与刑法体系》（第2版），蔡桂生译，中国人民大学出版社2011年版，第5页。

败斗争的刑事政策，维护了政策的一贯性，也能够保持渎职犯罪刑罚适用的稳定性。

二、职务型犯罪——资格刑

资格刑，又称名誉刑，是刑罚种类最轻者，往往作为附属刑罚规定在刑法典中。资格刑来源于罗马法中的"人格减少等"。在刑罚体系中，资格刑虽然不像自由刑、死刑那样引人注目，但是随着刑罚轻缓化趋势的到来，资格刑在刑罚中的地位也呈现攀升之势。资格刑作为一个刑种，亦有其独特的适用对象与适用范围。主要体现在，其一，资格刑通过剥夺或限制犯罪人某方面的资格或能力，使其不能接触特定的人或从事特定的事，从而巩固主刑的刑罚效果，起到犯罪预防作用。其二，任何刑罚都具有否定评价的功能，相较于其他刑罚种类而言，资格刑往往更侧重政治上的否定评价。其三，具有国家机关信誉的保障功能，如某人在担任局长或处长期间凭借其职务（地位）而实施的渎职犯罪行为，会连带地损害其所在国家机关的声誉，对其判处剥夺其所担任的一定职务，并禁止其在一定时期内担任国家公职，有助于维护国家信誉。[1]任何刑罚种类的设置与适用都不能不考虑报应与预防这两个目的。渎职罪是国家机关工作人员利用职权所实施的违法犯罪行为，对这一犯罪主体实施资格刑，如剥夺政治权利、剥夺公职资格等刑罚，能实现对其政治上的否定评价效果和对国家机关信誉起到保障作用，是报应刑"罚当其罪"的必然结论。就刑罚的特殊预防功能而言，刑罚的目的在于防止犯罪人再次陷入犯罪的泥沼。刑事社会学派有这样一个假定，即一个人之所以犯罪，是由他的

---

[1] 陈兴良：《刑法适用总论》（下卷）（第2版），中国人民大学出版社2006年版，第234页。

自身性格特点、所处社会环境、自然环境等多种因素决定的，诸多因素构成了他的犯罪人格，而这一人格又决定了他会犯和会再犯这种罪。[1]所以，针对一个犯罪的公职人员，自由刑的适用能让其在一定时期与社会隔绝，并在一段时间丧失再次犯罪的资格。一旦自由刑结束，这种犯罪资格（因素）又"死灰复燃"，犯罪人容易重新陷入犯罪泥沼。在比较法上，《俄罗斯联邦刑法典》第285条滥用职权罪、第285条-1不按专项开支预算资金罪、第286条逾越职权罪等，在主刑之外都规定了"剥夺担任一定职务或从事某种活动的权利"的资格刑。我国渎职罪在规定自由刑的同时，附加资格刑（如限制担任公务员资格或从事某种特定业务），能够大大降低行为人再次实施职务犯罪的概率，这对发挥刑罚的犯罪预防作用极为重要。我国渎职罪没有规定资格刑，显然没有充分考虑到渎职犯罪的本身特点以及资格刑的作用与机能。

就资格刑的适用范围而言，一般来讲，因渎职犯罪受到刑事处罚的，即便不被处以资格刑，也会剥夺再次成为公务员的可行性，即根据我国《公务员法》第26条，下列人员不得录用为公务员：①因犯罪受过刑事处罚的；②被开除中国共产党党籍的；③被开除公职的；④被依法列为失信联合惩戒对象的；⑤有法律规定不得录用为公务员的其他情形的。

据此，根据我国相关法律以及领导干部选拔任用的相关规定，只要受过刑事处罚或者被开除公职的，即便没有处以资格刑也不可能再次成为公务员，更何况领导职务的公务员。例外的场合是，全国人民代表大会常务委员会《关于〈中华人民共和国刑法〉第九章渎职罪主体适用问题的解释》将渎职罪主体

---

[1] [意] 恩里科·菲利：《犯罪社会学》（第2版），郭建安译，中国人民公安大学出版社2004年版，第142页。

分为三类，即在依照法律、法规规定行使国家行政管理职权的组织中从事公务的人员，或者在受国家机关委托代表国家机关行使职权的组织中从事公务的人员，或者虽未列入国家机关人员编制但在国家机关中从事公务的人员，在代表国家机关行使职权时，有渎职行为，构成犯罪的，依照《刑法》关于渎职罪的规定追究刑事责任。其中，法律、法规授权组织作为行政机关的重要补充，对分担国家管理职权、提高行政管理效能、防止权力滥用都具有重要意义。法律、法规授权组织的范围相当广泛，大致可以分为以下几类：①基层群众自治组织，如城镇的居民委员会和农村的村民委员会；②行业组织，如篮球协会、足球协会；③工青妇等社会团体，如工会、妇联；上述组织，其主体并非公务员，因此，其实施了渎职犯罪行为受到刑事处罚的，就有再次成为上述组织人员的可能性。以村（社区）基层组织为例，其一，我国宪法和法律均规定了村（社区）基层组织管理人员的相关自治管理职权，如国有土地经营和管理，社会捐助公益事业管理，土地征用补偿管理，协助政府从事救灾、抢险、扶贫、救济等事务管理等，其在行使职权过程中可能涉及非国家机关工作人员受贿罪、职务侵占罪等；其二，村（社区）具有协助政府从事行政管理职权，其在行使这个职权过程中可能涉及滥用职权罪、玩忽职守罪或徇私舞弊罪。[1]我国刑法中的资格刑主要是剥夺政治权利，但村基层组织人员被判刑后，很少被判处剥夺政治权利，曾经受到刑事处罚的村基层组织人员再次当选村基层组织人员的情形时有发生，因此，在职务犯罪的刑罚中应增加资格刑的内容主要是指，剥夺担任上述

---

[1] 梁娟：《监察体制改革背景下村基层组织人员职务犯罪惩防体系构建》，载《江西社会科学》2019年第2期。

特定职务的权利,以更好地实现刑罚惩治效果。[1]

就渎职罪的犯罪性质以及资格刑本身的机能而言,对渎职罪增加资格刑,如剥夺政治权利或者剥夺(限制)担任特定职务的资格刑,对于消除特定的渎职罪犯罪主体的犯罪机会、更好地预防渎职犯罪具有十分重要的现实意义。

本章小结

刑罚是犯罪预防的重要方法,虽然费尔巴哈的"心理强制"说过分地强调了刑罚对犯罪行为的规制功效,但不可否认刑罚在相当程度上能够抑制犯罪。渎职罪作为职务性行政犯,其刑罚的机能不仅体现在打击与预防犯罪层面,在维护行政秩序和保障国家机关工作人员依法依规履职层面也具有独特的价值。立足于此,依据"功利主义"与"刑罚威慑"理论,结合"理论"与"现实"两项基础,应完善我国渎职罪的刑罚。完善方向首先应从体系建设上入手,树立"重典治乱"的一贯刑罚态度,适当提高刑罚幅度。在渎职罪刑罚体系内部,对故意类渎职罪与过失类渎职罪的刑罚应当统一规定。可以按照"罪数理论"学说解决《刑法》第399条第4款所规定的刑罚适用情况,而不需额外规定。对于故意类渎职罪,尤其是含有"徇私舞弊"动机的渎职罪,应增加财产刑和资格刑,提高渎职罪刑罚的威慑效能。

---

[1] 梁娟:《监察体制改革背景下村基层组织人员职务犯罪惩防体系构建》,载《江西社会科学》2019年第2期。

第五章 刑事一体化视域下渎职罪预防机制的构建

本章结合监察体制改革对渎职罪惩防机能的新要求对渎职罪进行延伸性研究。本来，本书对类罪名的研究应当以规范方向即教义学阐释为主体，一般不应涉及或难以兼顾犯罪预防方面的问题。但是，根据渎职罪本身的特点、主要问题以及我国渎职罪预防与打击的现实要求，应尝试在刑事一体化理论的指引下构建与渎职罪规范相配合的预防机制。一是具有必要性。我国尚未建立渎职罪预防的针对性机制，学术界对于这个问题也研究甚少。[1]监察体制改革确立了"惩防并举、注重预防"的反腐方针，坚持职务犯罪惩防并举思维，为渎职犯罪惩防一体化研究提出了必要性。二是具有可行性。刑事一体化思想强调学科的融通以及对现实问题的关注，是站在普遍联系的立场下的刑法学研究方法，注重刑法学研究的开放性和各学科的融合，依据"组织整合"理论，构建刑罚与预防机制相配合的惩防并举、立体预防体系，能够发挥预防犯罪的最大功效，整合了立法规范与制度的双重力量。三是具有合理性。犯罪是一种社会恶害，因而必须对其加以预防和控制。犯罪于人类社会犹如疾病于人体那样合乎规则地存在且难以避免，犯罪是人类社

---

[1] 笔者以"渎职犯罪预防"为关键词，在中国知网检索，截至2021年10月底，只搜集到职务犯罪预防、贪污贿赂犯罪预防、司法犯罪预防等相关研究成果，没有渎职罪预防方面的针对性研究。

会发展运行所必然衍生出来的产物，既不是所谓魔鬼撒向人间的罪恶种子，也并非天外来物，因此，对犯罪的预防具有完全的可能性与现实性。就犯罪预防的方法而言，刑罚手段可谓"医学"疗法，针对具体的疾病采取特定的药物、诊疗手法或技术手段，其优点是立竿见影，缺陷是可能治标不治本；而社会预防措施却是"健康"疗法，注重从平时饮食、运动、生活方式等方面提高身体素质以增强免疫力，以维护机体健康来预防疾病，其优点是治本之策，缺陷是需长期坚持且体系性工程浩大。如果仅就犯罪预防而言，本书第三、四章实际上是渎职罪预防的"医学"手段，注重渎职罪立法和刑罚等"医疗技术"水平的提高，本章渎职罪预防机制的构建就是"健康"疗法，通过建立履职保障制度来消解故意类渎职罪的内在动机，建立履职征信评价制度来为过失类渎职罪提供风险监测。

第一节 故意渎职犯罪的预防：建立履职保障制度

故意渎职犯罪，尤其是带有徇私舞弊情节的故意渎职犯罪，相当比例是由贪利性动机所推动的。此类犯罪的预防，外在方面有赖于健全的权力制衡机制、权力运行的公开透明、完备的权力监督体系、有力的权力监督机构等，关于这一方面，我国在制度建设、理论探讨上都比较深入；内在方面有赖于廉政教育和履职保障，在廉政教育方面我国走在了世界前列，但是在履职保障方面，学术研究还不够深入、制度建设尚不成熟，如在中国知网中关于履职保障问题的研究仅限于法官、检察官、公职律师等特定行业且研究成果不多。本书结合故意渎职犯罪的特点和致罪机理，提出、论证并尝试构建适用于全体公职人员的履职保障制度，以降低故意渎职犯罪的风险。

第五章　刑事一体化视域下渎职罪预防机制的构建

一、履职保障制度的提出与实证依据

犯罪犹如社会的"疾病",治疗的前提是弄清病因,即所谓"对症下药"才能药到病除。对故意渎职犯罪的预防,首先要明确渎职罪的致罪机理和特点,这样才能"对症"实施更为有效的预防措施。就一般犯罪而言,除了过失犯和激情犯,绝大部分犯罪都有内在动机的推动,比如甲预谋杀害乙,要么存在仇怨、要么有利益纠葛、要么有感情纠纷,总是要基于一定的理由(动机)。故意渎职犯罪的这个特点非常明显,如在谢某受贿、滥用职权案(案例14)[1]中,谢某身为国家工作人员,利用职务上的便利非法索取他人财物,并直接或者通过其亲属非法收受他人给予的财物共计648.6657万元和7000美元、2000欧元,在未提交区政府常务会议和区委常委会议集体研究的情况下,擅自安排蔡某投资的公司与某公司签订收购协议。在孙某受贿、徇私枉法案(案例15)[2]中,孙某系某派出所副所长,其利用职务上的便利收受或向他人索要财物累计27.9万元,之后在负责张某7、刘某1等人开设赌场案件过程中,明知张某7、刘某1是有罪的人而故意包庇不使二人受到追诉。在熊某受贿、徇私舞弊不征、少征税款案(案例16)[3]中,熊某身为国家机关工作人员,利用职务上的便利或影响收受某药业公司贿赂24.35万元,徇私舞弊少征某药业公司税款2 500 511.48元。在郑某受贿、放纵走私案(案例17)[4]中,郑某在担任某海关缉私分局局长期间,利用职务上的便利单独或通过其特定

---

[1]　案例来源于中国裁判文书网:[2019]鄂刑终356号。
[2]　案例来源于中国裁判文书网:[2020]鄂06刑终347号。
[3]　案例来源于中国裁判文书网:[2019]鄂11刑终373号。
[4]　案例来源于中国裁判文书网:[2017]云刑终929号。

关系人收受他人贿赂238万元，多次放纵走私。上述案例中，行为人冒着遭受刑罚处罚的风险实施渎职犯罪行为，就是出于贪利动机的推动。虽然，渎职罪中的徇私动机包括徇私情和徇私利，但从判例数据来看徇私利占据了主要部分。

当我们进一步追寻"徇私利"动机（致罪原因）背后的更深层次因素，可将这一动机分为两种类型，其一是"贪婪型"，人具有贪婪的本性，这或许是人性的固有弱点，会出于贪婪的性情利用手中的职权而获取非法利益。对于这个弱点，一方面需要加强廉政教育，另一方面需要完善权力的监督和制约机制，关于这两方面的预防措施我国都已建立相关制度，并在理论研究上较为深入，实际的预防效果也颇为明显，故不作为本书讨论的重点。其二是"求富型"，即出于生存的基本需要或更高生活水平的追求，迫不得已而利用职权"徇私谋利"。一方面，出于"求富型"理由而实施的渎职犯罪由于期待可能性比"贪婪型"低得多，其可谴责性也较低，因而通过单方面发动刑罚予以打击的效果并不理想；另一方面，由于出于"求富型"贪利动机的故意渎职犯罪预防的关注度较低、针对性预防机制不健全，导致此类渎职罪的预防效果不佳。因此，这个方向是本书的研究重点。需要额外说明的是，无论是"贪婪型"还是"求富型"动机，在刑法规范论上都属于"徇财利之私"的内在动机，因而不存在实质的差别，但是在犯罪论上，尤其是探究犯罪原因以及犯罪预防对策上，"贪婪型"与"求富型"动机的差异巨大，这也是本书在渎职罪的预防论中提出这两个渎职犯罪类型的意义所在。

对于"求富型"贪利动机的形成，首先要从公职人员的自身收入水平、消费水平、当地经济状况等着手进行实证对比分析。如果其工资收入水平处于社会中等程度或者足以保障小康生活，那么其动机便可归入"贪婪型"而适用廉政教育和监督制约的预防措施；相反，如果其工资收入水平显著低于社会平均收入水平，或者难以保障基本"温饱"生活水准，那么就可归入"求富型"动机，进而适用特别的预防策略。下面，以某副省级省会城市的收入与消费支出水平为例，对公职人员"贪婪型"与"求富型"的渎职行为动机进行实证分析。

表5-1 2021年某副省级省会城市公职人员工资待遇[1]

执行工资待遇	住房公积金	医疗保险	基本养老保险	职业年金	扣发项合计	实发合计
省会城市副局（一级调研员）	1636元	261.98元	665.53元	332.77元	2896.28元	6305.62元
二级调研员	1348元	207.02元	545.58元	272.79元	2373.39元	5207.67元
四级调研员	1220元	191.28元	472.75元	236.38元	2120.41元	4464.61元
一级主任科员	1094元	184.98元	402.65元	201.32元	1882.95元	4051元
三级主任科员	1062元	176.26元	374.12元	197.06元	1829.44元	3551.66元
四级主任科员	990元	160.74元	342.85元	171.43元	1665.02元	3007.89元

表5-2 2021年 某副省级省会城市行业平均工资水平[2]

序号	行业	平均工资
1	电梯	16 614元
2	建材	14 099元
3	贸易	8082元
4	大学	7890元
5	电力	6999元

[1] 数据来源于某副省级省会城市机关单位工资信息系统。
[2] 数据来源于网络：http://salarycalculator.sinaapp.com/report/.

续表

序号	行业	平均工资
6	酒店	6653 元
7	房地产	6512 元
8	食品	6178 元
9	服装	5999 元
10	建筑	5983 元

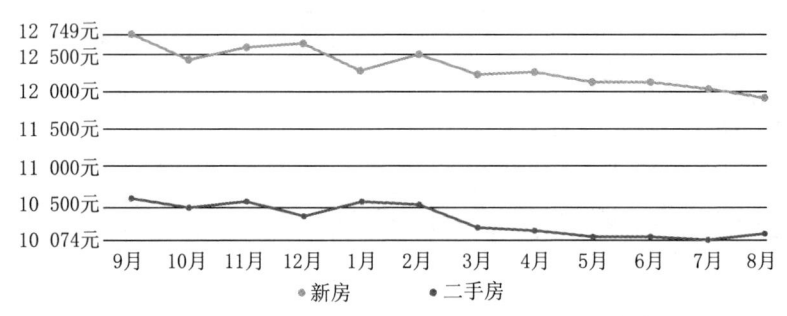

图 5-1 2021 年 某副省级省会城市平均房价[1]

表 5-3 2021 年某副省级省会城市幼儿园价格[2]

单位名称	收费项目	收费标准
幼儿园 A	管理费	480 元/月·人
	保教费	240 元/月·人
	杂费	80 元/月·人
	省统编教材	70 元/学期·人

[1] 数据来源于网络：http://heb.jiwu.com/fangjia/.
[2] 数据来源于网络：http://baobao.ci123.com/posts/show/1616092.

第五章 刑事一体化视域下渎职罪预防机制的构建

续表

单位名称	收费项目	收费标准
幼儿园 B	管理费	600元/月·人
	保教费	100元/月·人
	杂费	20元/月·人
	省统编教材	70元/学期·人

同时,根据《公务员法》第59条第16项的规定,公务员不得从事或参与营利性活动,不得在企业或其他营利性组织中兼任职务。

通过上述数据,我们可以得出如下结论:其一,公职人员的实发工资为3000元至6000元,基本处于上述行业工资(表5-2)的最低标准;其二,住房公积金每月990元至1600元,而该城市的新房均价在12 000元/平方米以上,二手房的均价也在10 000元/平方米以上,公积金水平与房价水平不成比例,相差较为悬殊;其三,就日常生活支出而言,仅幼儿园一项每月就要700元至800元,占据了每月收入的1/4到1/8比例,再加上其他的吃、穿、住、用、行等日常消费,工资基本处于入不敷出的状态;其四,公职人员的上述收入具有唯一性,不能获得其他营利性收益。据此,在这个场合下的贪利动机就应归属于"求富型",应当制定有异于"贪婪型"的特别的犯罪预防措施。

二、履职保障制度建立的哲学基础之一:欲求、动机与犯罪

欲求本来是个心理学概念,可分为基本欲求与二次欲求两种类型。欲求之所以在犯罪学中引起关注,是因为犯罪行为的支配力来源于意志,而意志的背后却是欲求,在这个意义上欲

求是犯罪的根本推动力。关于基本欲求,弗洛伊德认为,所谓人的行动都是从两种基本的动机即性的动机和攻击动机派生出来的,特别是性欲对人类的行动具有强有力的推动作用。[1]关于二次欲求,弗洛伊德认为其是从基本欲求中派生出来的,关于二次欲求是如何从基本欲求中派生出来的研究,弗洛伊德的继承者们又借助动机理论和学习理论等进一步展开。值得一提的是,在二次欲求中,金钱的欲求越来越强烈,在所有欲求中的影响力逐渐上升。通过实验证明:经过学习可以知道金钱本身并非满足基本欲求的东西,而是金钱由于能够使许多基本欲求得到满足,所以才具有更高价值。[2]同时,西原春夫教授指出了即使欲求被引发但不能成为目的性行为的条件:其一,这种欲求必须具有禁止现在正在进行的其他行动,并达到替换的程度,即这种欲求必须因其优势而抑制了其他欲求;其二,欲求的观念即使诱发了,也必须具备使行动能够符合于先行经验观念的条件。[3]按照这个见解,如由于饥饿欲求导致盗窃的目的性行为,阻却该行为的实施就有两条进路,一个是满足这种欲求,另一个是断绝实施盗窃行为的可行条件。需要进一步指出的是,因某个行为人的饥饿而实施的盗窃行为可主要归结于个人原因(个别),可以采取刑罚措施予以规制和预防;如果因普遍性饥饿(一般)而导致大量的盗窃行为,社会就具有不可推卸的责任,这个场合下刑罚的措施显然已不能够从根本上解决问题,要依靠社会手段予以解决——满足基本需求。

---

[1] [日]西原春夫:《刑法的根基与哲学》(增补版),顾肖荣等译,中国法制出版社2017年版,第123页。

[2] [日]西原春夫:《刑法的根基与哲学》(增补版),顾肖荣等译,中国法制出版社2017年版,第124页。

[3] [日]西原春夫:《刑法的根基与哲学》(增补版),顾肖荣等译,中国法制出版社2017年版,第126页。

动机是基于内部需要和外部刺激而引发的，是推动人们实施行为的原动力。财产性欲求得不到满足，会引起人们的相对被剥夺感，进而产生"不患寡而患不均"的心理失衡。当社会贫富差距悬殊、基尼系数超过危险阈值时，即便个体的基本需求已获得满足，但相对于他人所拥有的财富、资源或者享受而言，该个体仍会感觉到不满，感觉自己被相对剥夺了应该拥有的财富和享乐。[1]这就解释了为什么许多经济发达的国家或地区的犯罪率尤其是贪利型犯罪率较高，而经济相对不那么发达的地区的犯罪率反而较低。相对被剥夺感有如下特征：其一是个体更为关注财富的相对差距，而并非绝对的财富数量；其二是个体往往与收入较高的群体相比较；其三是财富的相对差距造成个体的心理失衡甚至仇恨。据此，相对被剥夺感甚至基本欲求得不到满足，是推动人们实施越轨行为的深层次动机，进而危及社会的稳定和财富的可持续增加。

三、履职保障制度建立的哲学基础之二：经济因素的致罪机理

经济基础是人类赖以生存和发展的物质条件，对物质的占有与支配是人类行动的基本推动力。可以说，经济因素是推动犯罪的最主要因素之一，诸多自然犯如盗窃罪、抢劫罪、诈骗罪，甚至杀人罪、伤害罪都不乏经济因素的推动，对掌握公权力者而言，经济因素对推动其职务犯罪更有着直接而重大的影响。如表5-4所示，经济因素（钱财）已成为现代社会中最常见的犯罪目的（动机）。

---

[1] 许章润主编：《犯罪学》（第4版），法律出版社2016年版，第232页。

表 5-4　你这次犯罪的主要目的是什么[1]

目的 年份	报复	钱财	性满足	朋友	政治影响	恶作剧	其他	无效答案	合计
1990 年	356 件 8.8%	2263 件 56.1%	262 件 6.5%	677 件 16.8%	14.3%	202 件 5%	257 件	235 件	4266 件 100%
1993 年	326 件 8.6%	2572 件 67.76%	385 件 10.1%	300 件 7.9%	30.1%	138 件 3.6%	79 件	56 件	3859 件 100%
1996 年	434 件 9.8%	2069 件 69%	422 件 9.5%	277 件 5.1%	10%	95 件 2.1%	197 件	67 件	4512 件 100%
1999 年	354 件 10.6%	2393 件 71.6%	274 件 8.2%	185 件 5.5%	30.1%	42 件 1.3	93 件	25 件	3369 件 100%

从表 5-4 可以看出，"钱财"作为犯罪目的，不仅占据相当比例，且这种比例有不断上升趋势。尽管现代社会对个人"私欲"持相当宽容态度，承认人们有为自身利益而斗争的权利，这种为私利而斗争的原动力似乎也在推动着社会进步；但不得不承认，这种宽容所释放出来的人的不断膨胀的私欲加剧了人与人、人与社会之间的利益冲突和紧张关系，其中一些冲突不免以犯罪的形式出现，表现在渎职犯罪中就是"贪婪型"和"求富型"的犯罪类型。从宏观层面看，我国当前正处于体制转轨和社会转型的特殊时期，这为职务犯罪提供了客观经济条件，因为多种所有制形式和分配方式并存的经济形态，不可避免地会与职务犯罪发生广泛而普遍的因果联系。[2]在这种场合下，致罪原因主要是体制机制固有的缺陷和漏洞，因此预防渎职犯罪（包括贪污贿赂犯罪）应从体制机制这个根本上入手，即完善权力的制约和监督机制、加强法治和透明政府建设、强化职

---

〔1〕　数据来源于，周路主编：《犯罪调查十年——统计与分析》，天津社会科学院出版社 2001 年版，第 377 页。

〔2〕　李大欣、张杰：《职务犯罪预防方法论》，法律出版社 2017 年版，第 209 页。

务犯罪的打击力度等。从微观层面看，分配制度存在的缺陷即公职人员的收入问题也在很大程度上影响渎职犯罪的发生率。公平、合理的分配制度如果能够真正实现，将成为社会运转和社会稳定的重要调节器，但是分配制度存在不合理或分配不均的缺陷，将给公正、公平的价值观带来极大威胁，导致一部分人的心理不平衡甚至产生反社会倾向。曾经有这样一个新闻报道，X 是东南沿海某发达城市下辖镇的镇长，出身农村，因毕业于名校加之自身工作能力较强，得到了组织和领导的青睐，很快就被提拔并担任了"主干线"领导职务。但是 X 很快便迷失在城市的灯红酒绿之中，因为 X 虽然当了领导却仍然很"穷"，不能满足在城市里"丰衣足食"甚至"纸醉金迷"的生活，逐渐心理失衡，遂利用手中的权力大肆攫取"财富"。虽然这只是个个案，导致 X 堕落的因素也很多，但是不可否认的是，合理的收入（经济因素）对于满足公职人员的基本生活所需与保持其心理平衡状态至关重要。因此，完善公职人员的收入分配制度以及提高基本收入是预防渎职犯罪的重要发力点。

四、履职保障制度建立的哲学基础之三：期待可能性的可谅解机理

期待可能性本来是适用于刑事司法实践中阻却责任的理论，[1]一般被视为超法规的责任阻却事由。在刑事司法立场，期待可能性只存在"有"或"无"这样"质"的评价，也就是说，一旦某种行为被视为"不具备期待可能性"，则不能发动刑罚予以

---

[1] 学界关于期待可能性理论的地位至今尚存在争议，通说的见解认为期待可能性作为责任项下与故意、过失并列的要素，不具备责任阻却性；但也不乏有见解认为期待可能性作为故意的要素，不具备责任阻却性；还有学者认为应将其作为第三种责任要素，期待可能性减少，可罚性责任随之减少。

谴责。但是在刑事立法和犯罪论立场，期待可能性不仅有"质"的评价，更有"量"的衡量。所谓期待可能性，对犯罪行为人而言，是从实施该行为之际的内部的、外部的一切情形观察，期待不实施该行为而实施其他适法行为是可能的情况。[1]关于期待可能性的理论缘起，一般认为是德国的"癖马案"，该案检察官以被告人明知其驾驶的马有用尾巴缠绕缰绳的癖好，有惊驰撞伤他人的危险之虞，而应向雇主提出拒绝驾驶有此恶癖的马为必要条件提起公诉，法院驳回的理由是，我们能期待被告不顾自己职位之得失而违反雇主命令拒绝驾驭该有恶癖的马吗？这种期待恐怕在事实上不可能，因而被告不能负过失之责。在这个司法案件中，行为人的行为被评价为无期待可能性而免于承担罪责。

期待可能性对于刑事立法或者行为的刑事法规制而言，是基于正义的要求，为刑事立法的"良法"性提供基础，反过来说，刑法不能规制一个不具有期待可行性的行为，也不能很好地规制和预防一个期待性很低的行为。期待可能性的正向伦理价值在于"心理强制"。正义理念要求成立犯罪的条件要与法律效果之间具有相当的致和关系。刑罚是对犯罪行为人的行为进行非难，这种非难理所当然以具有非难可能性为前提。[2]即当法律所要求的行为人能够做到、易于做到，且这种行为不违背社会通行的伦理价值观念的场合，那么行为人就有被强制履行义务的期待，行为人违背了这种义务而遭受刑罚处罚则是理所当然的事情。期待可能性的反向伦理价值在于"可谅解"。期待可能性理论本质上是为弥补刑法规范与社会伦理之间的缝隙而产生的"黏合剂"，刑法规范与社会伦理在绝大多数场合是一致

---

〔1〕马克昌：《比较刑法原理——外国刑法学总论》，武汉大学出版社2002年版，第453页。

〔2〕张明楷：《犯罪论的基本问题》，法律出版社2017年版，第291页。

第五章 刑事一体化视域下渎职罪预防机制的构建

的，但也不是不存在按照刑事法律规范的构成要件标准来认定犯罪，却严重违背人的基本法感情的场合。比如许霆案，法学家按照刑法理论及刑法规范得出的逻辑结论与普通大众基于法感情和法直觉得出的结论差异太大。[1]如果刑法不顾及这种极端情况下行为人的脆弱性，那么社会基本情理将显得过于冷酷。据此，期待可能性的"可谅解"机能来源于"法律不强人所难"，即行为人实施适法行为越容易，对其守法的期待可能性就越高。质言之，禁止也好，命令也罢，都是以人们在行为的当时不违反禁止规范或者命令规范为前提的，也可以说，是以自己能够控制不实施违法规范的行为为前提。[2]法律不能命令人们实施不可能实施的行为，也不可能禁止人们实施不可能避免的行为，法律对于不可能不实施的行为或不可避免的行为应当谅解，对于很难做到或很难避免的行为可以谅解。

犯罪学和刑法学都研究犯罪，都认为犯罪是有害的，但研究的视域不同，刑法学强调犯罪是个体的违法行为，基于"罪责自负"理念探寻个案因果关系以追究责任；犯罪学研究的是宏观社会现象，基于"个人犯罪社会有责"理念研究犯罪原因之目的在于犯罪预防。公职人员作为社会中的人，有着与其他社会主体一样追求美好生活、创造和享受物质生活的权利，然而，一个仅能基本解决温饱或难以达到与社会物质生活水准相匹配且具有唯一性的基本薪资收入的人，却又掌握着大量的行政权力和社会资源，"经济窘境"与"权力资源"相结合给人性带来了巨大挑战，为人性的"恶"敞开了大门，造成了极高的职务犯罪风险。举一个极端的例子：如果一个公职人员不利

---

[1] 董玉庭：《刑法前沿问题探索》，人民出版社2010年版，第192页。
[2] 张明楷：《刑法格言的展开》（第3版），北京大学出版社2013年版，第396页。

用职务犯罪获得财产性利益,那么其子女必然被饿死,[1]这种场合下按照法益衡量原理显然能够阻却违法,按照责任原则也能阻却责任,我们假设这种场合实施适法行为的期待可能性为零;相反,如果一个公职人员丰衣足食,生活富足,却仍然利用职务犯罪来获取财产性利益,这种场合实施适法行为的可能性为100%。因此,在特定的渎职犯罪预防领域,如何尽可能将实施适法行为的期待可能性提高或接近100%这个概率,就是本书的任务。运用刑罚规范来打击上述渎职犯罪受两个方面因素的限制:其一是行为必须具有社会危害性。……其二是对具有社会危害性的行为设立刑法规范必须以该规范能被人们普遍遵守,即该规范具有被人们普遍遵守的期待可能性为前提。[2]当某一行为具有严重的社会危害性,却在一定程度上缺乏被普遍遵守的可能性时,国家需要考虑的是如何提高行为人实施适法行为的可能性,而不是一味发动刑罚打击。因此,从"个人犯罪社会有责"的立场来说,控制或预防上述人性的"恶",一方面有赖于制度上的约束,即将权力关进制度的笼子里;另一方面应从公职人员薪资制度、社会保障制度等入手,打破公职人员的"经济窘境",提高其守法的期待可能性。

五、履职保障制度的相关理论及域外观照

在我国与履职保障制度最为接近的概念是公务员保障制度,

---

〔1〕 这种场合下有人可能会提出,公务员可以通过其他合法渠道获得财产性利益,但是根据我国《公务员法》第59条第16项的规定:公务员不得从事或参与营利性活动,不得在企业或其他营利性组织中兼任职务,可见如果公务员采取其他营利性活动获得财产性利益又违背了《公务员法》,会造成"义务冲突"。所以,公务员的薪资收入几乎是其唯一的收入。故在假定子女面临饿死这种极端案例当中,公务员利用职务获得财产性利益几乎是难以避免的选择。

〔2〕 董玉庭:《刑法前沿问题探索》,人民出版社2010年版,第78页。

公务员保障制度是国家公务员生存需要和安全需要得到满足的基础和主要来源，也是整个国家公务员制度得以正常运行的物质基础。[1]我国《公务员法》第十二章对公务员的保障制度进行了规定，包括工资、福利与保险等。公务员保障制度对于充分调动广大公务员的工作积极性、提高行政效率、预防职务犯罪都起到了重要作用。但是我国公务员保障制度在实际执行过程中存在一些问题：一是总体水平较低，没有实现与经济发展水平同步跟进；二是没能很好地把握效率与公平的关系，我国公务员保障制度实际上存在"大锅饭"色彩，不能完全体现出公务员的工作性质、工作量以及工作责任等方面的差异；三是相关配套制度不健全，致使公务员保障制度的功效大打折扣。国外与履职保障制度最接近的概念是高薪养廉制度，西方国家实行民主宪政之初，"高薪养廉"就被提出并予以制度化实施。清晰合理的公职人员薪酬、待遇水平结构，对于消解公职人员的贪利动机，保障其廉洁性具有至关重要的作用。[2]作为高薪养廉国家典范的新加坡，实行中央公积金制度，为公职人员提供优厚的福利保障，当官员们获得相对稳定且舒适的生活后，他们也就不愿意再冒风险搞腐败了。新加坡认为，高薪养廉对建立一个廉洁高效的政府至关重要，但高薪政策要与其他配套措施配合适用才能取得显著效果。法国的公务员保障待遇也较为优厚，法国公务员不仅每年可以领 13 个月工资，还可获得住房补贴、家庭补贴和物价补贴等不少于 25 种福利保障。法国公务员分为高级、中级和普通三类，工资标准分别为 2462 欧元/月、1753.5 欧元/月、1550.42 欧元/月，这个工资收入和福利

---

[1] 钱再见：《我国公务员保障制度建设的基本原则与实施对策——兼论"适时提薪"与"高薪养廉"》，载《行政论坛》2003 年第 1 期。

[2] 李大欣、张杰：《职务犯罪预防方法论》，法律出版社 2017 年版，第 170 页。

待遇总体处于法国社会收入的中上游水平，并且法国要求公务员实行加班薪资制。然而，高薪养廉制度并不能直接"移植"于我国进行制度性实践。理由在于，首先，经济基础不允许。虽然近些年来我国经济迅猛发展，但是我国仍处于社会主义初级阶段这个基本事实并没有改变，生产力不够发达，贫困人口仍然很多，人民日益增长的美好生活需要与不平衡不充分的发展之间的矛盾是我国社会的主要矛盾，因此，高薪养廉制度与我国目前的经济基础不符。其次，公务员数量不允许。西方国家，尤其是欧美发达国家，是"大社会、小政府"，真正意义上"吃财政饭"的公务员数量并不多；而我国除了公务员，还有参照公务员管理的事业单位人员、事业单位人员、国有企业人员等，"吃财政饭"的人员数量极为庞大，如此一来如果都实行高薪养廉恐怕国家财政也承受不起。最后，制度安排条件不允许。新加坡高薪养廉制度之所以能够取得成功，绝不是仅靠"高薪"就毕其功于一役解决所有问题，还有赖于完备的法律体系、严厉的监督惩戒机制、高效的反腐机构等协调配合。综上，即便不考虑经济的、政治的外部条件，在我国实行高薪养廉制度如果没有体系完整的配套制度保障，最后的效果恐怕也难以尽如人意。

但是，不可否认的是，我国公职人员的工资和待遇普遍偏低，并且没有实现与经济同步增长，导致很多公职人员尤其是中下层公职人员在日常经济生活中经常表现"拮据"，一定程度上降低了公职人员依法履职与廉洁履职的期待可能性。因此，应在我国现有公务员保障制度的基础上，适度借鉴发达国家"高薪养廉"的经验，构建符合我国国情的履职保障制度，同时辅以相关的配套衔接机制、较为严厉的刑罚措施，多管齐下、多措并举，从而更好地预防故意渎职犯罪。

第五章 刑事一体化视域下渎职罪预防机制的构建

六、履职保障制度的设计与衔接机制

(一) 履职保障制度的制定原则

经济基础决定上层建筑，我国必须在遵循社会保障一般规律的基础上，同时充分考虑现有公职人员具体保障情况，结合我国现阶段国情特点、区域经济发展水平、区域消费水平，才能建立科学合理可行的履职保障制度。具体应坚持以下几个原则：其一，履职保障水平与当地经济发展程度相适应原则。由于我国处于社会主义初级阶段，经济发展水平的地域性差异和城乡差异还是相当巨大，比如深圳市公职人员的履职保障标准与黑河市的履职保障标准就在同一水平，同样，同一个省份的省会城市的履职保障标准一般与其他地级市的标准也有所差别。一方面，如果部分公职人员的基本生活有困难，不仅影响行政效率，也大大提高了贪利型职务犯罪的风险；另一方面，如果公职人员的保障过高，大大超过社会平均水平，不仅会造成过重的财政负担，也会引起一般民众对社会公平的质疑。其二，权利义务相统一的原则。法律规则的核心就是权利与义务，要求权利与义务不仅在质的方面近似，在量的方面也要基本对等。一方面，要根据公职人员的"行业"工作性质、工作强度、责任大小等差异化地确定保障标准，杜绝平均主义大锅饭倾向；另一方面，在规定了较高保障水平的场合下，公职人员仍然触犯廉洁纪律实施渎职犯罪的，应处以严厉的刑罚。其三，效率兼顾原则。公平与效率似乎是处于二律背反状态下的社会面临的几乎无法消解的难题，追求公平就会在一定程度上损害效率，强调效率又或多或少有损公平之虞。履职保障制度在面对效率与公平的矛盾问题上可以采取两项措施：一是在工资收入方面，除了基本工资随着经济增长逐步提高外，应当引入绩效工资机

制,即公职人员的绩效工资与工作业绩、工作量、工作职责等挂钩,且更加注重效率,提倡"按劳分配、多劳多得";二是在社会保障方面,如各类社会保险等,应当普遍性采取较高标准,更加注重公平,树立"保底思维"。

(二)履职保障制度的具体内容

第一,工资待遇适时改善机制。王沪宁在《反腐败——中国的实验》中指出,目前中国公务人员的收入水平相对很低,不可能作为追求一种新生活价值的资源基础。在这样的条件下,有人思想上动摇,个人主义膨胀,就可能通过公共权力来寻求资源和财富,因为这是唯一可能的途径。[1]据此,如果保障水平过低而不能满足公职人员及其家庭的基本生活需求,势必影响公职人员的工作积极性,甚至会促使其走上腐败犯罪的道路。适时提高工资待遇,就是每隔一个周期(1年至3年),实现公职人员工资待遇水平与本地区经济发展水平、物价水平、房价水平等相匹配状态的调试;实现公职人员待遇水平与其他行业职工工资相比,至少处于中游或者中游偏下的水平;保障公职人员的实际生活水准不至于过低,并随着社会经济发展不断适时提高。

第二,基层单位与窗口单位的绩效工资机制。要克服平均主义,贯彻按劳分配原则,完善公职人员工资机制与岗位津贴机制,公职人员的岗位性质、权力职责、分工领域等千差万别,但是有一类单位比较特殊,那就是基层单位与窗口单位,其特点是工作量大、晋升空间小、接触群众密切、权力虽小但很实,这类单位更容易发生贪利动机推动下的渎职犯罪。针对这个特点,除了基本工资待遇外,可以考虑按照其工作量甚至"计件"

---

[1] 沈增宏:《公务员待遇的提高及其相关制度的建设》,载《唯实》1997年第8~9期。

发放绩效工资，如此一来，一方面可以提高其工作积极性，另一方面也可以有效消解其贪利动机，降低渎职犯罪风险。

第三，建立公职人员薪资保障年度评价机制与机构。人事部门（或财政部门）等相关政府职能机关可以与高等院校（科研院所）联合建立公职人员薪资评价机构，每年通过对经济活跃指数、物价浮动指数、房价浮动指数、CPI（居民消费价格指数）等与公职人员的工资水平进行对比、分析与综合，为公职人员的适时薪资待遇变动提供可靠依据。比如，日本人事院经常进行调查研究，在每年提交国会和内阁的报告中都设有《官民报酬比较》专门项目，比较和说明国家公务员同私营企业职工在报酬方面的差额。英国设有专门的"公务员工资研究所"负责提供工资比较资料，旨在保证公务员享受比较优厚的工资待遇。[1]

总之，我国履职保障制度应以适当提高公职人员工资和待遇水平为总方向，兼顾"效率与公平"，在专门机构主导下通过定期的工资收入与经济状况的实证分析，提出适当可行的履职保障待遇标准。

（三）履职保障制度的衔接机制

虽然我国目前无法实施高薪养廉制度，但"履职保障制度"可以借鉴其合理内核，即通过提高公职人员的工资及福利待遇，维持其个人及家庭基本生活，奠定公职人员对美好生活向往的物质基础，进而提高其履职效率，降低"求富型"职务犯罪的风险。如前文指出，即便是高薪养廉也不能完全解决腐败问题，需要靠其他制度的密切配合。为此，履职保障制度如要取得预期效果，也应构建相应的配套机制。一是更严的刑罚措施。履

---

[1] 钱再见：《我国公务员保障制度建设的基本原则与实施对策——兼论"适时提薪"与"高薪养廉"》，载《行政论坛》2003年第1期。

职保障制度实施后，公职人员的收入水平从"温饱"转向"小康"，各项保障措施更加健全，那么实施渎职行为的内在动机也从"求富型"转变为"贪婪型"，完全具备实施合法行为的期待可能性，因此，从道义责任上可以对其适用较重的刑罚。实际上，本书关于渎职罪刑罚的完善，总体上也是坚持了"重点治乱"方向，提倡对故意渎职犯罪尤其是贪利型渎职犯罪加重刑罚。二是深化政务信息公开制度，增强社会对公务活动的监督制约。对于渎职犯罪而言，公权力运行的公开性和透明化有利于避免在行政管理过程中人、财、物的违规运行和暗箱操作，有利于社会尤其是行政相对人、利益相关人对公务活动及官员履职状况进行了解，提高社会监督效果。关于公开的内容，政府颁布的所有重大决策、法令，政府实施的所有关系国计民生的行政行为，政府处理社会事务的内容程序与结果，甚至不涉密的政府决策过程都应公开。关于公开的形式，传统的方式是旁听与听证，现代方式包括通过政府官方网站与手机 APP 消息推送，特别方式是行政相对人和利益相关人的信息推送。关于政务信息公开的救济，相对于传统的行政复议与行政诉讼而言，应建立网络申诉信息平台、网络信息处理中心，实现申诉、回应与问题处理的网络化办公。三是引进并实施财产申报公开制度。公职人员的财产申报制度，对于推动国家廉政建设、促进公职人员依法履职，净化社会风气具有重要作用。该项制度最早起源于瑞典的家庭财产申报制度，又称"阳光法案"，要求官员及个人申报家庭财产，并在社会公示、接受公众监督。法国从《法国政治家财产透明法》到《法国政治生活资金透明法》将财产申报的主体范围从镇长扩展至总统。2013 年俄罗斯领导人普京申报了自己的财产收入情况，俄联邦的官员也要如实申报，否则将面临解除公职的风险。当然，这项制度在其他发达国家，如美国、加拿大、新加坡、日本、韩国等也是相当成熟的。在我国，这项制度目前尚未得到完全落实，但在研究领域得到了广泛关注，也得到了普通民众的支持和赞许。财产申报制度对于预防渎职和腐败犯罪之所以重要，是因为渎职与腐败首先反映在个人财产变化上，"申报"又是反映财产变化的"晴雨表"和"温度计"，时时刻刻向社会公众展示公职人员的财产动态。所以，该项制度的引进并付诸有效执行能够对我国渎职犯罪、贪污腐败犯罪的预防起到重要作用。

第二节 过失渎职犯罪的预防：建立履职征信评价制度

风险控制是任何经济系统的重要组成部分，征信评价制度是经济运转风险防控的重要保障，虽然主要适用于经济领域，但该制度本身的普适性、客观性和科学性决定了其可被选择适用于其他领域。尤其是网络信息技术、大数据技术和云计算技术等迅猛发展的今天，形成了健全、高效、便捷的信息收集环境，未来的信用评价指标不再局限于金融信息，基于互联网行为的数据也可以加入到信用评价当中，来丰富信用评价维度，[1]为征信评价制度运用于公职人员的履职监测创造了条件。过失渎职犯罪均有"严重不负责任"的主观心态以及在此心态支配下的客观行为，这个构造特点可以通过征信评价系统表征出来，因而履职风险的监测与防控就是可能的。以玩忽职守罪为例，通过对行为人的履职效率、履职心态、履职行为、行政相对人对履职行为的评价、行为人所在岗位的责任风险等数据的收集、分析与评判，能盖然、不完全精确地反映出行为人对工作的责

---

[1] Angelini, "Design of Finance Systems: Towards a Synthesis of Function and Structure", *Journal of Investment Management*, 2005, 3 (1), pp. 1~23.

任态度，从而预判过失渎职犯罪的风险与概率，进而采取如警示谈话、岗位监督、岗位调整等预防性措施。

一、征信评价制度在履职监测中的可适用性

（一）征信评价制度的概念与实践

国外早在19世纪50年代就开始研究征信问题，美国Fair Isaac公司成立了著名的FICO评分体系，开始利用数据进行信用评分。[1] FICO体系主要通过客户的信用偿还历史、信用账户数、信用适用的年限、正在使用的信用类型、新开立的信用账户五个维度来评定客户的信用得分，贷款方可以根据客户的评分来决定是否发放贷款。[2] 我国征信制度建立于20世纪90年代，主要是政府主导的模式，通过收集大量的企业信息数据建立起中国人民银行征信中心。随着互联网、大数据的兴起，我国征信体系逐渐从政府主导模式向市场主导模式转变。2015年1月5日，中国人民银行公布了8家个人征信业务试点机构，分别是：芝麻信用、腾讯征信、深圳前海征信、鹏元征信、中诚信征信、中智诚征信、拉卡拉信用、北京华道征信，随后阿里巴巴、京东、百度也开始涉足征信业务。从世界范围来看，通过数据来源、评估维度、征信产品等多个方面比较，传统征信与互联网征信的差别表明单一的征信系统已无法满足现代征信业务的要求。[3] 以芝麻信用为例，芝麻信用的母公司是阿里巴巴，其是阿里巴巴专门用于拓展互联网征信业务的机构。其运

---

[1] 李翠：《基于大数据的征信评价体系研究》，载《广西政法管理干部学院学报》2018年第3期。

[2] 鞠卫华：《大数据征信特点及其风险探析》，载《金融科技时代》2017年第2期。

[3] Andrew B. Whinston et al., "Harnessing Internet finance with innovative cyber credit management", *Financial Innovation*, 2015, pp.1~16.

作模式包含两个部分，一是信息收集：①通过淘宝、天猫、支付宝等平台收集大量的交易数据；②通过其他合作机构提供的外部补充数据，如交通、酒店、银行、网络等；③用户提交的个人信息数据，如个人身份信息、职业信息、收入状况信息等。二是评价与运行：①运用大数据与计算机信息技术，通过对用户信息的收集、综合与评判，得出用户信用分数并划定用户的信用等级；②信用分数和用户等级可直接应用于金融服务以及金融以外的其他增值服务，如住宿服务可以提供免押酒店的预约，通信服务可以提供手机卡，借物服务可以提供免押图书，交通服务可以提供免押自行车等。

（二）征信评价制度的功能

第一，评价功能。即通过对行为人的行为信息、交易信息、金融信息甚至品格信息等的收集与评估，给行为人贴上"诚信价值"标签，以影响甚至决定行为人的经济活动范围。如在我国如果被列为"失信被执行人"，其信息将在相当范围内被披露，导致其诚信声誉严重降低，同时被课以限制乘坐飞机商务舱、高铁商务座、高档消费甚至一定公职的报考资格等不利义务。

第二，约束功能。在一个征信体系发达的国家，个人信用状况对生活影响极大，因而民众非常注重征信系统的评价，进而有意识地约束自身的行为。在德国曾经发生过一个真实案例，X是在德国的中国留学生，因德国H市地铁采取无人售票且自助买票的乘坐方式，X屡次不购买车票乘车，其行为被地铁电子信息系统所记录。X毕业后在德国找工作屡次失败，原因竟是其因不购买车票的行为被降低了诚信等级，可见在德国诚信评价是全社会普遍关注和极为重视的问题。

第三，决策辅助功能。在银行、信贷、金融等领域，个人的信用等级将直接影响企业（或其他个人）是否与行为人进行交易的决策。起初的征信评价制度主要应用在金融、银行、信贷等特定领域，现在的征信评价制度的运用早已超越了这些特殊领域，被社会各个需要的领域所采用。比如，前述 X 的诚信信息被用作企业招聘人员的重要考核指标。本书所要探讨的问题是，将征信评价制度运用在公职人员的履职监测上，来构建履职征信评价系统（模型），以实现对过失渎职行为发生概率的评估与风险预测，为预防过失渎职犯罪提供客观可靠依据。

　　需要进一步说明的是，其一，征信评价制度为什么不能或难以适用于故意渎职犯罪的监测与预防。这是因为故意渎职犯罪属于故意犯，故意犯有着特定的致罪机理，其犯罪预防的总体路径与过失犯截然不同。过失渎职犯罪属于过失犯且具有显著的"规律性"特征，以玩忽职守罪为例，通过对行为人的岗位职责、履职情况、行政相对人的履职评价、个人品行、个人性格等因素的分析与综合，能够盖然地表征出行为人出现"过失"的概率。再以交通肇事罪为例，行为人开车时经常不遵守交通规则或注意力不集中或者因"路怒症"经常有"抢道""轧线"等行为，在遇到急转弯、雨天或黑夜等复杂路况的场合，发生交通事故的概率就会陡然上升。其二，征信评价制度为什么能够针对性地适用于过失渎职犯罪而难以普遍适用于其他过失犯罪。这是因为过失渎职犯罪是行为人在履职过程中发生的，其行为过程具有职务依托性，进而展现出行为的持续性、稳定性和可观测性，而其他过失犯的范围过于宽泛，因此，履职征信评价更适用于过失渎职犯罪的风险监测与风险评估。

第五章 刑事一体化视域下渎职罪预防机制的构建

(三) 征信评价制度的可行性与有效性

将征信评价制度运用于履职监测是切实可行的。其一，具有科学性。就征信评价制度本身而言，其运作机制是通过各项数据分析得出客观结论进而为评价提供依据，是对客观事实的观察、分析与综合，所以其理论本身具有合逻辑性、客观性的特点。其二，具备可行性。发生在公职人员履职过程中的过失类渎职行为具有相当的持续性和规律性特点，通过对渎职行为主体的性格、履职行为方式、心理状态、职位特征等的分析，能够较为准确地把握行为个体的履职行为规律与特征。其三，具备可操作性。通过现代互联网技术与大数据技术对收集的数据进行系统性处理，无论是在技术支撑上，还是实际运作上均不存在太大困难。其四，运行成本低廉。将征信评价制度运用于履职监测领域只需进行三项工作，一是设计科学合理的履职征信评价系统（模型）；二是依托计算机技术、互联网技术、AI（人工智能）技术等进行信息收集、处理与评价；三是根据征信评价结果采取适当的渎职犯罪预防措施。

将征信评价系统运用于履职监测具有如下功效：其一，可以评估过失渎职犯罪的风险，保障履职行为健康有序运行。不同于股价的马尔科夫性质——随机波动，人类的行为方式往往遵循特定规律、有章可循，通过观察一个人的过往行为（尤其是平日履职行为），能够预测其未来的履职行为与职务越轨行为的发生概率，这是将征信评价系统运用于履职监测的最大价值。其二，有助于相关部门采取预防措施，防止渎职犯罪发生。如果不能很好地了解和掌握行为人履职的各项状况，就不能对行为人的履职风险作出准确评估并进而采取相应的针对性措施。通过履职征信评价系统得出的评价水平（等级），并结合工作实际对行为人的履职风险作出评判，进而采取履职风险提醒、岗位调整或履职监测等防御性措施，能最大限度地避免渎职行为的风险。其三，有利于约束公职人员的履职行为，提高履职标准。履职征信评价采取各项要素集合的积分制，得出最终评价等级（得分）不是一朝一夕的事情。犹如驾照每年有12分，每一项交通违规行为都会扣除相应分数，在这个场合下行为人驾驶机动车不得不采取审慎态度，珍惜每一分。履职征信评价系统的分数应受所在单位、直接领导、工作同事与服务对象的多重评价，如果分数过低不仅提示有渎职风险，也可被评价为工作质量不高，促使行为人在履职过程中采取更为审慎的态度。其四，有利于提高社会信用意识，建立诚信政府。美国作为征信业发展较为成熟的国家之一，其国内的信用观念比较强，在经济市场与金融市场的各个角落都能体会到"守信用被尊重，失信受惩罚"的信用体制。[1]在我国传统模式下，行为人的诚信意识主要受道德影响，将征信评价制度引入公职履行的监测，并对监测数据不理想的公职人员采取适当惩戒，不仅与诚信政府建设不谋而合，也有利于带动整个社会信用意识的提高。

二、履职征信评价制度的模型构建

（一）芝麻信用模型的参照基准

征信评价制度运用于履职监测的首要条件是建立一个具有科学性、针对性和可行性的征信评价系统。比如，芝麻信用通过构建征信模型来对行为人的信用情况进行分析和评估，如下表：

---

[1] 刘新海、杜梦珍、张雪楠：《小微企业征信的美国模式》，载《征信》2016年第12期。

第五章 刑事一体化视域下渎职罪预防机制的构建

表 5-5 芝麻信用征信体系模型[1]

历史信用	过往信用账户记录与还款记录
行为偏好	行为人在购物、消费、转账、理财等方面的行为特征
履约能力	偿还债务和履约能力所具备的财富状况与综合能力
身份特质	学习及职业信息,实名消费,如酒店、飞机、高铁等
人脉关系	人际交往中的影响力及在好友中的信用状况

芝麻信用关注的五个方面分别是从五个不同视角对个人信用状况进行收集与评估,历史信用与还款能力相对应;行为偏好、身份特质、人脉关系与道德品质相对应;履约能力与个人经济状况相对应。上述模型可以有效预判行为人的履约能力与失信概率,为征信评价主体与征信评价相对人的经济交往、金融服务、信用担保等活动提供可靠的参照依据。

(二) 履职征信评价模型的要素与运行

构建履职征信评价系统要围绕着预防过失渎职犯罪的目的并结合公职人员的履职行为特征来进行,主要应考察以下几个评价要素:

(1) 履职行为效率,是指行为人是否能够按时完成工作任务,工作是否符合程序标准。此项指标考查的是行为人在日常工作中是否存在粗心大意、敷衍了事、漠不关心的情况,主要评价行为人的履职态度与履职责任意识。

(2) 履职行为质量。对履职行为除了程序上的要求还有实质的评价标准,即工作虽然按时完成了,但是否实质上达到了令人满意的预期效果却是另一码事。此项评价由"内""外"两部分构成,内部主要来源于直接领导及工作同事的评价,外部

---

[1] 图表来源于本书整理。

则来源于行政相对人、利益相关人的评价。此项指标反映公职人员的履职行为品质与履职能力水平。

（3）岗位风险，是指岗位本身的重要程度、权力集中程度与权力运行的公开程度。岗位越重要、权力越集中、运行公开程度越低，则岗位风险越高。此项指标反映公职人员利用岗位实施越轨（渎职）行为的风险程度。

（4）个人性格。是否实施违法违纪行为甚至是否实施渎职犯罪行为，与个人的性格特征有重大关系。这项指标主要从行为人的性格特点、行为偏好、人脉关系、历史信用等反映行为人实施职务越轨的风险。

履职征信评价系统应该是一个持续性、动态性和多维度的综合评价体系，其数据来源于行政机关内部和行政机关外部，并同时拥有计算机技术和大数据技术的支持。其运作主要包含三个维度：

第一，数据获取维度：数据获取是征信评价系统运行的前提和基础，信息来源是否广泛、全面、真实、准确直接影响着征信系统机能的有效发挥和评价结果的精确性。在内部信息来源上，一是岗位性质、岗位权力集中度、权力运行透明度、履职行为效率、履职行为质量、领导和同事的履职评价；二是来自纪检监察部门的廉政评价。在外部信息来源上，一是行政相对人或利益相关人的信息反馈与评价；二是行为人的银行流水、金融交易信息或交通行程等信息数据；三是行为人的人际关系、人脉关系等信息。

第二，数据处理维度：通过与相关计算机技术或大数据技术企业的合作，构建"政府+企业"的信息数据处理平台，通过对收集数据的筛选、统计、分析与综合，得出客观、准确、真实的第三方评定等级。

第三，数据的运用维度：履职征信评价系统的建立，主要是在概率论上评估公职人员失职犯罪的风险，为过失渎职犯罪

第五章　刑事一体化视域下渎职罪预防机制的构建

的预防措施如岗位调整、警示谈话、强化监督等提供客观依据；除此之外，还可以作为公职人员工作质量评价的参照，为公职人员的职务晋升与奖励惩戒等提供借鉴。

(三) 履职征信评价制度的模型构建

通过上述基础数据筛选、构建与运作，构建履职监测流程模型，即如何将获得的基础信息以科学有效、条理清晰、要素明确的方式进行综合，进而得出详实的分析报告。

(1) 采用层次分析法，将收集的基础数据排列成多个因素的综合体，根据属性及相互之间的关系确定层次，每个层次之间存在着制约与被制约的关系，共同为征信评价服务。通常分为三个层次，即指标层、准则层和目标层。如下图所示：

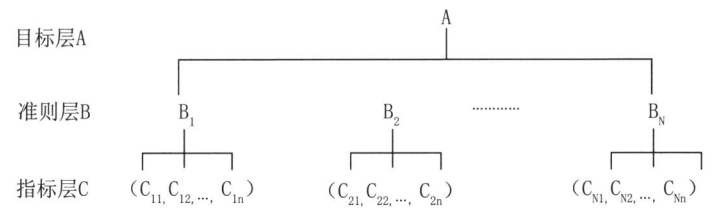

目标层A　　　　　　　　　　A

准则层B　　B_1　　　　B_2　　…………　　B_N

指标层C　$(C_{11}, C_{12}, ..., C_{1n})$　$(C_{21}, C_{22}, ..., C_{2n})$　$(C_{N1}, C_{N2}, ..., C_{Nn})$

图5-2　层次分析法层次模型示意图[1]

在该图中，影响因素集是 $\{B_1, B_2, B_3……B_N\}$，子集影响因素是 $\{C_1, C_2, C_3……C_N\}$，在这个体系中决定各要素的层级与影响因子，为征信评价搭建立体体系的"骨架"，A 是目标层，对于指标层 C 与准则层 B 的分析与归纳，就是为了实现对目标层 A 的评价。

(2) 采取流程分析法，将上述各类层级数据（影响因素）进行流程化运作，即通过对指标层 C 数据的综合与分析，确定

---

[1] 图表来源于，彭昳偲：《基于互联网用户行为的个人征信体系的建立及应用研究》，北京邮电大学 2017 年硕士学位论文。

准则层 B 的评价等级，进而为目标层 A 的最终评价等级提供依据。比如，指标层 C1 纪检监察信息、C2 人事部门掌握的行为人履职情况、C3 权力透明程度……共同决定 B 准则层岗位风险；而 B1 岗位风险、B2 履职效率、B3 履职性格……，又共同决定目标层 A 的评价等级。如下图所示：

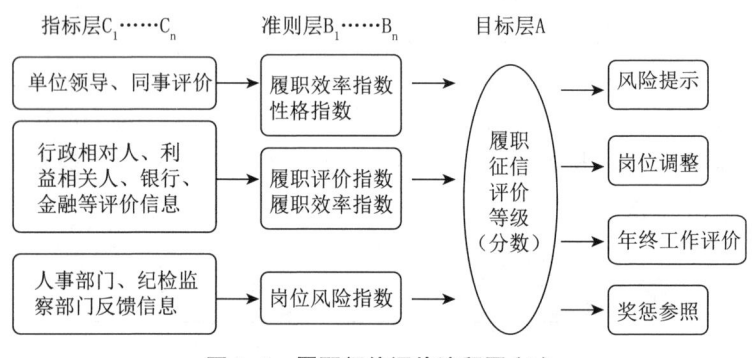

```
指标层C₁……Cₙ          准则层B₁……Bₙ         目标层A

单位领导、同事评价  →   履职效率指数
                      性格指数         ↘
                                        风险提示
行政相对人、利                           
益相关人、银行、    →   履职评价指数     →  履职    →  岗位调整
金融等评价信息         履职效率指数        征信
                                        评价
                                        等级     →  年终工作评价
                                        （分数）
人事部门、纪检监                         
察部门反馈信息      →   岗位风险指数     →        →  奖惩参照
```

图 5-3 履职征信评价流程图 [1]

（3）通过流程与层次分析，生成履职征信评价报告。

表 5-6 履职征信评价报告 [2]

优秀	良好	一般	较差	差
保质保量完成工作 履职评价高 较低岗位责任风险 履职态度积极	能够按时完成工作 履职评价较高 较低岗位责任风险 履职态度积极	基本能够按时完成工作 履职评价一般 较低岗位责任风险 履职态度一般	基本不能完成工作 履职评价较差 较低岗位责任风险 履任态度一般	不能按时完成工作 履职评价差 较高岗位责任风险 履职责态度较差

[1] 图表来源于本书整理。
[2] 图表来源于本书整理。

第五章 刑事一体化视域下渎职罪预防机制的构建

续表

优秀	良好	一般	较差	差
90分~100分	80分~90分	70分~80分	60分~70分	60分以下
无风险	无风险	较低风险	中等风险	较高风险

对于这个评价报告，有以下三个问题需要说明。其一，履职征信评价报告的模糊性特征。美国数学家扎德是模糊学的创始人，1965年他在自己的"模糊集合论"一文中将模糊集合理论建立起来，并在阐述差异的中间过渡时使用了"隶属函数"这个理念，实现了精确性向模糊性的转化。征信评价（履职征信评价）是模糊综合评价在实践上的应用，具有模糊和盖然的属性特点，[1]鉴于此评价是一个多层次、多因素相互作用的过程，影响评价结果的因素既有定性指标，又有定量指标，所以为寻求一个简易直观的评价结果，建议采用模糊数学的方法进行综合评价。[2]其二，与征信评价体系的模糊性与犯罪的偶然性特征有关，即便履职征信评价报告的结论是"良好"或者"优秀"，也只能盖然地说明行为人发生过失渎职犯罪的概率较低或很低，却不能得出行为人完全不具备过失犯罪可能性的结论。其三，履职征信评价报告的各个要素并非完全的平行关系，某个要素的极端异常也可能造成过失渎职犯罪风险陡然上升。比如，行为人履职态度积极、工作态度认真，履职评价也较好，但因工作性质本身需要高技术、高精度，岗位责任风险非常大，过失渎职犯罪的风险就可能因这一项要素的异常而升高。

---

[1] 彭昳偲：《基于互联网用户行为的个人征信体系的建立及应用研究》，北京邮电大学2017年硕士学位论文。

[2] Zhang C., Tong Y. M., Pan D. H., "Evaluation index system for operation risk of commercial banks and comprehensive fuzzy judgement", *Journal of Northeastern University (Natural al Science)*, 2003, 24 (11), pp. 1108~1111.

三、履职征信评价制度的实践展开

(一) 实施主体

履职征信评价系统是以现代计算机技术、大数据技术为抓手,以履职信息收集为基础的现代化信息评价系统。其运营与操作并不需要大量的人力资源支持,但是需要较高的网络技术为支撑。为此,政府职能部门应采取选派专人负责与网络信息企业协作的模式,即"政府+企业"的运作方式,由政府牵头负责,企业负责数据收集、分析与综合。如此一来,一方面,能够保证"专业的人做专业的事",保障信息系统发挥最大效率;另一方面,通过多部门协作、专门有效的监督,保证征信评价的独立性、客观性与公正性。

(二) 适用原则

(1) 准确性原则。履职征信评价系统的运作关键在于对个人信息尤其是履职信息的数据收集、过滤、分析与综合进而生成履职征信评价报告,因此,只有保障被收集信息的真实性、客观性和有效性,得出的履职征信评价报告才有意义。

(2) 及时性原则。如何将公职人员的履职状况信息特别是平时工作失职、没有在规定期限内完成工作、违背工作程序等负面减分信息及时更新并在征信评价报告上得以展示,是实现有效征信评价的关键。伴随互联网发展出现的大数据、云计算等技术手段,将有效改善信用信息数据的收集整理方式,形成大数据征信模式[1],因此,做到信息收集的及时性并不存在太大困难。

(3) 保密性原则。履职征信评价系统不同于一般的征信评

---

[1] Ethan R. Mollick, "The Dynamics of Crow funding: Determinants of Success and Failure", *Journal of Business Venturing*, 2014 (1), pp. 1~16.

价体系，除了要坚持个人信息保密原则外，因在一定程度上能够反映政府及其工作人员的履职状况、运作情况、内部信息等，因而要更加注意国家安全和信息安全保密。

(4) 共享性原则。履职征信评价系统能够全面、动态、及时地反映公职人员的履职情况，不仅可以用在失职渎职风险监测上，还可用在组织部门、人事部门或纪检监察部门对干部的管理评价事项上，因此，履职征信评价系统可以适当向组织、纪检监察等部门开放，以实现效益的最大化。

(三) 保障措施

在资金保障上，应拨付专项资金用于信息系统的维护、人员的配备以及企业运营费用的支持；在信息安全保障上，应建立信息系统的独立运营机制，即信息的收集、分析与报告不受干涉，以保障信息的客观性、公正性与可靠性；在信息更迭速率上，信息系统与纪检监察部门、银行、金融等建立网络信息共享渠道，随时反馈各项信息更迭情况；在信息评价作用上，信息评价的反馈数据除了用于失职渎职风险监测，还可以作为被评价人员的岗位调整、职级晋升、年底奖金等考量因素。

(四) 以F渎职行为为案例的实证分析[1]

F作为某市卫健部门医政处副处长，负责非公立医院的审批、审核与管理等事项。就F的个人情况而言，其妻子经营一家服装商店，F平时把大量时间和精力放在其妻经营的商业事项上；就F的工作情况而言，其工作态度并不积极，负责的工作事项时有拖沓、敷衍了事，对群众举报涉及其职责范围内的工作事项不认真处理；就对F的工作评价而言，与其共事的领导和同事对其工作态度和工作质量多有质疑，因此被主管领导多次批评，群众因其工作不到位、反映的问题没得到解决多次找

---

[1] 该案例源于真实案例改编。

到其主管领导反映问题。就 F 的个人关系来看，其与所管辖服务对象（某些私立医院）交往密切。直至 2018 年 10 月，某私立美容医院因没有医疗资质而致 1 人死亡，多人受伤，负责该医院年度审核工作的 F 因没有履行审核责任，对群众多次举报置之不理，致使该起案件发生，遂被以玩忽职守罪提起公诉。

通过上述案件可以看出，F 的履职征信评价多项指标，即履职质量、履职效率、履职评价、岗位风险以及工作态度都有严重问题，按照履职征信评价系统（每年）的评估都得出"较差"或"差"的结论，进而提示有中等风险或较高风险，如及时采取预防措施即将 F 调离岗位或者进行岗位监督，完全可以避免其玩忽职守行为。

本章小结

本章立足于刑事一体化思想，对渎职罪研究进行了延伸性探讨，即结合当前渎职犯罪情势与预防渎职罪的实际需要，构建与渎职罪立法规范相配合的预防机制。从故意渎职犯罪、过失渎职犯罪的特点及致罪机理入手，探究各个类型渎职犯罪的预防措施。故意渎职犯中绝大部分是由收受贿赂等贪利动机所推动，进而实施渎职犯罪行为。我国公职人员的工资待遇水平过低，降低了其不实施渎职犯罪的期待可能性，为此，应建立"履职保障制度"以提高公职人员守法履职的期待可能性，并辅以相关衔接机制以预防故意渎职犯罪。过失渎职犯是由行为人对工作的不负责任、粗心大意等导致，其行为表现能够从行为人的日常工作、履职行为、行政服务对象评价等要素中反映出来，为此，可以建立"履职征信评价制度"，通过该项制度的设计、构筑与运行对过失渎职犯罪进行预警和预防。

结 语

　　人们按照社会契约建立起国家,并将一部分自由和权利让渡给国家,就是为了过上安宁、平稳和不受肆意侵害的生活,然而,现实中威胁这种安宁社会生活的行为不在少数,为此,人们将侵害社会安宁的行为严重者规定为犯罪,并对其科处刑罚。渎职罪通过对国家机关工作人员渎职犯罪行为的规制、处罚与预防,最终目的是保障个人或国家法益不受侵害。中华人民共和国成立以来,我国渎职罪立法特别是1997年修订《刑法》后,将渎职罪予以专章规定,无论是整体立法体系,还是罪名设计都进入了较为完备的阶段。渎职罪最新的立法完善,是2020年12月26日,第十三届全国人大常委会第二十四次会议通过的《刑法修正案(十一)》将2017年《刑法》第408条之一第1款修改为:"负有食品药品安全监督管理职责的国家机关工作人员,滥用职权或者玩忽职守……"将"食品监管渎职罪"修改为"食品、药品监管滥用职权罪"和"食品、药品监管玩忽职守罪",强化了食品安全监管领域渎职犯罪的打击力度,渎职罪规范在社会需要和时代发展的互动中逐步走向成熟。但是,正如立法的固有弱点即"制定出来的法已经落后于时代"的滞后性,随着时代的发展、社会生活的变迁,新的事物、新的情况不断涌现,给渎职罪的研究带来了新的问题与新的使命。一是来源于渎职罪立法与司法实践的旧问题。渎职罪历来存在着主体范围界定、因果关系认定、主观罪过厘清等诸多争议问题,这些问题影响了渎职罪立法的精密性以及渎职罪的司法适用。二是来源于监察体制改革新要求。监察体制改革对渎职罪的理解、适用与把握提出了新要求，如果渎职罪研究不能与时俱进，将严重影响渎职罪保护法益、反腐预防机能的实现。

目前关于渎职罪的体系性研究多是从规范阐释与逻辑推理出发，偏向"从规范到规范"的"形式"研究路径，然而，根据渎职罪的"类罪名"性质以及特征，应从渎职罪规范以外的进路来寻找渎职罪的问题及解决路径。如渎职罪是职务性行政犯，离开"行政"来研究渎职罪就不能把握其真实含义，应从渎职罪的行政不法与刑事不法的双重违法性特征出发，沿着渎职罪的行政犯属性与框架，通过渎职事实行为与行政法规来把握渎职罪的真实含义，实现"从事实到规范""从规范（行政法）到规范（刑事法）""从规范到判例"的实证研究，并以此为基础统摄渎职罪立法、刑罚与预防等研究。通过对西方国家的渎职罪立法与我国渎职罪的比较研究可以得出，国外关于渎职罪的立法（规范方面）与我国相比更多的是形式之"差"，并不存在太大的优劣之"别"，所谓发达国家的"先进性"至少在渎职罪立法方面的优势并不明显，我国的渎职罪立法与罪名设计在体系性和逻辑自洽性上较为突出。相比之下，我国古代规制渎职犯罪的一些先进经验，比如"礼法结合"用"礼"预防未然的渎职犯罪，用"法"打击已然的渎职犯罪，可以为今天渎职犯罪的预防与打击提供一些启示和经验。

就渎职罪立法研究而言，应从渎职罪职务性行政犯的本质来把握渎职罪构成要件的争议问题。其一，关于渎职罪主体的争议。"国家机关工作人员"主体过于狭窄，无法应对司法实践的主体要求，严格执行这个主体范围会造成大量"漏罪"，进行扩大解释又有类推之嫌。据此，应按照我国实际履行公职的主体来界定渎职罪主体范围；在解释层面，按照"资格"+"职

结 语

责或职权"这两个要素来认定渎职罪主体资格;在立法层面,可以考虑以列举的方式明确"国家机关工作人员"范围,或将渎职罪分别规定为"国家机关工作人员"渎职罪与"非国家机关工作人员"渎职罪(特别渎职罪),或将渎职罪主体修改为"公职人员"。其二,关于渎职罪的因果关系争议。渎职罪是行政犯,与传统的自然犯在违法构造和归责形式上有显著的差异,这种差异在因果关系的认定上体现得尤为明显,渎职罪的因果关系(尤其是滥用职权罪的因果关系)的认定应从造成型向引起型转换,即选取适当的因果关系理论,采取缓和的认定态度。其三,关于渎职罪主观罪过形式的争议,集中体现在滥用职权罪与玩忽职守罪的主观罪过形式上,应将滥用职权罪定性为故意犯,将玩忽职守罪定性为过失犯,这不仅符合立法初衷,而且有利于渎职罪一般罪名与具体罪名的体系协调。

就渎职罪刑罚研究而言,渎职罪作为职务性行政犯,其刑罚在维护行政秩序和保障国家机关工作人员依法依规履职等方面具有独特价值,立足于此,针对我国渎职罪立法存在的具体问题,渎职罪刑罚的完善应坚持"重典治乱与体系协调"的方向,首先应从体系建设上入手,适当提高刑罚幅度,保持一致的刑罚态度。在渎职罪刑罚体系内部,对故意类渎职罪与过失类渎职罪的刑罚应当采取差别化规定。对于故意类渎职罪尤其是含有"徇私舞弊"动机的渎职罪,应增加财产刑和资格刑。

就渎职罪预防研究而言,监察体制改革针对职务犯罪采取"惩防并举、注重预防"的方针,为适应监察体制改革要求,对渎职罪的研究应在刑事一体化的视角下构建针对性预防机制。从故意、过失渎职犯罪的特点及致罪机理入手,故意渎职犯罪大部分存在收受贿赂等贪利动机,我国公职人员的工资待遇水平过低,降低了其不实施渎职犯罪的期待可能性,因此,应建立公职人员"履职保障制度",提高公职人员守法履职的期待可能性,并辅以相关制度以预防故意渎职犯罪。过失渎职犯罪中,行为人往往存在对工作不负责任、粗心大意等倾向,这些倾向能够从行为人的日常工作、履职行为、行政服务对象评价等要素中反映出来,为此,应建立"履职征信评价制度",通过该项制度的设计、构筑与运行,对过失渎职犯罪进行风险防控和预警提示。

渎职罪的惩戒与预防应当遵循矛盾、联系与发展的对立统一哲学规律。矛盾就是对立统一;联系是事物之间以及事物内部各要素之间的相互影响、相互制约;发展则是新事物的产生和旧事物的灭亡。三者的统一表现在,矛盾是事物联系的根本内容,是事物发展的动力;普遍联系和相互作用,构成了事物的运动,引起了事物的变化,推动着事物的发展。从联系的立场来看,时代不断进步、社会不断发展,新的情况、新的问题不断涌现,法律作为"上层建筑"始终处于与社会的互动之中,既需要保持对社会变化的敏锐性,又需及时调节自身以适应社会,渎职罪也概莫能外。从矛盾的立场来看,即便今天我国渎职罪立法总体已接近完善,也并不意味着没有矛盾,矛盾既源于立法的滞后性,也源于社会的变迁(社会发展、制度变革、观念变化),更源于司法实践。从发展的立场来看,我们必须以正视问题的态度,以积极解决问题的勇气,以精益求精的精神,推动渎职罪的立法完善、刑罚完备和预防机制的革新,在矛盾、联系、发展的对立统一中实现对渎职犯罪规制、惩戒与预防的"否定之否定"成长。

参考文献

一、著作与译著

[1] 陈兴良:《刑法的启蒙》(第3版),北京大学出版社2018年版。
[2] 张明楷:《犯罪论的基本问题》,法律出版社2017年版。
[3] 车浩:《阶层犯罪论的构造》,法律出版社2017年版。
[4] 李忠诚:《渎职罪实体认定与程序适用问题研究》,中国检察出版社2017年版。
[5] 许章润主编:《犯罪学》(第4版),法律出版社2016年版。
[6] 黄现师:《渎职罪犯罪构成研究》,中国政法大学出版社2013年版。
[7] 林山田:《刑法通论》(增订10版),北京大学出版社2012年版。
[8] 张明楷:《行为无价值论与结果无价值论》,北京大学出版社2012年版。
[9] 罗大华、马皑主编:《犯罪心理学》,中国人民大学出版社2012年版。
[10] 张明楷:《刑法分则的解释原理》(第2版),中国人民大学出版社2011年版。
[11] 张明楷:《刑法学》(第4版),法律出版社2011年版。
[12] 赵秉志主编:《英美刑法》(第2版),科学出版社2010年版。
[13] 付立庆:《犯罪构成理论:比较研究与路径选择》,法律出版社2010年版。
[14] 张明楷:《犯罪构成体系与构成要件要素》,北京大学出版社2010年版。
[15] 董玉庭:《刑法前沿问题探索》,人民出版社2010年版。
[16] 冯军:《刑法问题的规范理解》,北京大学出版社2009年版。
[17] 黄荣坚:《刑法问题与利益思考》,中国人民大学出版社2009年版。

[18] 周光权:《刑法各论》,中国人民大学出版社2008年版。
[19] 高铭暄、马克昌主编:《刑法学》(第3版),北京大学出版社、高等教育出版社2007年版。
[20] 储槐植:《刑事一体化论要》,北京大学出版社2007年版。
[21] 张明楷:《外国刑法纲要》(第2版),清华大学出版社2007年版。
[22] 陈兴良:《刑法适用总论》(第2版),中国人民大学出版社2006年版。
[23] 缪树权:《渎职罪疑难问题研究》,中国检察出版社2006年版。
[24] 储槐植、江溯:《美国刑法》(第4版),北京大学出版社2012年版。
[25] 贾济东:《渎职罪构成研究》,知识产权出版社2005年版。
[26] 蒋小燕、王安异:《渎职罪比较研究》,中国人民公安大学出版社2004年版。
[27] 张明楷、黎宏、周光权:《刑法新问题探究》,清华大学出版社2003年版。
[28] 马克昌:《比较刑法原理——外国刑法学总论》,武汉大学出版社2002年版。
[29] 张明楷:《刑法的基本立场》,中国法制出版社2002年版。
[30] 马克昌主编:《犯罪通论》,武汉大学出版社2001年版。
[31] 张明楷:《法益初论》,中国政法大学出版社2000年版。
[32] 曾宪义主编:《中国法制史》,中国人民大学出版社2000年版。
[33] 吴宗宪:《西方犯罪学》,法律出版社1999年版。
[34] 李海东:《刑法原理入门:犯罪论基础》,法律出版社1998年版。
[35] 陈兴良:《刑法疏议》,中国人民公安大学出版社1997年版。
[36] 何秉松:《犯罪构成系统论》,中国法制出版社1995年版。
[37] 孙力:《罚金刑研究》,中国人民公安大学出版社1995年版。
[38] 张文显:《法学基本范畴研究》,中国政法大学出版社1993年版。
[39] 苗东升编著:《模糊学导引》,中国人民大学出版社1987年版。
[40] [日]山口厚:《新从判例看刑法》(第3版),付立庆、刘隽、陈少青译,中国人民大学出版社2019年版。
[41] [日]山口厚:《刑法总论》(第3版),付立庆译,中国人民大学出

版社 2018 年版。

[42]［日］佐伯仁志：《刑法总论的思之道·乐之道》，于佳佳译，中国政法大学出版社 2017 年版。

[43]［德］黑格尔：《法哲学原理》，范扬、张企泰译，商务印书馆 1961 年版。

[44]［日］平野龙一：《刑法的基础》，黎宏译，中国政法大学出版社 2016 年版。

[45]［意］恩里科·菲利：《实证派犯罪学》，郭建安译，商务印书馆 2016 年版。

[46]［德］克劳斯·罗克辛：《刑事政策与刑法体系》（第 2 版），蔡桂生译，中国人民大学出版社 2011 年版。

[47]［俄］Л. В. 伊诺加莫娃—海格：《俄罗斯联邦刑法（总论）》（第 2 版·修订和增补版），黄芳、刘阳、冯坤译，中国人民大学出版社 2010 年版。

[48]［德］英格博格·普珀：《法学思维小学堂—法学方法论密集班—》，蔡圣伟译，元照出版公司 2010 年版。

[49]［美］罗斯科·庞德：《通过法律的社会控制》，沈宗灵译，商务印书馆 2010 年版。

[50]［英］戈登·休斯：《解读犯罪预防——社会控制、风险与后现代》，刘晓梅、刘志松译，中国人民公安大学出版社 2009 年版。

[51]［日］西田典之：《日本刑法总论》，刘明祥、王昭武译，中国人民大学出版社 2007 年版。

[52]［日］大谷实：《刑法总论》（新版第 2 版），黎宏译，中国人民大学出版社 2008 年版。

[53]［德］约翰内斯·韦塞尔斯：《德国刑法总论》，李昌珂译，法律出版社 2008 年版。

[54] 黄道秀译：《俄罗斯联邦刑法典》，北京大学出版社 2008 年版。

[55]［意］切萨雷·贝卡里亚：《论犯罪与刑罚》，黄风译，北京大学出版社 2008 年版。

[56] 张明楷译：《日本刑法典》（第 2 版），法律出版社 2006 年版。

[57] [日] 増根威彦：《刑法学基础》，黎宏译，法律出版社 2005 年版。

[58] [德] 克劳斯·罗克辛：《德国刑法学　总论（第 1 卷）：犯罪原理的基础构造》，王世洲译，法律出版社 2005 年版。

[59] 刘仁文等译：《美国模范刑法典及其评注》，法律出版社 2005 年版。

[60] [日] 小野清一郎：《犯罪构成要件理论》，王泰译，中国人民公安大学出版社 2004 年版。

[61] 徐久生、庄敬华译：《德国刑法典》（2002 年修订），中国方正出版社 2004 年版。

[62] [日] 野村稔：《刑法总论》，全理其、何力译，法律出版社 2001 年版。

[63] [英] 边沁：《道德与立法原理导论》，时殷弘译，商务印书馆 2000 年版。

[64] [英] J. C. 史密斯、B. 霍根：《英国刑法》，马清升等译，法律出版社 2000 年版。

[65] [德] 哈特穆特·毛雷尔：《行政法学总论》，高家伟译，法律出版社 2000 年版。

[66] [德] 亚图·考夫曼：《类型与「事物本质」—兼论类型理论—》，吴从周译，学林文化事业有限公司 1999 年版。

[67] [美] E. 博登海默：《法理学：法律哲学与法律方法》，邓正来译，中国政法大学出版社 1999 年版。

[68] [意] 杜里奥·帕多瓦尼：《意大利刑法学原理》，陈忠林译，法律出版社 1998 年版。

[69] [英] 哈特：《法律的概念》，张文显译，中国大百科全书出版社 1996 年版。

[70] [美] 路易斯·亨金、阿尔伯特·J. 罗森塔尔编：《宪政与权利》，郑戈、赵晓力、强世功译，生活·读书·新知三联书店 1996 年版。

[71] [英] 吉米·边沁：《立法理论——刑法典原理》，李贵方等译，中国人民公安大学出版社 1993 年版。

[72] [日] 大塚仁：《犯罪论的基本问题》，冯军译，中国政法大学出版社 1993 年版。

［73］［挪威］约翰尼斯·安德聂斯：《刑罚与预防犯罪》，钟大能译，法律版社 1983 年版。

二、期刊论文

［1］陈小彪、储虎：《论新冠肺炎疫情初期的刑法适用——兼论突发事件中刑法适用的价值导向》，载《医学与法学》2021 年第 5 期。

［2］刘仁文、王林林：《食品药品监管渎职罪立法评析及司法适用——以〈刑法修正案（十一）〉为视角》，载《法治研究》2021 年第 2 期。

［3］王志远、董文哲：《论行政犯的犯罪本质——基于行政犯入罪逻辑的思考》，载《河北法学》2021 年第 2 期。

［4］叶正国、王景通：《国家监察体制改革与刑事司法关系的调适》，载《江西社会科学》2021 年第 2 期。

［5］丁方旭、任进：《国家监察体制改革视域下中国特色监察官制度的构建》，载《行政管理改革》2021 年第 1 期。

［6］汪千力、张成东：《疫情防控期间玩忽职守行为刑法规制的困境与出路》，载《法律适用》2020 年第 7 期。

［7］姜涛：《非常时期涉疫情犯罪教义学的争议问题》，载《政治与法律》2020 年第 5 期。

［8］姜涛：《非常时期涉疫情犯罪教义学的重要问题》，载《法学》2020 年第 4 期。

［9］劳东燕：《刑事政策与功能主义的刑法体系》，载《中国法学》2020 年第 1 期。

［10］徐岱、李方超：《"国家工作人员"认定范围的再解释》，载《法学》2019 年第 5 期。

［11］劳东燕：《滥用职权罪客观要件的教义学解读——兼论故意·过失的混合犯罪类型》，载《法律科学（西北政法大学学报）》2019 年第 4 期。

［12］梁娟：《监察体制改革背景下村基层组织人员职务犯罪惩防体系构建》，载《江西社会科学》2019 年第 2 期。

[13] 陈瑞华:《行政不法事实与犯罪事实的层次性理论 兼论行政不法行为向犯罪转化的事实认定问题》,载《中外法学》2019年第1期。

[14] 徐法寅:《机构合并和平台协调——监察体制改革中监督力量的整合路径》,载《河南社会科学》2018年第7期。

[15] 刘艳红:《法定犯与罪刑法定原则的坚守》,载《中国刑事法杂志》2018年第6期。

[16] 喻浩东:《论故意犯的结果归责:反思与重构》,载《比较法研究》2018年第6期。

[17] 赵赤:《中美惩治职务犯罪刑事法治的要素比较与启示借鉴》,载《常州大学学报(社会科学版)》2018年第5期。

[18] 李翠:《基于大数据的征信评价体系研究》,载《广西政法管理干部学院学报》2018年第3期。

[19] 白洁:《从OHIO STATE V. FRANCIS E. GAUL一案检视美国渎职犯罪实体问题》,载《中国刑事法杂志》2018年第3期。

[20] 陈兴良:《刑事一体化:刑事政策与研究方法视角的思考》,载《中国检察官》2018年第1期。

[21] 王昌奎:《论职务犯罪惩防一体化机制建设——以扶贫领域职务犯罪的惩防为例》,载《重庆大学学报(社会科学版)》2018年第1期。

[22] 张福德:《刑罚认知有限性及其对刑罚威慑实现的启示》,载《东南大学学报(哲学社会科学版)》2017年第2期。

[23] 孙国祥:《刑法教义学与刑事一体化关系论要》,载《法治现代化研究》2017年第4期。

[24] 陈光中、邵俊:《我国监察体制改革若干问题思考》,载《中国法学》2017年第4期。

[25] 孙国祥:《行政犯违法性判断的从属性和独立性研究》,载《法学家》2017年第1期。

[26] 商凤廷:《渎职罪中"造成恶劣社会影响"的司法认定》,载《国家检察官学报》2016年第4期。

[27] 吴健勇:《渎职犯罪主体刑事政策的审视与完善》,载《河北法学》2016年第3期。

［28］王充：《论构成要件的属性问题——违法·有责类型说的提倡》，载《法律科学（西北政法大学学报）》2016年第2期。

［29］张明楷：《罪数论与竞合论探究》，载《法商研究》2016年第1期。

［30］邹兵建：《刑法因果关系的司法难点——基于刑事司法判例全样本的实证研究》，载《政治与法律》2015年第12期。

［31］陈洪兵：《渎职罪理论与实务中的常见误读及其澄清》，载《苏州大学学报（法学版）》2015年第4期。

［32］李永升、胡冬阳：《渎职罪中徇私舞弊情节的重复评价问题研究——兼论尽量充分评价原则之提倡》，载《时代法学》2017年第1期。

［33］李冠煜：《对积极的一般预防论中量刑基准的反思及其启示》，载《中南大学学报（社会科学版）》2015年第1期。

［34］莫纪宏：《国家治理体系和治理能力现代化与法治化》，载《法学杂志》2014年第4期。

［35］王昭武：《犯罪的本质特征与但书的机能及其适用》，载《法学家》2014年第4期。

［36］李翔：《渎职犯罪罪数相关问题探析——兼评〈关于办理渎职刑事案件适用法律若干问题的解释（一）〉》，载《法学杂志》2013年第12期。

［37］李忠诚：《渎职罪损害后果认定问题研究》，载《中国刑事法杂志》2013年第1期。

［38］张福德：《刑罚威慑过程与量刑的经济学规则》，载《学术界》2012年第9期。

［39］周光权：《渎职犯罪疑难问题研究》，载《人民检察》2011年第19期。

［40］刘海渤：《中意两国渎职罪刑事立法的比较研究》，载《中国刑事法杂志》2011年第10期。

［41］姜涛：《行政犯与二元化犯罪模式》，载《中国刑事法杂志》2010年第12期。

［42］赵宝成：《威慑刑论的经验证明和当代修正》，载《人民检察》2010年第11期。

[43] 高铭暄、陈璐:《当代我国职务犯罪的惩治与预防》,载《法学杂志》2011年第2期。

[44] 周光权:《法条竞合的特别关系研究——兼与张明楷教授商榷》,载《中国法学》2010年第3期。

[45] 张小虎:《论我国刑法滥用职权罪的实行行为》,载《法学杂志》2009年第11期。

[46] 杜建国、韩骏:《职务犯罪黑数的特征与控制》,载《人民检察》2009年第10期。

[47] 皮艺军:《犯罪学研究在刑事一体化中的功能与贡献》,载《犯罪学论丛》2009年第0期。

[48] 王莹:《论行政不法与刑事不法的分野及对我国行政处罚法与刑事立法界限混淆的反思》,载《河北法学》2008年第10期。

[49] 董玉庭、于逸生:《司法语境下的法律人思维》,载《中国社会科学》2008年第5期。

[50] 刘艳红:《行政犯罪分类理论反思与重构》,载《法律科学(西北政法大学学报)》2008年第4期。

[51] 刘士心:《英美刑法介入原因规则及其对中国刑法的借鉴意义》,载《政治与法律》2017年第2期。

[52] 冯亚东、张丽:《模型建构视野下的滥用职权罪——与玩忽职守罪之区别》,载《西南政法大学学报》2006年第2期。

[53] 高维俭:《刑事学科系统论》,载《法学研究》2006年第1期。

[54] 朱孝清:《职务犯罪侦查措施研究》,载《中国法学》2006年第1期。

[55] 陈淑丽、吕丽:《明代官吏职务犯罪问题研究》,载《当代法学》2006年第1期。

[56] 李凯:《预防胜于治疗——香港廉政公署制度对内地预防职务犯罪工作的启示》,载《人民检察》2005年第7期。

[57] 王志祥:《关于渎职罪主体有权解释的思考及立法建议》,载《法商研究》2005年第6期。

[58] 苏彩霞:《论我国惩治腐败犯罪刑事立法的完善——以〈联合国反腐败公约〉为参照》,载《法商研究》2005年第5期。

[59] 金泽刚、黄明儒:《日本有关行政犯性质的学说及其评析》,载《政治与法律》2004年第6期。

[60] 冯亚东、胡东飞:《犯罪构成模型论》,载《法学研究》2004年第1期。

[61] 蒋香兰:《渎职罪主体新论——对一个立法解释的解读》,载《时代法学》2004年第1期。

[62] 李希慧、贾济东、廖焱清:《渎职罪主体解释回顾及立法建言》,载《国家检察官学院学报》2003年第4期。

[63] 李希慧、贾济东:《关于"国家机关工作人员"的本质论》,载《中南大学学报(社会科学版)》2003年第3期。

[64] 李希慧、逄锦温:《滥用职权罪主观罪过评析》,载《法学家》2001年第2期。

[65] 刘宪权:《我国刑法理论上的牵连犯问题研究》,载《政法论坛》2001年第1期。

[66] 陈兴良:《刑事一体化视野中的犯罪学研究》,载《中国法学》1999年第6期。

[67] 张明楷:《"客观的超过要素"概念之提倡》,载《法学研究》1999年第3期。

三、学位论文与报纸

[1] 吕永祥:《国家监察委员会的预防腐败职能研究》,吉林大学2019年博士学位论文。

[2] 李中良:《威慑理论认知视野的转向与进路》,鲁东大学2019年博士学位论文。

[3] 李雪媛:《渎职罪认定若干问题研究》,大连海事大学2017年博士学位论文。

[4] 苏东民:《俄罗斯职务犯罪研究》,黑龙江大学2015年博士学位论文。

[5] 王杨:《渎职罪的基本理论问题研究》,武汉大学2014年博士学位论文。

[6] 包建:《渎职罪研究》,华东政法大学 2008 年博士学位论文。

[7] 李俊丽:《我国个人征信体系的构建与应用研究》,山东农业大学 2007 年博士学位论文。

[8] 张军:《认真学习刑法修正案(八)促进经济社会科学发展》,载《人民法院报》2011 年 5 月 4 日。

[9] 陈源川:《法国反腐:预防先行》,载《环球时报》2004 年 12 月 29 日。

[10] 周光权:《依"职权论"也不能任意扩大渎职罪主体范围》,载《检察日报》2003 年 9 月 8 日。

四、英文文献

[1] Gans, j., *Modern criminal law of Australia* (2nd ed.), Cambridge University Press, 2017.

[2] Gregg Barak, *Battleground: Criminal Justice*, Greenwood Publishing Group, 2017.

[3] Christina Eckes, Theodore Klnstadinides (eds.), *Criminal within the area of freedom, securiy and justice*, Cambridge University Press, 2011.

[4] Jeremy Horder, *Reforming Stationary Office*, London, 2008.

[5] Frank, E. H., *Introduction to Criminology: theories, methods, and criminal behavior*, Chicago: Nelson-Hal, 1997.

[6] Clarke, R. V., *Situational Crime Prevention: Successful Case Studies*, New York: Harrow and Heston Publishers, 1997.

[7] Brian P. Block, John Hosteller, *Hanging in the Balance: A History of the Abolition of Capital Punishment in Britain*, Waterside Press, 1997.

[8] Andenaes, J., *Punishment and Deterrence*, Ann Arbor: University of Michigan Press, 1974.

[9] Packer, H. L., *The Limit of the Criminal Sanction*, Stanford: Stanford UniversityPress, 1968.

[10] Marjolein Cupido, "Causation in international crimes cases: (re) concenptualizing the causal link age", *Criminal Law Forum*, 2021 (32).

参考文献

[11] PearlieKOH, HweeHoon TAN, "Directors' Duties in Singapore: Law and Perceptions", *Asian Journal of Comparative Law*, 2019 (14).

[12] Katrin Hussinger, Maikel Pellens, "Scientific misconduct and accountability in teams", *PLOS ONE*, 2019 (6).

[13] Chlfin A., McCrary, J., "Criminal Deterrence: A Review of the Literature", *Journal of Economic Literature*, 2017 (55).

[14] Beque A., Lessmann S., "Extreme Learning Machines for Credit Scoring: An Empirical Evalution", *Expert Systems with Application*, 2017 (42).

[15] Levanon, L., "The law of police entrapment: Critical evaluation and policy analysis", *Criminal Law Forum*, 2016 (27).

[16] Joras Ferwerda, Ioana Deleanu, Brigitte Unger, "Corruption in Public Procurement: Finding the Right Indicators", Eur J Crime Policy Res., 2016 (6).

[17] Pelupessy, E. et al., "Government's Role to Protect the Small Business of Local Communities Legally in Papua", *Journal of Law, Policy & Globalization*, 2015 (38).

[18] Joycelyn Pollock, Steven Glassner, Andrea Krajewski, "Examining the Conservative Shift from Harsh Justice", *Laws*, 2015 (4).

[19] DeAngelo, G., Hansen, B., "Life and Death in the Fast Lane: Police Enforcement and Traffic Fatalities", *American Economic Journal: Economic Policy*, 2014 (6).

[20] Ethan R. Mollick, "The Dynamics of Crow funding: Determinants of Success and Failure", *Journal of Business Venturing*, 2014 (1).

[21] Chen, W., "Criminal misjudged cases: From case remedy to system remedy", *Procuratorate Daily*, 2013 (5).

[22] Apel, R., "Published Sanctions, Perceptions, and Crime: Implications for CriminalDeterrence", *J Quant Criminol*, 2013 (29).

[23] Johnson, R., Raphael, S., "How Much Crime Reduction Does the Margin Prisoner Buy", *Journal of Law and Economics*, 2012 (55).

[24] Sanuel J. Tilden, "Incarceration, Restitution, and Lifetime Debarment:

Legal Consequences of Scientific Misconduct in the Eric Poehlman Case", *Sci Eng Ethics*, 2010 (9).

[25] Thomas J. Prusa, Edwin Vermulst, "Guilt by association: US-Measures Relating to Shrimp from Thailand and US-Customs Bond Directive for Merchandise Subject to Anti-Dumping Countervailing Duties", *World Trade Review*, 2010 (9).

[26] Aidt T. S., "Corruption, institutions, and economic development", *Oxford Review of Economic Policy*, 2009 (25).

[27] Lochner, L., "Individual Perceptions of the Criminal Justice System", *American Economic Review*, 2007 (97).

[28] Angelini, "Design of Finance Systems: Towards a Synthesis of Function and Structure", *Journal of Investment Management*, 2005 (3).

[29] Anderson, C. j., Tverdova, Y. V., "Corruption, political allegiance, and attitudes toward government in contemporary democracies", *American Journal of Political Science*, 2003, (47).

[30] Sjoquist, D. L., "Property Crime and Economic Behavior: Some Empirical Results", *The American Economic Review*, 1973 (63).

五、司法判例

[1] [2021] 赣 11 刑终 179 号。
[2] [2020] 最高法刑申 317 号。
[3] [2020] 浙 0304 刑初 784 号。
[4] [2020] 云 09 刑终 52 号。
[5] [2020] 川 08 刑终 152 号。
[6] [2020] 鄂 06 刑终 347 号。
[7] [2020] 湘 05 刑再 4 号。
[8] [2019] 最高法刑申 194 号。
[9] [2019] 湘刑申 52 号。
[10] [2019] 豫 0212 刑初 69 号。

[11] [2019] 豫 07 刑申 7 号。
[12] [2019] 鄂刑终 356 号。
[13] [2019] 鄂 11 刑终 373 号。
[14] [2019] 云 06 刑终 70 号。
[15] [2019] 云刑终 1155 号。
[16] [2019] 桂 09 刑终 224。
[17] [2019] 川 14 刑终 129 号。
[18] [2018] 最高法刑申 1128 号。
[19] [2018] 最高法刑申 999 号。
[20] [2018] 辽 02 刑终 90 号。
[21] [2018] 鄂 1122 刑初 26 号。
[22] [2018] 鄂 1003 刑初 14 号。
[23] [2018] 内刑申 124 号。
[24] [2018] 云刑终 243 号。
[25] [2017] 最高法刑申 307 号。
[26] [2017] 鲁 1623 刑初 146 号。
[27] [2017] 琼 97 刑终 248 号。
[28] [2017] 黔刑终 363 号。
[29] [2017] 苏刑终 333 号。
[30] [2017] 鄂 01 刑终 751 号。
[31] [2017] 云刑终 929 号。
[32] [2017] 琼 97 刑终 248 号。
[33] [2016] 豫 1425 刑初 469 号。
[34] [2015] 嘉桐刑初字第 328 号。
[35] [2015] 新中刑一终字第 169 号。